Kompass DaF B2
Deutsch für Studium und Beruf
Kursbuch

［德］比尔吉特·布劳恩（Birgit Braun）　编著
［德］纳迪亚·菲戈尔特（Nadja Fügert）
［德］弗里德利克·因（Friederike Jin）
［德］克劳斯·F. 毛奇（Klaus F. Mautsch）
［德］伊尔塞·桑德尔（Ilse Sander）
［德］尼科勒·谢弗尔（Nicole Schäfer）
［德］达尼埃拉·施迈塞尔（Daniela Schmeiser）

刘　静　译

德福备考指南针B2
学生用书

Audio- und Videodateien, Wortschatztrainer, zusätzliche Prüfungsaufgaben,
Lektionstests und Online-Übungen unter: www.klett-sprachen.de/kompass-daf
– Audio-Dateien zum Download unter: www.klett-sprachen.de/kompass-daf/audioB2 Code: §Komdaf&B2-ad
– Video-Dateien zum Download unter: www.klett-sprachen.de/kompass-daf/videoB2 Code: §Komdaf&B2-vd

This edition is licensed for distribution and sale in the mainland of China only. The export to other Chinese-speaking territories is not allowed.

© by Ernst Klett Sprachen GmbH, Stuttgart, Federal Republic of Germany, 2020. All rights reserved.
© for this edition: Tongji University Press Co., Ltd., Shanghai, China, 2021

内 容 提 要

《德福备考指南针 B2》是由同济大学出版社引进自德国 Klett 出版社并出版的德语备考系列教程。本套书由学生用书、练习册和教学参考书组成。学生用书分为 10 课，其中 1 到 5 课为 B2.1 级别的内容，6 到 10 课则属于 B2.2 级别。每课又分为 A、B、C、D 共四个板块，分别聚焦听、说、读、写四项语言能力。学生用书的参考答案在教学参考书上。

练习册逐步练习和深化学生用书中的语言能力，每课后附有该课词汇和语法总结，练习册的参考答案书后可查。

教学参考书含每课学习指导和学生用书的参考答案。

本书配套音视频资料和其他供免费下载的文件可从布谷德语课官网（class.tongjideyu.com）或德国 Klett 出版社官网（www.klett-sprachen.de）及 Klett-Augmented-App 获取。

图书在版编目（CIP）数据

德福备考指南针B2学生用书/（德）比尔吉特・布劳恩等编著; 刘静译著. —上海：同济大学出版社，2021.7
　　ISBN 978-7-5608-9307-5

Ⅰ.①德… Ⅱ.①比… ②刘… Ⅲ.①德语—水平考试—自学参考资料 Ⅳ.①H330.41

中国版本图书馆CIP数据核字（2021）第137952号

德福备考指南针 B2 学生用书

［德］比尔吉特・布劳恩（Birgit Braun），［德］纳迪亚・菲戈尔特（Nadja Fügert），［德］弗里德利克・因（Friederike Jin），［德］克劳斯・F. 毛奇（Klaus F. Mautsch），［德］伊尔塞・桑德尔（Ilse Sander），［德］尼科勒・谢弗尔（Nicole Schäfer），［德］达尼埃拉・施迈塞尔（Daniela Schmeiser） 编著　　刘静 译

| 责任编辑 | 吴凤萍 | 助理编辑 | 夏涵容 | 责任校对 | 徐春莲 | 封面设计 | 潘向蓁 |

出版发行　同济大学出版社　www.tongjipress.com.cn
　　　　　（地址：上海市四平路1239号　邮编：200092　电话：021-65985622）
经　　销　全国各地新华书店
排　　版　南京文脉图文设计制作有限公司
印　　刷　上海安枫印务有限公司
开　　本　889mm × 1194 mm　1/16
印　　张　10
字　　数　320 000
版　　次　2021 年 7 月第 1 版　2021 年 7 月第 1 次印刷
书　　号　ISBN 978-7-5608-9307-5

定　　价　79.00 元

本书若有印装质量问题，请向本社发行部调换　　版权所有　侵权必究

Vorwort

Symbole in Kompass DaF B2

▶ 1 | 4
Verweis auf CD und Tracknummer

▶ Film 1
Verweis auf Film

▶ G 1.2
Verweis auf entsprechenden Abschnitt in Grammatik zum Nachschlagen

▶ ÜB B3
Verweis auf passende Übung im Übungsbuchteil

▶ KB B3b
Verweis auf passende Aufgabe im Kursbuchteil

G
Grammatikregel

A
Ausspracheregel

DSH
prüfungsrelevanter Aufgabentyp: DSH

GI
prüfungsrelevanter Aufgabentyp: Goethe-Zertifikat B2

telc
prüfungsrelevanter Aufgabentyp: telc Deutsch B2

TestDaF
prüfungsrelevanter Aufgabentyp: digitaler TestDaF

🔲 **TestDaF**
zusätzliche Prüfungsaufgabe über Klett Augmented, hier digitaler TestDaF

 Wortschatz üben
Wortschatztraining über Klett Augmented

为什么要选择《德福备考指南针B2》教材学习德语？

如果你想要掌握在德国上大学或者就业所需要的高级德语知识和语言能力，想要用德语作报告、有说服力地辩论和成功地交际，那么这本书能一步一步训练这些必要的德语能力并陪伴你走向自己的目标。

《德福备考指南针B2》是如何构建的？

学生用书部分：该教材清晰的结构使学习者能迅速地了解全书。《德福备考指南针B2》共有十课，每个级别（B2.1和B2.2）各有五课（Lektion 1～5为B2.1，Lektion 6～10为B2.2）。每一课又分成A、B、C、D四个板块，分别聚焦听、说、读、写四项语言能力。四个板块的排序根据主题进程而有所不同。每一项练习都训练相应的一种语言能力。相关的习题部分均标明该项练习所对应的语言能力。

语法：每一课通过"阅读"和"听力"两个板块讲解两个语法主题。在书后的附录中每个主题都有对应的总结供查阅。

视频：为了深化主题，学生用书配有四段视频，均为WDR和SWR真实的现场报道和采访。

练习册部分：该部分逐步练习和深化学生用书中的语言能力，加强对语法和词汇的掌握。另外，针对口语每一课还有语音练习，这在交际中非常重要。此外，练习部分还包括对构词法的思考和复习，帮助学员学会自我构词。每一练习课的最后附该课词汇和语法总结。

词汇练习：通过免费下载的"Klett-Augmented-App"进行和每课词汇对应的词汇练习。

教材和练习册的关联：学生用书的每一课都标明其所对应的练习册部分的位置，反之亦然。

如何通过《德福备考指南针B2》备战各种考试？

学生用书每一课的后面都有四页用于准备考试的"备考之路"练习。它涵盖了从DSH考试、歌德学院B2证书、Telc B2证书到德福机考的各类考试的重要题型。在每一个考试部分都有其中一种考试的题型和相关的小贴士。这些小贴士既包含关于这类题型的官方说明，又有解题时的注意事项。

备考板块的主题是和该课主题相关联的。备考练习只考查学生在该课或者前面的课中练习过的语言能力。每个题型都标注其要考查的能力。

另外，每个"备考之路"还配有两个扩展练习，供网络下载或者在"Klett-Augmented-App"完成。

备考练习可以在每一课结束后完成，也可以在整本教材学完以后集中进行。学员可根据个人兴趣选择集中准备某一种考试或者全面练习各种考试所需要的语言能力。

祝你学习《德福备考指南针B2》愉快并学有所成！

Inhaltsverzeichnis

	Lektion	Fertigkeit	Sprachhandlungen
1 A	Zur Sprache kommen	Sprechen	– Methoden zum Sprachenlernen sammeln und Stellung nehmen
B	Auf dem Weg zum Wissen	Lesen	– Aussagen Forumsbeiträgen zuordnen und Lösungsweg besprechen – Forumsbeitrag schreiben
C	Mit der Hand schreiben – wozu?	Hören	– Informationen aus Radiointerview heraushören und Vorgehen reflektieren – über Alternativen sprechen
D	In einer Lerngruppe oder allein?	Schreiben	– Argumente in Blogbeitrag herausarbeiten – schriftlich zu Blogbeitrag Stellung nehmen
	Auf dem Weg zur Prüfung 1		
2 A	Leben in Großstädten	Hören	– strukturierte Notizen zu Vortrag erstellen – sich gegenseitig über Heimatstadt interviewen
B	Städte werden grün	Lesen	– strukturierte Notizen zu Kurzartikel erstellen – sich mithilfe der Notizen gegenseitig informieren
C	Abreißen oder umbauen?	Schreiben	– Redekärtchen zu Kurzvortrag sinnvoll ordnen – Redekärtchen für Kurzvortrag erstellen
D	Mein Kurzvortrag	Sprechen	– mithilfe von Redekärtchen Kurzvortrag halten und Feedback geben
	Auf dem Weg zur Prüfung 2 Film 1: Wohnen in der Stadt		
3 A	Lügen und betrügen	Lesen	– sich über Wortfeld „Lügen / Betrügen" austauschen – mithilfe von Schlüsselwörtern Informationen aus Artikel herausarbeiten
B	Täuschen und Tricksen im Tierreich	Hören	– mithilfe von Schlüsselwörtern Informationen aus Radiogespräch herausarbeiten und über Thema sprechen
C	Vorsicht Täuschung!	Schreiben	– Beschwerde-E-Mail analysieren und verfassen
D	Also mal ganz ehrlich!	Sprechen	– Schaubild analysieren – anhand von Schaubild Kurzvortrag halten
	Auf dem Weg zur Prüfung 3		
4 A	Digitale Welten	Lesen	– sich über Aktivitäten im Internet austauschen – Zeitungsartikel in Abschnitten lesen, Hypothesen zu Fortgang formulieren und Vorgehen reflektieren – Vor- und Nachteile von Telemedizin sammeln
B	Jobmesse – Unternehmen stellen sich vor	Hören	– Unternehmenspräsentation in Abschnitten hören, Hypothesen zu Fortgang formulieren und Vorgehen reflektieren – Internetplattform vorstellen
C	Das digitalisierte Zuhause	Schreiben	– Erörterung analysieren und schreiben
D	Telemedizin – Für und Wider im Video	Sprechen	– Erklärvideo analysieren – eigenes Erklärvideo erstellen und präsentieren
	Auf dem Weg zur Prüfung 4 Film 2: Das Smartphone und wir		
5 A	Alle reden über das Wetter	Schreiben	– sich über Redewendungen zum Wetter austauschen – Kommentarstile unterscheiden und Kommentar schreiben
B	Meteorologie	Hören	– Abfolge von Themenaspekten in Radiointerview herausarbeiten – strukturierte Notizen zu Radiointerview machen
C	Klimawandel	Lesen	– Textaufbau von Zeitungsartikel analysieren – strukturierte Notizen zu Zeitungsartikel machen – sich über Folgen des Klimawandels austauschen
D	Folgen des Klimawandels	Sprechen	– Vertragstext zu Grafik analysieren – Kurzvortrag anhand von Grafik und Vorgaben halten
	Auf dem Weg zur Prüfung 5		

Redemittel aus den Lektionen | 136   Grammatik zum Nachschlagen | 139

Inhaltsverzeichnis

Kompetenztraining	Grammatik	Aussprache (ÜB)	KB	ÜB
– mündlich Stellung nehmen		– Satzakzent	8	8
– globales Lesen – selektives Lesen	– Wortstellung in Haupt- und Nebensätzen – Kausalsätze und Konzessivsätze		10	9
– globales und selektives Hören	– Alternativsätze – Alternativen		13	14
– schriftlich Stellung nehmen			15	17
			16	
– detailliertes Hören, strukturierte Notizen machen	– Passiv in Gegenwart und Vergangenheit		20	21
– detailliertes Lesen, strukturierte Notizen machen	– Passiv mit Modalverben im Haupt- und Nebensatz		23	26
– strukturierte Notizen für einen Kurzvortrag machen			26	29
– strukturierten Kurzvortrag halten		– Wortakzent, Vokallänge	27	30
			28	
			32	
– wichtige Wörter und Ausdrücke erkennen	– Adversativsätze – Gegensätze		34	34
– gezielt Informationen heraushören und notieren	– Finalsätze – Zweck oder Ziel		38	37
– Beschwerde analysieren und schreiben			40	40
– Schaubild für Vortrag auswerten – Kurzvortrag halten		– Vokallänge	41	42
			42	
– Hypothesen während des Lesens bilden	– Relativsätze – Relativsätze im Genitiv		46	47
– Hypothesen während des Hörens bilden	– Relativsätze mit „was" und „wo(r)" + Präposition		50	51
– Erörterung analysieren und schreiben			52	55
– Erklärvideo analysieren, erstellen und präsentieren		– Umlaute	53	56
			54	
			58	
– Kommentarstile erkennen, Kommentar schreiben			60	60
– thematische Abfolge erkennen – Informationen strukturiert notieren	– Konditionalsätze – Bedingungen		62	62
– Textaufbau erkennen und strukturierte Notizen machen	– Konsekutivsätze – Folgen		64	64
– Kurzvortrag: Aufbau reflektieren – Kurzvortrag halten		– Auslautverhärtung	67	69
			68	

Inhaltsverzeichnis

	Lektion	Fertigkeit	Sprachhandlungen
6 A	Berufsausbildung heute	Sprechen	– sich über Vor- und Nachteile von Ausbildung bzw. Studium austauschen
B	Neues beginnen	Lesen	– Textaufbau analysieren, strukturierte Notizen erstellen, s. gegens. informieren
C	Duale Erfahrungen	Hören	– strukturierte Notizen zu Radioberichten erstellen, sich gegenseitig informieren
D	Ich brauche Beratung	Schreiben	– Aufbau von E-Mail mit Bitte um Beratung reflektieren – E-Mail mithilfe von Verweisformen verbessern und E-Mail verfassen
	Auf dem Weg zur Prüfung 6 Film 3: Duale Ausbildung oder Studium?		
7 A	Aspekte unserer Ernährung	Sprechen	– Mindmap zum Thema „Ernährung" erstellen – Aussagen von Grafiken vergleichen und kommentieren
B	Ernährungs- individualisten	Hören	– zu Radiofeature Notizen machen und mit Zusammenfassungen vergleichen – sich über Zitat austauschen
C	Ernährung – nur Privatsache?	Lesen	– Textaufbau analysieren und strukturierte Notizen erstellen – Argumentation von Artikel schriftlich wiedergeben
D	Das Problem mit den Resten	Schreiben	– zu Grafik Notizen machen und anhand der Notizen strukturierte Grafikinterpretation verfassen
	Auf dem Weg zur Prüfung 7		
8 A	Trends im Sport	Lesen	– sich über Sportarten austauschen – Tatsacheninformation und Autorenhaltung unterscheiden – Kommentar verfassen und Kommentar anderer wiedergeben
B	Fünf Ringe für Skaten und Surfen	Hören	– in Talkshow Argumentation folgen und Tatsacheninformationen und Meinung unterscheiden – Argumentation wiedergeben und sich darüber austauschen
C	Fit genug? Check deine Werte!	Schreiben	– positive und negative Aspekte digitaler Messgeräte sammeln – Beitrag für Lernplattform verfassen und sich darüber austauschen
D	Krankenversicherung individuell?	Sprechen	– Diskussionsbeitrag mit eigenen Worten wiedergeben und darauf eingehen – gelenkte Diskussion führen
	Auf dem Weg zur Prüfung 8 Film 4: Das Geschäft mit dem Sport		
9 A	Das motiviert mich!	Lesen	– sich über Zitate zum Thema „Motivation" austauschen – mit W-Fragen Textinhalt erschließen – Zusammenfassungen mit Regeln vergleichen und korrigieren
B	Lob ist nicht gleich Lob	Schreiben	– Textbauplan zu Zeitschriftenartikel erstellen – mithilfe Textbauplan schriftliche Zusammenfassung erstellen
C	Lob – pro und contra	Sprechen	– zu Aussagen Stellung nehmen und gelenkte Diskussion führen – über Diskussion berichten
D	Gute Chefs und Chefinnen	Hören	– strukturierte Notizen zu Radiointerview erstellen, sich gegenseitig informieren – Interview schriftlich zusammenfassen – sich über Führungsqualitäten austauschen
	Auf dem Weg zur Prüfung 9		
10 A	Kommunikation – aber wie?	Schreiben	– sich über nicht funktionierende Kommunikation austauschen – passende Wortwahl überprüfen, formelle E-Mail verfassen
B	Interkulturelle Kompetenz	Lesen	– Textbauplan zu Vortragsskript erstellen und Zusammenfassung verfassen – sich über Erfahrungen mit interkulturellen Missverständnissen austauschen
C	Sich beschweren – wie geht das?	Hören	– Notizen zu Vortrag erstellen und mit Zusammenfassung abgleichen – Beschwerdegespräch mit Tipps abgleichen, Beschwerdegespräch spielen
D	Aggressivität und Hass im Netz	Sprechen	– zentrale Inhalte von Zeitungsartikel notieren – mithilfe von Notizen Artikel mündlich zusammenfassen
	Auf dem Weg zur Prüfung 10		
	Redemittel aus den Lektionen | 136	Grammatik zum Nachschlagen | 139	

Inhaltsverzeichnis

Kompetenztraining	Grammatik	Aussprache (ÜB)	KB	ÜB
– über Vor- und Nachteile sprechen		– Laute „ng" und „nk"	72	73
– Textbauplan erstellen	– Wörter, die Texte verknüpfen		74	76
– thematischen Aufbau erkennen	– Präpositionaladverbien		77	79
– Aufbau von E-Mails erkennen – Verweisformen verwenden			79	82
			80	
				84
– Informationen vergleichen und kommentieren		– Satzakzent in kürzeren Sätzen	86	86
– Positionen in Radiofeature verstehen	– Modalverb „sollen" zum Ausdruck der Distanzierung		88	88
– Argumentationsaufbau erkennen	– indirekte Rede und Konjunktiv I – Redewiedergabe mit „laut" (ÜB)		90	90
– Grafiken interpretieren			93	94
			94	
– Textabschnitte logisch ordnen – Hauptinformation in Text erkennen – in Texten Haltungen erkennen	– mit Modalverben Vermutungen ausdrücken		98	99
– in Diskussion Tatsachen, Meinungen und Argumentation erkennen – Argumentation wiedergeben	– Modalsätze – Methoden beschreiben		102	104
– strukturierte Stellungnahme schreiben			104	107
– auf Redebeiträge eingehen – Diskussion führen		– Satzakzent in längeren Sätzen	105	108
			106	
				110
– Text mithilfe von Fragen verstehen – Regeln für Zusammenfassung kennen und anwenden	– Partizip I und II als Adjektiv		112	112
– Artikel schriftlich zusammenfassen			116	116
– Diskussion führen		– Pausen in längeren Sätzen	117	117
– anhand von Leitfragen Informationen beim Hören notieren – hören und Inhalte zusammenfassen	– Ersatzformen für das Passiv		118	118
			120	
– formelle E-Mails verfassen			124	125
– Zusammenfassung mithilfe von Textbauplan schreiben	– irreale Bedingungen mit dem Konjunktiv II		126	126
– Hauptaussagen erkennen, notieren und vergleichen	– irreale Vergleichssätze mit dem Konjunktiv II		129	131
– Artikel mündlich zusammenfassen		– Satzmelodie in längeren Sätzen	131	133
			132	

sieben 7

1

A Zur Sprache kommen

1 Deutsch lernen, aber wie?

a Schauen Sie sich die Fotos von Deutschlernenden oben an. Was glauben Sie: Wo sind sie und was machen sie? Sprechen Sie im Kurs. Die Ausdrücke helfen.

> auf Kärtchen notieren | hören und nachsprechen | gemeinsam etwas tun | den Stoff durchdenken |
> in der Lerngruppe kommunizieren | sich bewegen | mit eigenen Worten zusammenfassen | diskutieren |
> nach Farben ordnen | im Raum herumlaufen | praktisch anwenden

> Auf Foto 1 …

b Wie haben Sie bisher Deutsch gelernt? Machen Sie sich Notizen und sprechen Sie dann zu zweit.

> – Wörter aufschreiben
> – dann Beispielsätze notieren

> – Wörter, Ausdrücke aufschreiben
> – auf Handy aufnehmen, dann anhören

> Wie lernst du neue Wörter?

> Ich schreibe Wörter und Ausdrücke auf, dann nehme ich sie mit dem Handy auf und höre sie oft an. Und du?

> Ich schreibe alle Wörter auf, dann notiere ich Beispielsätze.

c Berichten Sie im Kurs über interessante Punkte in Ihrem Partnergespräch. ▶ ÜB A1

Fokus: Sprechen

2 Sprachkenntnisse erwerben: So geht's! [mündlich Stellung nehmen]

a Arbeiten Sie in Kleingruppen. Lesen Sie zuerst die Aussagen zum Sprachenlernen. Welchen Aussagen stimmen Sie zu, welchen nicht? Diskutieren Sie in der Gruppe. Die Redemittel helfen. ▶ ÜB A2–3

> Lernen muss immer Spaß machen!

> Chats sind super, da achtet man nicht so sehr auf Fehler.

> Eine Sprache lernen ist wirklich Arbeit!

> Grammatik lernen ist am wichtigsten.

> Oft Videos in Originalsprache anschauen, das hilft!

Zustimmen und begründen: Ich finde auch, dass … | Ich bin der gleichen Meinung, denn … | Ja, das stimmt, diese Erfahrung habe ich auch gemacht, als ich … | Das ist ein guter Vorschlag, weil …

Widerspruch ausdrücken und begründen: Ich meine nicht, dass man sagen kann „…". | Da bin ich ganz anderer Ansicht, weil … | Im Prinzip stimmt das, aber …

„Eine Sprache lernen ist wirklich Arbeit!" Im Prinzip stimmt das, aber das ist eine Arbeit, die Spaß macht.

Ich finde auch, dass Sprachen lernen viel Arbeit ist, Aber ohne Üben geht es nicht.

b Schreiben Sie nun selbst eine Aussage auf einen Zettel.

> Es hilft, …

c Bilden Sie Gruppen und wählen Sie die Aussagen aus, die Sie am wichtigsten finden.

d Sammeln Sie die Aussagen im Kurs und ordnen Sie sie nach Inhalt. Tauschen Sie sich dann im Kurs über die Aussagen aus.

B Auf dem Weg zum Wissen

Forum Prüfungsvorbereitung

Nia

Hallo,

ich bin voll im Prüfungsstress: Die Prüfung kommt immer näher, viel Stoff, wenig Zeit, der Druck nimmt zu. Und ich frage mich manchmal ängstlich: „Lerne ich eigentlich richtig? Bringt vielleicht eine andere Lerntechnik mehr?" Heute möchte ich euch nach euren Ideen fragen. Aber zuerst eine Info von meiner Seite:

Eine Überraschung: Weil er verschiedene Lerntechniken auf ihren Nutzen für Schule und Studium überprüfen wollte, hat der Psychologe John Dunlosky von der Kent State University in Ohio (USA) zusammen mit Kolleginnen und Kollegen zahlreiche Fachartikel und Praxistests zu Lernmethoden angeschaut. Auf Basis der entsprechenden Daten haben die Forscher eine Rangfolge erstellt, die von „empfehlenswert" bis „wenig hilfreich" geht. Die Methoden „Hervorheben von Informationen" und „Wiederholtes Lesen" sind bei Studenten sehr beliebt, trotzdem schnitten diese Methoden am schlechtesten ab.

Meine Frage an euch ist daher heute: Was meint ihr dazu und habt ihr Vorschläge für Alternativen?

1 Schule und Studium leicht gemacht [globales Lesen]

a Überfliegen Sie Nias Forumsbeitrag oben. Welche der drei Überschriften passt am besten zu dem Beitrag? Kreuzen Sie an.

1. Angst vor Prüfungsstress ☐
2. Nützliche Lerntechniken fürs Studium gesucht ☐
3. Lerntechnik „Wiederholtes Lesen" wird empfohlen ☐

> 小贴士 阅读策略 "泛读"
>
> 先浏览一遍新课文，快速读完，以得知概况。不要关注每一个单词，但是要注意副标题或者粗体字等内容。不要查词典。

b Was hat Ihnen geholfen, die beste Überschrift zu finden? Sprechen Sie im Kurs. Die Punkte unten helfen.

- Sätze / Fragen mit ähnlichem Inhalt
- Ausdrücke / Wörter mit ähnlichem Inhalt
- Gestaltung des Textes: Fettdruck, Unterüberschriften
- …

2 Mein bester Lerntipp [selektives Lesen]

a Lesen Sie zuerst die fünf Situationen und dann die sechs Antwortbeiträge auf Nias Forumsbeitrag. Welcher Beitrag passt zu welcher Situation? Markieren Sie dafür die passenden Textstellen. Sie können jeden Beitrag nur einmal verwenden. Ein Beitrag passt nicht.

> 小贴士 阅读策略 "选读"
>
> 如果你要查找完全特定的信息，那就选读。注意那些与你寻找的内容相似或者同义的表达，比如 "学习技巧" "学习方法" "我如何学习"。

Situation	Beitrag
1. Die Person braucht oft lange, bis sie anfängt zu lernen.	Lucky
2. Die Person lernt am besten mit der Methode „Lernen durch Lehren".	
3. Die Person meint, dass man beim Lernen verschiedene Methoden anwenden sollte.	
4. Die Person empfiehlt vor dem Lernen einen schriftlichen Lerntyptest.	
5. Die Person überlegt sich vor dem Lernen, was sie schon über das Thema weiß.	

Fokus: Lesen **1**

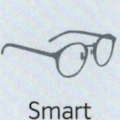
Smart

Obwohl „Hervorheben von Informationen" schlecht abgeschnitten hat, finde ich die Methode sehr nützlich. Markieren oder Unterstreichen heißt natürlich nicht automatisch, dass man den Stoff gelernt hat. Trotzdem ist es sinnvoll, weil man dabei über den Stoff nachdenkt und entscheidet, was wichtig ist und was nicht. Erst dann beginnt das richtige Lernen.
Ich behalte neuen Stoff am besten, wenn ich ihn aktiv wiedergebe. Ich mache das mit einem Lernpartner. Er stellt mir Fragen und ich erkläre ihm, was ich gelernt habe. Dabei merke ich am besten, was ich noch nicht richtig verstanden habe. Wenn man keinen Lernpartner hat, kann man sich auch selbst Fragen zum Stoff stellen und die Fragen laut beantworten. Da merkt man ganz schnell, ob man den Stoff beherrscht oder nicht.

Lucky

Hm. Das klingt interessant. Ich werde das mal probieren. Aber ich habe ein ganz anderes Problem. Aus Angst vor dem „großen Berg", den ich vor mir sehe, ==schiebe ich das Lernen gern auf==. Es gibt ja immer sooo viel Stoff! Deshalb hilft es mir, zuerst einen Lernplan zu machen. Da ich dabei den Stoff in kleine Portionen aufteile, fällt es mir leichter anzufangen. Außerdem hat man Erfolgserlebnisse. Wieder eine Portion geschafft, die man abhaken kann. Das motiviert!! 🙂 Und – ganz wichtig – nach jeder Portion mache ich eine Pause zum Entspannen. Achtung, auch sehr wichtig: viele Wiederholungen, denn der Stoff geht ja erst wirklich ins Langzeitgedächtnis, wenn man ihn immer wieder wiederholt!!!

Mila

Also ich meine, es ist wichtig, dass man sich klarmacht, welcher Lerntyp man ist, also ob man eher visuell lernt oder durch Hören, oder ob man besser selbst etwas tut oder mit anderen kommuniziert. Ich zum Beispiel lerne am liebsten mit einer Lerngruppe, da kann man Fragen klären oder gemeinsam etwas ausprobieren. Daher finde ich den Vorschlag von Smart auch sehr gut.

Tim

Na ja, das Konzept „Lerntyp" gilt ja heute als veraltet. Dennoch findet man es noch in vielen Ratgebern. Es zeigt meiner Meinung nach aber nur, über welche Sinnesorgane man Wissen am besten aufnimmt. Aber das ist noch kein richtiges Lernen! Ich empfehle euch die Beschäftigung mit dem Begriff „Lernstil", z. B. bei Alan Mumford – googelt mal!

Bär

Ich mache es so: Wenn ich etwas Neues lernen muss, frage ich mich zuerst: „Was hat das mit dem zu tun, was ich schon weiß? Kann ich das mit etwas verknüpfen? Wie passt das zu meinem Vorwissen?" Wegen der Beschäftigung mit diesen Fragen fällt es mir leichter, in das Thema einzusteigen. Manchmal hilft es auch, wenn man weiß, was man noch nicht weiß! Noch etwas: Ich kenne die Studie von Dunlosky: Als effektivste Lerntechniken wurden dort regelmäßige Tests (die mache ich selbst auch!) und über die Zeit verteilte Wiederholungen bewertet. Lucky, du lernst effektiv! 🙂

Kira

Für mich ist Ordnung für das Lernen sehr wichtig. Deswegen räume ich auf, bevor ich lerne. Außerdem wiederhole ich das, was ich am Tag gelernt habe, noch einmal DIREKT (!) vor dem Schlafengehen. Und zum Schluss: Trotz gegenteiliger Behauptungen existiert keine optimale Lernmethode. Ich meine, ein Methodenmix ist am allerbesten: in ruhiger Umgebung lesen, Kerninformationen markieren und notieren, sich selbst und anderen Zusammenhänge erklären und sehr wichtig: sich abfragen lassen (eine Art des „Testtrainings"!). Visuelle und auditive Hilfen beim Lernen nutzen.

b Besprechen Sie im Kurs, wie Sie die richtigen Lösungen gefunden haben. Ergänzen Sie dafür den Beispielsatz und formulieren Sie entsprechende Aussagen für die anderen Situationen. ▶ ÜB B1–2

Zu Situation 1 passt der Beitrag von Lucky. Die Aussage „schiebe ich das Lernen gern auf" bedeutet, dass man nicht sofort anfängt.

Zu Situation 2 passt der Beitrag von …

elf **11**

1 Fokus: Lesen + Grammatik

3 Grammatik: Wortstellung in Haupt- und Nebensätzen – Wiederholung ▶ G 1.1.2, 1.2, 1.4.1, 1.4.2

a Lesen Sie die Sätze aus den Forumsbeiträgen und markieren Sie die Konnektoren.

1. **Weil** er verschiedene Lerntechniken überprüfen wollte, hat der Psychologe zahlreiche Praxistests angeschaut.
2. Diese Methoden sind sehr beliebt, trotzdem schnitten sie am schlechtesten ab.
3. Obwohl „Hervorheben von Informationen" schlecht abgeschnitten hat, finde ich die Methode sehr nützlich.
4. Die Methode ist sinnvoll, weil man dabei über den Stoff nachdenkt.
5. Es gibt ja immer so viel Stoff! Deshalb mache ich zuerst einen Lernplan.

b Schreiben Sie die Sätze aus 3a in die passenden Tabellen. ▶ ÜB B3

Hauptsätze verbinden mit Verbindungsadverbien

1. Hauptsatz	2. Hauptsatz
Diese Methoden sind sehr beliebt,	...

Haupt- und Nebensätze verbinden mit Nebensatzkonnektoren

Hauptsatz	Nebensatz	
Die Methode ist sinnvoll,	...	

Nebensatz			Hauptsatz	
Weil	*er verschiedene Lerntechniken überprüfen*	*wollte,*	*hat*	*der Psychologe zahlreiche Praxistests angeschaut.*

c Welche Bedeutung haben die Konnektoren in den Sätzen in 3a? Ordnen Sie zu. ▶ ÜB B4–5

Grund (kausal): Sätze: *1,* _____   Gegengrund (konzessiv): Sätze: _____

d Formulieren Sie die Sätze mit „weil", „da", „obwohl" um. Verwenden Sie die Ausdrücke in Klammern. ▶ ÜB B6–7

1. Aus Angst vor dem „großen Berg" schiebe ich das Lernen gern auf.
2. Wegen der Beschäftigung mit diesen Fragen fällt es mir leichter, in das Thema einzusteigen.
3. Trotz gegenteiliger Behauptungen existiert keine optimale Lernmethode.

1. *Weil ich Angst vor dem großen Berg habe, ...* _____ (Angst haben)
2. _____ (sich mit diesen Fragen beschäftigen)
3. _____ (das Gegenteil wird behauptet)

4 Mein Forumsbeitrag

Schreiben Sie einen kurzen Forumsbeitrag zu Nias Frage aus Ihrer persönlichen Lernerfahrung. Markieren Sie dafür zuerst Ausdrücke oder Sätze in den Forumsbeiträgen in 2a, die Sie in Ihrem Beitrag verwenden könnten. Begründen Sie Ihre Meinung. ▶ ÜB B8

Ich behalte neuen Stoff am besten, wenn ich …
Daher finde ich den Vorschlag von … auch sehr gut.
…

Fokus: Hören

C Mit der Hand schreiben – wozu?

1 Handschrift oder Tippen? [globales und selektives Hören]

a In welchen Situationen schreiben Sie mit der Hand, in welchen Situationen schreiben Sie mit dem Laptop? Sprechen Sie im Kurs.

b ▶1|1 Lesen Sie den Tipp und hören Sie Teil 1 eines Radiointerviews in der Reihe „Neurowissenschaft und Lernen". Was ist das Hauptthema des Interviews: a oder b? Kreuzen Sie an. Begründen Sie Ihre Auswahl. ▶ ÜB C1

a. ☐ Das Hauptthema ist, dass Kinder nicht mehr flüssig mit der Hand schreiben können.
b. ☐ Das Hauptthema ist, welche Rolle das Schreiben mit der Hand im digitalen Zeitalter spielt.

> 小贴士 听力策略"泛听"
> 如果你只想简要了解一篇听力课文的内容，那么在听的时候就集中于和主题有关的一般信息。

c Lesen Sie den Tipp und markieren Sie in den Aussagen 1 bis 4 die Ausdrücke, auf die Sie sich konzentrieren müssen, um in 1d die richtige Lösung zu finden. Eventuell hören Sie nicht dieselben Wörter, sondern ähnliche Begriffe.

> 小贴士 听力策略"选听"
> 如果你只对听力课文中的特定信息感兴趣，那么在听的时候就专注于那些和这个信息有关的表达。

	r	f
1. In Schule und Forschung beschäftigt man sich mit der Zukunft der Handschrift.	☐	☐
2. Viele beklagen es, dass Kinder nicht mehr flüssig schreiben können.	☐	☐
3. In der Schule wird nur noch die Druckschrift unterrichtet und nicht die Schreibschrift.	☐	☐
4. Manche argumentieren, dass man die Schreibschrift in der heutigen Zeit nicht mehr benötigt.	☐	☐

d ▶1|1 Hören Sie Teil 1 des Radiointerviews noch einmal. Sind die Aussagen in 1c richtig (r) oder falsch (f)? Kreuzen Sie in 1c an.

e Lesen Sie die Aussagen 1 bis 6 und markieren Sie die Ausdrücke, auf die Sie sich konzentrieren müssen, um in 1f die richtige Lösung zu finden. Überlegen Sie dann, ob die Aussagen richtig oder falsch sein könnten.

	r	f
1. Tippen ist immer effektiver, als mit der Hand zu schreiben.	☐	☐
2. Die Abschaffung des Schreibens mit der Hand hätte negative Auswirkungen.	☐	☐
3. Beim Schreiben mit der Hand werden viele Bereiche des Gehirns aktiviert.	☐	☐
4. Mit dem Laptop kann man schneller mehr Informationen notieren, deshalb lernt man besser.	☐	☐
5. Wenn man Notizen mit der Hand macht, verarbeitet man gleichzeitig die Informationen.	☐	☐
6. Man sollte Notizen nur handschriftlich machen.	☐	☐

f ▶1|2-3 Hören Sie nun Teil 2 des Radiointerviews und entscheiden Sie, ob die Aussagen in 1e richtig (r) oder falsch (f) sind. Kreuzen Sie in 1e an.

g Waren Ihre Überlegungen in 1e richtig? Sprechen Sie im Kurs. ▶ ÜB C2

dreizehn 13

1 Fokus: Hören + Grammatik

2 Grammatik: Alternativen ausdrücken ▶ G 1.4.3

a Lesen Sie die Sätze aus dem Interview und markieren Sie die Konnektoren, Verbindungsadverbien und die Ausdrücke mit Präposition, die eine Alternative ausdrücken.

1. <mark>Anstatt dass</mark> man in Hefte schreibt, werden immer häufiger Tablets verwendet.
2. Anstatt mit viel Mühe die Schreibschrift zu üben, sollten die Schüler nur noch die Druckschrift lernen.
3. Die eine Gruppe schrieb mit dem Laptop, die andere Gruppe schrieb stattdessen mit der Hand.
4. Statt der Schreibschrift lieber Tippen lernen?
5. Es wäre ein großer Fehler, anstelle der Handschrift nur noch das Schreiben auf der Tastatur zu lehren.
6. Heißt das, dass man an der Uni Notizen lieber mit der Hand statt mit dem Laptop machen sollte?

b Schreiben Sie die in 2a markierten Konnektoren bzw. die Präpositionen in die Tabelle.

Konnektor von Nebensatz / Infinitivkonstruktion	Verbindungsadverb	Präposition
anstatt dass …		

c Lesen Sie die Sätze und achten Sie auf die Unterschiede. Kreuzen Sie dann in den Regeln an: a oder b? ▶ ÜB C 3–4

1. a. <mark>Anstatt</mark> die Schreibschrift <mark>zu</mark> üben, schreiben viele Grundschüler nur noch in Druckschrift.
   b. Viele Grundschüler üben nicht die Schreibschrift. Sie schreiben <mark>stattdessen</mark> nur noch in Druckschrift.
   c. <mark>Statt</mark> der Schreibschrift üben viele Grundschüler nur noch die Druckschrift.
2. a. <mark>Anstatt dass</mark> man in der Vorlesung einen Notizblock benutzt, kommt der Laptop zum Einsatz.
   b. Man benutzt in der Vorlesung keinen Notizblock. <mark>Stattdessen</mark> kommt der Laptop zum Einsatz.
   c. <mark>Anstelle</mark> eines Notizblocks kommt in der Vorlesung der Laptop zum Einsatz.

> 小贴士 **anstatt dass/anstatt (…) zu**
> — anstatt dass 用于主从句不同的主语
> — anstatt (…) zu 同一个主语

> 1. „anstatt (…) zu" / „anstatt dass" steht in dem Satz, der beschreibt
>   a. ☐ was nicht stattfindet.   b. ☐ was als Alternative stattfindet.
> 2. „stattdessen" steht in dem Satz, der beschreibt
>   a. ☐ was nicht stattfindet.   b. ☐ was als Alternative stattfindet.
> 3. Die Präpositionen „statt" / „anstelle" stehen bei dem Satzteil, der beschreibt,
>   a. ☐ dass etwas nicht stattfindet.   b. ☐ dass die Alternative stattfindet.

3 Über Alternativen sprechen

Jeder notiert auf einem Zettel eine Frage zu einer Alternative und auch den Konnektor, der verwendet werden soll. Gehen Sie im Kurs herum und fragen Sie die anderen. Dann beantworten Sie selbst Fragen.

> *Was findest du besser: tippen oder mit der Hand schreiben? (anstatt zu)*

> Ich finde es besser zu tippen, anstatt mit der Hand zu schreiben.

> *Wie lernst du lieber: allein oder in einer Lerngruppe? (statt)*

> Statt …

Fokus: Schreiben

D In einer Lerngruppe oder allein?

1 Gruppenarbeit beim Lernen nützlich? [schriftlich Stellung nehmen]

a Überfliegen Sie den Blogbeitrag. Ist die Autorin für oder gegen Lernen in der Gruppe?

Myway

Obwohl in der Fachliteratur fast immer die Gruppenarbeit empfohlen wird, lerne ich viel lieber allein. Meines Erachtens ist das viel effektiver. Es ist doch klar, dass man zuerst ein Grundwissen haben muss, denn ohne Grundlagen kann man in der Gruppe nichts beitragen. Dieses Faktenwissen kann man sich aber nur allein erarbeiten. Ich habe die Erfahrung gemacht, dass das in manchen Gruppen nicht klar ist. Aber ohne Faktenwissen bringt die Diskussion nichts! Außerdem ist es doch nicht nützlich, wenn man endlos über Punkte sprechen muss, die man sowieso schon verstanden hat. Darüber hinaus ist es sehr schwer, die richtigen Leute für eine Gruppe zu finden, denn man muss z. B. ähnlich fleißig oder ähnlich faul sein. Wenn man zu unterschiedlich ist, kann es große Probleme geben – mit der Arbeitsweise oder dem Zeitmanagement. Daher: Lerngruppe, nein danke!

b Markieren Sie die Argumente der Autorin im Blogbeitrag in 1a.

c Schreiben Sie nun eine Stellungnahme zum Blogbeitrag in 1a. Lesen Sie dafür zuerst den Tipp zum Aufbau einer Stellungnahme. Die inhaltlichen Punkte links und die Redemittel und Übungen im Übungsbuch helfen. ▶ ÜB D1

These:
- *Gruppenarbeit sehr nützlich: ermöglicht tieferes Verständnis des Stoffs und bessere Kommunikationsfähigkeit*

Argumente:
- *richtige Leute finden schwer ⟷ Zusammenarbeit funktioniert mit allen, Bedingung: Aufgaben gut verteilen und feste Termine vereinbaren*
- *Faktenwissen nur allein erarbeiten ⟷ sich gegenseitig abfragen und so Faktenwissen vertiefen*
- *endlos über schon verstandene Punkte sprechen ⟷ Gruppenarbeit = Austausch → verstandene Punkte den anderen erklären, so kontrollieren, ob man sie wirklich verstanden hat*

Schluss:
- *Gruppenarbeit mehr Vorteile als Nachteile*
- *Vorteile von beiden Formen nutzen: Einzelarbeit und Gruppenarbeit verbinden; so effektiver lernen*

小贴士　表达观点

引论：
— 哪篇文章，哪位作者，哪个主题。
— 你的论点：你对这个主题怎么看？

主体部分：
— 你的论据：了解作者的观点并表态。说明理由，以最弱的理由开始，最强的理由结束。

结尾：
— 简要总结立场。
— 为解决这一问题提出建议。

Myway schreibt in ihrem Beitrag zum Thema „Gruppenarbeit beim Lernen nützlich?", dass Einzelarbeit viel effektiver ist, weil man sich Faktenwissen nur allein erarbeiten kann. …

1 Auf dem Weg zur Prüfung*: Lesen

Kommunikation bei der Arbeit

1 Mailen, chatten, skypen oder lieber ein persönliches Gespräch?
[Vorwissen aktivieren]

a Überlegen Sie zuerst, was Sie schon über das Thema in der Überschrift wissen. Die Fragen helfen.

1. Wie kommuniziert man heute im Beruf oder im Studium häufiger: mündlich oder schriftlich?
2. Welche Kommunikationsmittel werden häufig benutzt?

b Überfliegen Sie rechts den Einleitungstext eines Artikels aus einer Zeitschrift für Gesellschaftsfragen. Worum geht es in dem Artikel?

2 Kommunizieren im Büro [Artikel global lesen]

DSH, telc

a Lesen Sie zuerst die sieben Überschriften. Lesen Sie dann den Zeitschriftenartikel rechts schnell. Sie brauchen nicht jedes Wort zu verstehen. Welche Überschrift passt jeweils am besten zu den Abschnitten A bis D? Notieren Sie.

> Ohne Facebook keine Kundenbetreuung? | Erfolgreiche internationale Kommunikation: „analog" oder digital? | Kundeninformation durch Textbausteine | ~~Schnell, praktisch und diskret kommunizieren~~ | Persönliche Kommunikation immer zu aufwendig | Qualitätskontrolle ist wichtig | Unternehmen in sozialen Netzwerken

> 小贴士　答题攻略
>
> 在telc B2考试的相关题型中共有10个标题，你必须从中选择5个合适的标题搭配5篇短文，另外5个是不合适的。

b Welche Textstellen haben Ihnen geholfen, die passende Überschrift zu finden? Tauschen Sie sich ggf. mit einem Partner / einer Partnerin aus.

Abschnitt A: sehr praktisch, schneller verfasst, unauffällig, übermitteln → Schnell, praktisch und diskret kommunizieren
Abschnitt B: …

3 Kommunizieren im Büro [Artikel selektiv lesen]

GI, telc

Lesen Sie den Artikel auf der nächsten Seite noch einmal und lösen Sie die Aufgaben. Welche Lösung ist richtig: a, b oder c? Kreuzen Sie an.

1. Kommunikation über digitale Dienste …
   a. ☐ ist bei Besprechungen störend.
   b. ☐ ist im Stil weniger formell als die in Geschäftsbriefen.
   c. ☐ wird sehr viel in Meetings genutzt.

2. Wegen der Wichtigkeit von Qualitätskontrollen …
   a. ☐ braucht man viele Dokumente.
   b. ☐ müssen Arbeitsvorgänge genau beschrieben werden.
   c. ☐ müssen Ingenieure Handbücher schreiben.

3. Für Unternehmen hat die Nutzung der Sozialen Medien …
   a. ☐ immer positive Folgen für den Umsatz.
   b. ☐ immer Vorteile in der Kommunikation mit Kunden.
   c. ☐ manchmal negative Folgen.

4. In den heutigen globalen Geschäftsbeziehungen …
   a. ☐ ist der Austausch über digitale Instrumente sinnvoller als das direkte Gespräch.
   b. ☐ gibt es interkulturelle Missverständnisse, die vielleicht im direkten Kontakt nicht entstehen würden.
   c. ☐ ist die Kommunikation zwischen verschiedenen Standorten schwierig.

> 小贴士　答题攻略
>
> 在歌德学院B2证书考试中该题型为6个选择题，答题时间为12分钟。在telc B2考试中则为5个选择题。

*学生用书中每个Lektion都有附加的Auf dem Weg zur Prüfung练习，可在布谷德语课官网（class.tongjideyu.com）或Klett Augmented获取。

Kommunizieren im Büro heute – analog oder digital?

Es scheint, dass viele Dinge, die man früher im persönlichen Gespräch oder telefonisch erledigt hat, heute immer häufiger schriftlich kommuniziert werden. Statistiken bestätigen diesen allgemeinen Eindruck. Von 2010 (317 Milliarden) bis 2018 (850 Milliarden) hat sich die Zahl der E-Mails (ohne Spam) pro Jahr in Deutschland fast verdreifacht. Gleichzeitig ist die Anzahl der Kanäle, z. B. Messenger-Dienste oder digitale Team-Programme, über die beruflich kommuniziert wird, stark gestiegen. Wie kann man diesen Trend zur schriftlichen Kommunikation erklären?

A Schnell, praktisch und diskret kommunizieren

Einer der Gründe ist sicherlich, dass die Kommunikation über digitale Dienste einfacher und sehr praktisch ist. Der Stil von E-Mails oder Chats ist in der Regel informeller und so können Nachrichten schneller verfasst werden. Außerdem muss man keine ruhige Ecke oder vielleicht sogar einen Besprechungsraum suchen, um ungestört kommunizieren zu können. Man kann die Nachricht unauffällig – also ohne ungewünschte Zuhörer – übermitteln. Sehr praktisch ist das zum Beispiel im Zug oder sogar in einem Meeting: Man kann eine Nachricht senden, stört niemanden und keiner kann mithören.

B

Die Gründe dafür, dass im Arbeitsumfeld immer mehr schriftlich kommuniziert wird, gehen jedoch darüber hinaus. Auch in Berufen, die nicht viel mit Sprache zu tun haben, muss immer mehr geschrieben werden. Denn da Qualitätskontrolle heute in vielen Unternehmen eine wichtige Rolle spielt, muss man Arbeitsprozesse viel häufiger dokumentieren als früher. Zum Beispiel müssen Handwerker genau aufschreiben, welche Schritte sie tun müssen, um eine Reparatur durchzuführen. Schreiben wird auch in Ingenieurberufen immer wichtiger: Ingenieure verbringen heute schon mehr als die Hälfte ihrer Arbeitszeit mit Schreiben und nicht mit Berechnungen oder Konstruktionen. In diesen Bereichen erleichtern digitale Instrumente die Arbeit, nicht nur bei der Dokumentation, sondern z. B. auch beim Verfassen von Handbüchern oder Gebrauchsanleitungen. Dafür kann man nämlich Textbausteine erstellen. Diese fertigen Textteile, die sich auf Prozesse oder Arbeitsschritte beziehen, die sich oft wiederholen, können dann passend zum Bedarf der Kunden immer wieder neu kombiniert werden.

C

Ein weiterer Bereich, in dem man digitale Instrumente verstärkt einsetzt, sind die „Social Media". Im Durchschnitt nutzten 2017 knapp die Hälfte aller Unternehmen in Deutschland Soziale Medien, heute sind es schon drei Viertel. Meist werden diese Medien für Werbung, zur Kundenbetreuung und Kundenbindung sowie zur Mitarbeitergewinnung und -kommunikation benutzt. Die Vorteile der Nutzung dieser Instrumente gegenüber analogen Möglichkeiten liegen auf der Hand: schnellere und direktere Kommunikation mit den Kunden, z. B. in Bezug auf neue Produkte oder Veränderungen im Unternehmen. Viele Unternehmen verwenden diese Form der Kommunikation hauptsächlich, weil sie hoffen, auf diese Weise ihren Umsatz zu steigern. Ein Problem dabei ist aber öfters die Qualität dieser Internetauftritte: Unverständliche Texte, unglückliche Formulierungen oder fehlende Aktualisierungen können nämlich negative Auswirkungen haben und zu Missverständnissen führen.

D

Die entscheidende Ursache für die Veränderungen der Kommunikation im Arbeitsumfeld ist die Globalisierung. Im Zeitalter der globalen Geschäftsbeziehungen muss man zwischen verschiedenen Standorten, Ländern oder Zeitzonen kommunizieren. Da ist die persönliche Kommunikation oft sehr aufwendig oder sogar unmöglich. Auch hier können digitale Instrumente, wie z. B. Chats, helfen. Die Frage ist aber, ob die „analoge Kommunikation", also der persönliche Austausch im Gespräch, nicht oft sinnvoller ist. Denn vielleicht würden manche Probleme oder Missverständnisse, besonders auch zwischen Menschen unterschiedlicher Kulturen, auf diese Weise gar nicht erst entstehen.

Manuela Franke

Mit Fehlern umgehen

1 „Irrend lernt man." [Vorwissen aktivieren]

Lesen Sie den Spruch von Goethe in der Überschrift. Sprechen Sie zu zweit darüber oder überlegen Sie allein, was mit dem Spruch gemeint ist und wie Sie persönlich mit Fehlern umgehen.

2 Fehlerkultur [Thema und Aufbau eines Vortrags erkennen]

▶ 1 | 4 Hören Sie Teil 1 des Vortrags. Notieren Sie Stichpunkte und beantworten Sie die Fragen.

1. Mit welchem Thema beschäftigt sich der Vortrag?
   _____

2. Was bedeutet der Begriff „Fehlerkultur"?
   _____

3. Welche drei Fragen strukturieren den Vortrag von Professor Miel?
   - _____
   - _____
   - _____

3 Fehlerkultur [Vortrag selektiv hören]

a Lesen Sie die Aussagen und markieren Sie die Wörter und Ausdrücke, die wichtig sind, um den Inhalt des Vortrags zu verstehen.

		r	f
1.	Wissenschaftler beschäftigen sich erst seit Kurzem mit der Rolle von Fehlern beim Sprachenlernen.	☐	☐
2.	Wenn man Fehler untersucht und sie versteht, versteht man das System der Fremdsprache besser.	☐	☐
3.	Wenn ein Fehler fossiliert ist, macht man ihn immer wieder, obwohl man ihn kennt.	☐	☐
4.	Wenn man seine fossilisierten Fehler kennt, ist es relativ leicht, sie zu korrigieren.	☐	☐
5.	Die Fehlerkorrektur sollte im Sprachunterricht ein wichtiges Thema sein.	☐	☐
6.	Professor Miel stimmt der folgenden Aussage voll zu: „Man versteht doch, was die Lernenden sagen, warum sollte man das korrigieren."	☐	☐
7.	Lernende können die Angst vor Fehlern verlieren, wenn sie verstehen, dass Fehler beim Lernen nützlich sind.	☐	☐
8.	Man darf über Fehler nie lachen.	☐	☐
9.	Zum Thema „Fehlerkorrektur" gibt es viele wissenschaftliche Veröffentlichungen.	☐	☐
10.	Später gibt Professor Miel noch Informationen zur mündlichen Fehlerkorrektur.	☐	☐

b ▶ 1 | 5–6 Hören Sie nun Teil 2 des Vortrags. Sind die Aussagen in 3a richtig (r) oder falsch (f)? Kreuzen Sie in 3a an.

Fehlerkorrektur beim Sprechen

1 Fehler korrigieren [Stellungnahme analysieren]

a Lesen Sie die Abschnitte einer Meinungsäußerung zum Thema oben und bringen Sie sie in eine sinnvolle Reihenfolge nach dem folgenden Schema: Einleitung, Begründung für eigene Meinung, Alternativen, Vorteil der Alternativen, Schluss.

Besser wäre es, wenn man im Gespräch nicht korrigiert. Eine gute Möglichkeit ist stattdessen, in der Klasse über häufige Fehler zu sprechen und dann auch Übungen dazu zu machen. Oder man könnte zu zweit üben und sich gegenseitig korrigieren. Die Lehrenden sollten die Lernenden dabei unterstützen und immer wieder betonen, dass Fehler nicht schlimm, sondern wichtig sind, um zu lernen.

1. Einleitung

Jeder kennt das aus dem Sprachunterricht. Man diskutiert über ein interessantes Thema und der Lehrer unterbricht, um einen Fehler zu korrigieren. Hilft das oder ist es im Gegenteil vielleicht sogar kontraproduktiv?

Ich finde Korrekturen beim Sprechen nicht hilfreich, weil man in dem Moment damit beschäftigt ist, etwas zu einem Thema zu sagen. Das Gehirn kann sich dann nicht gleichzeitig auf die Korrektur konzentrieren. Außerdem unterbricht die Korrektur das Gespräch und es ist oft nicht leicht, seine Gedanken wieder fortzusetzen. Die Unterbrechung ist aber meist nicht das Schlimmste, sondern die Gefühle, die durch die Korrektur entstehen können. Man fühlt sich nicht wohl, wird unsicher und das hilft sicher nicht beim Lernen.

Abschließend möchte ich betonen, dass Fehler natürlich korrigiert werden müssen. Es kommt nur darauf an, wann und wie man korrigiert. Ich bin also der Ansicht, dass der Lehrende für eine positive Fehlerkultur sorgen sollte.

Der Vorteil dieser Methoden ist, dass das Gespräch läuft und keine unangenehmen Situationen entstehen.

b Markieren Sie die Wörter und Ausdrücke, die Ihnen geholfen haben, die Abschnitte zu ordnen. Diese Wörter und Ausdrücke können Sie auch in Ihrem eigenen Text verwenden.

2 Fehler korrigieren [schriftlich Stellung nehmen]

a Schreiben Sie einen Forumsbeitrag zum Thema „Fehlerkorrektur bei der Aussprache". Orientieren Sie sich dabei an dem Beitrag in 1a. Die in 1b markierten Ausdrücke helfen.

- Äußern Sie Ihre Meinung zu folgender Aussage: „Wenn ein Lernender in einer Diskussion einen Aussprachefehler macht, sollte der Fehler korrigiert und die richtige Aussprache sofort geübt werden."
- Nennen Sie Gründe für Ihre Meinung.
- Nennen Sie zwei andere Möglichkeiten, Aussprachefehler zu korrigieren.
- Nennen Sie die Vorteile dieser Möglichkeiten.

Denken Sie an eine Einleitung und einen Schluss. Bearbeiten Sie alle Inhaltspunkte oben. Achten Sie darauf, dass die Abschnitte sprachlich miteinander verknüpft sind. Schreiben Sie mindestens 150 Wörter.

Jeder kennt das aus dem Sprachunterricht. Jemand macht einen Aussprachefehler bei einer Diskussion und ...

b Als freiere Alternative können Sie auch einen Forumsbeitrag schreiben zu: „Die schriftliche Kommunikation mit Kollegen ist effektiver." Folgen Sie dabei der Struktur der Inhaltspunkte in 2a.

小贴士　答题攻略

该题型在考试中答题时间为50分钟。

2

Frankfurt – die Skyline

Berlin – Friedrichstraße

München – Blick auf die Innenstadt

Hamburg – Elbphilharmonie

A Leben in Großstädten

1 Der Run auf die großen Städte

a Schauen Sie sich die Fotos aus Städten in Deutschland an. Beschreiben Sie die abgebildeten Orte. Die Ausdrücke unten helfen.

> Altstadt | historische Häuser | moderne Architektur | Hochhäuser | Wolkenkratzer | Wohnhäuser | Veranstaltungen | Einkaufsmöglichkeiten | Verkehr | öffentliche Verkehrsmittel | Stadtplanung

b Welche Unterschiede und Gemeinsamkeiten mit Ihrer Heimatstadt gibt es? Sprechen Sie im Kurs.

> Ebenso wie in Hamburg / Berlin / … gibt es in … | Verglichen mit meiner Heimatstadt wirkt München / Frankfurt / … | Auf dem Foto 1 sieht man sehr moderne Gebäude. In meinem Ort gibt es … | Bei uns gibt es zwar auch …, aber …

c In welcher internationalen Großstadt würden Sie gerne (eine Weile) leben? Warum? ▶ ÜB A1

20 zwanzig

Fokus: Hören

2 Zukunft gestalten: Leben in der Stadt [detailliertes Hören, strukturierte Notizen machen]

a ▶ 1 | 7–10 Lesen Sie die Stichworte zu einem Vortrag zum Thema „Zukunft in der Stadt gestalten". Hören Sie dann den Vortrag und ordnen Sie die Stichworte in der richtigen Reihenfolge. ▶ ÜB A2

Stressfaktoren: ☐
Attraktivität großer Städte: ☐
Landflucht: 1
Ideen für die Zukunft: ☐

b Tragen Sie die Stichworte aus 2a in die linke Spalte vom Notizzettel ein. Lesen Sie dann die detaillierten Notizen in der rechten Spalte.

Unterthemen	Detailinformationen
1. Landflucht:	Menschen i. Städten:
	– weltweit: _____ : 2/3 d. Menschen
	1950: _____
	– D.: 1950: knapp _____ %
	2050: über _____ %
2. _____	1. attraktive _____
	2. bessere Bildungseinrichtungen
	3. _____
	4. gut ausgebaute _____
	5. Städte → cool, dort neueste Trends
3. _____	1. Verkehr: _____ u. _____
	2. Umweltverschmutzung: Smog u. _____
	3. _____
4. _____	Ziel: Städte: _____
	1. intelligente Architektur u. _____
	2. _____ u. moderne Technologien

c ▶ 1 | 7–10 Hören Sie den Vortrag nun in Abschnitten und ergänzen Sie die Notizen in 2b. Notieren Sie wie oben nur Stichpunkte. ▶ ÜB A3–4

d Vergleichen Sie nach jedem Abschnitt Ihre Notizen mit einem Partner / einer Partnerin und ergänzen Sie sie, wenn nötig.

e Welche Informationen sind neu für Sie? Was finden Sie interessant?

小贴士

在做听力时注意每篇文章的结构能够帮助理解，这样就不必担心不能听懂每一个单词了。

3 Grammatik: Passiv in Gegenwart und Vergangenheit – Wiederholung ▶ G 3.4

a Lesen Sie die Sätze aus dem Vortrag in 2a. Welche Sätze sind im Passiv? Markieren Sie die Passivformen.

1. In den beliebten Städten **ist** in den letzten Jahren viel **gebaut worden**.
2. Ich möchte zuerst kurz einen Überblick über das Thema geben.
3. Meistens wird die Arbeit in Städten besser bezahlt.
4. In der Umfrage wurden die Teilnehmer zu den Stressfaktoren in großen Städten befragt.
5. In den deutschen Städten war bereits in den 1950er-Jahren viel gebaut worden.
6. Die jungen Leute finden nach dem Studium leicht eine gute Arbeit.

b Schreiben Sie die Passivsätze aus 3a in die Tabelle. Ergänzen Sie dann die Regel. ▶ ÜB A5–6

		Position 2			Satzende	
Präsens						
Präteritum						
Perfekt	In den Städten	ist	in den letzten Jahren viel	gebaut	worden.
Plusquamp.						

> **Bildung:** Das Passiv bildet man mit einer Form von „_____"+ Partizip Perfekt (= Partizip II).
> Das Partizip von „werden" im Passiv hat **kein** „ge": Das Haus ist gebaut ~~ge~~worden.

c Lesen Sie die Regel über die Verwendung des Passivs und erklären Sie: Warum stehen Satz 2 und 6 in 3a nicht im Passiv?

> **Verwendung:** Das Passiv verwendet man, wenn nicht die handelnde Person im Vordergrund steht, sondern eine Handlung oder ein Prozess.

d Schreiben Sie Sätze im Passiv in der angegebenen Zeitform. ▶ ÜB A7

1. in Großstädten | mehr Wohnraum | brauchen (Passiv Präsens)
2. in den letzten Jahren | viele teure Wohnungen | in den Großstädten | bauen (Passiv Perfekt)
3. nach dem Krieg | ganze Stadtviertel | in Deutschland | neu | aufbauen (Passiv Präteritum)
4. denn | während des Krieges | viele Städte | zerstören (Passiv Plusquamperfekt)
5. in den letzten Jahren | in zahlreichen Städten | Startups | gründen (Passiv Präteritum)
6. der Platz in Städten | nicht immer gut nutzen (Passiv Präsens)
7. an Universitäten | viele interessante Konzepte zur Stadtentwicklung | erarbeiten (Passiv Perfekt)
8. wegen des Wohnungsmangels | mehr Hochhäuser | planen (Passiv Präsens)

1. In Großstädten wird mehr Wohnraum gebraucht.

4 Partnerinterview: Veränderungen in Ihrer Heimatstadt

Fragen und antworten Sie. Verwenden Sie – wenn sinnvoll – Passivsätze.

1. Was ist in Ihrer Stadt in den letzten Jahren verändert worden?
2. Welcher Häusertyp ist in den letzten Jahren in Ihrer Stadt neu gebaut worden?
3. Sind in Ihrer Stadt historische Häuser restauriert worden? Erzählen Sie.
4. In welchen Stadtvierteln ist viel / wenig gebaut worden? Warum?

B Städte werden grün

1 Obst- und Gemüseanbau in der Stadt [detailliertes Lesen, strukturierte Notizen machen]

a Arbeiten Sie zu zweit. Sie sind Partner/in A und arbeiten auf dieser Seite. Partner/in B arbeitet auf der nächsten Seite. Überfliegen Sie den Artikel und schauen Sie sich die Fotos an. Welches Foto passt zum Artikel? ▸ ÜB B1, 3

A Obst- und Gemüseanbau in der Stadt

Laut Prognosen werden im Jahr 2050 über sechs Milliarden Menschen in Städten oder städtischen Regionen wohnen. Gleichzeitig gibt es durch die Verstädterung der Landschaften weniger Flächen, auf denen landwirtschaftliche Produkte angebaut werden können. Da stellt sich die Frage: Wie können die
5 Menschen in den Städten dann mit Lebensmitteln versorgt werden?
„Vertikale Landwirtschaft" ist eine Idee, die zur Lösung dieses Problems beitragen kann. Bei der vertikalen Landwirtschaft wird Gemüse und Obst in Hochhäusern auf vielen Etagen direkt in der Stadt angebaut.
Die Transportwege bis zum nächsten Supermarkt und damit zu den Kunden
10 sind dadurch sehr kurz und preisgünstig. Außerdem verbraucht die vertikale Landwirtschaft wenig von dem teuren Platz in einer Stadt. In einem 30-stöckigen Hochhaus kann genauso viel angebaut werden wie vorher auf 1.000 Fußballfeldern mit klassischer Landwirtschaft.
Dabei gibt es aber ein Problem, das bisher noch nicht gelöst werden konnte:
15 die Kosten für die Beleuchtung. Die Versorgung der Pflanzen mit einem Ersatz für das Sonnenlicht verbraucht noch sehr viel Energie und ist deshalb noch sehr teuer. Dieses Problem kann hoffentlich in Zukunft gelöst werden.

b Markieren Sie im Zeitungsartikel in 1a die wichtigsten Informationen. Erstellen Sie dann einen strukturierten Notizzettel: Notieren Sie links die Unterthemen und rechts wichtige Detailinformationen.

Unterthemen	Detailinformationen
– Prognosen:	– 2050: über 6 Mrd. Menschen i. St. od. städtischen Regionen
	– Verstädterung → weniger Flächen f. Landwirtschaft
	– wie Menschen i. St. mit Lebensmitteln versorgen?
– _____	– _____
– _____	– _____
	– _____
– _____	– _____
	– _____

c Decken Sie den Artikel in 1a mit einem Blatt Papier ab. Geben Sie mithilfe Ihrer Notizen den Inhalt Ihres Artikels wieder. Partner/in B macht sich Notizen. Tauschen Sie dann die Rollen. ▸ ÜB B4

d Überlegen Sie gemeinsam: Welche Notizen waren hilfreich? Sind alle wichtigen Informationen angekommen? Was könnten Sie an Ihren Notizen noch verbessern? Tauschen Sie sich aus.

2 Gärten in der Stadt [detailliertes Lesen, strukturierte Notizen machen]

a Arbeiten Sie zu zweit. Sie sind Partner/in B und arbeiten auf dieser Seite. Partner/in A arbeitet auf der vorherigen Seite. Überfliegen Sie den Artikel und schauen Sie die Fotos an. Welches Foto passt zum Artikel? ▶ ÜB B2–3

B Gärten in der Stadt

Urbanes Gärtnern ist ein neuer Trend, dem sich immer mehr Menschen in deutschen Großstädten anschließen. Sie pflanzen Gemüse oder Miniobstbäume auf dem Balkon, sie begrünen triste Innenhöfe oder Dächer von Parkgaragen oder halten sich Bienen auf einer Dachterrasse.
5 Dabei steht nicht im Vordergrund, dass mit der Ernte Geld gespart werden soll. Es geht den meisten Stadtgärtnern um die Nähe zur Natur. Sie wollen die grauen Städte durch grüne Pflanzen lebenswerter machen. Und außerdem wollen sie selbst angebautes Obst und Gemüse genießen.
Eine besondere Form von urbanem Gärtnern sind die urbanen Gemeinschafts-
10 gärten, die es in vielen deutschen Großstädten gibt. Diese Gemeinschaftsgärten funktionieren folgendermaßen: Eine brachliegende Fläche wird von Menschen eines Stadtviertels gemeinsam bearbeitet. Die Leute säen und pflanzen Blumen, bauen Obst und Gemüse an und ernten gemeinsam. Oft werden die Gemeinschaftsgärten von einem Verein verwaltet. Jedes Vereinsmitglied zahlt einen jähr-
15 lichen Betrag und bekommt dafür ein Stück vom Garten zur Bewirtschaftung.
Neben der Nähe zur Natur haben Gemeinschaftsgärten auch den Vorteil, dass sich die Menschen in einem Stadtviertel besser kennenlernen, sich austauschen und gegenseitig helfen – ein gutes Mittel gegen die Anonymität der Großstädte.

1

2

b Markieren Sie im Zeitungsartikel in 2a die wichtigsten Informationen. Erstellen Sie dann einen strukturierten Notizzettel: Notieren Sie links die Unterthemen und rechts wichtige Detailinformationen.

Unterthemen	Detailinformationen
– Urbanes Gärtnern:	– neuer Trend i. dt. Großstädten
	– auf Balkon, in Innenhöfen, auf Dächern: Gemüse, Obst, Bienen
– Ziel:	–
	–
–	–
	–
	–
–	–
	–

c Decken Sie den Artikel in 2a mit einem Blatt Papier ab. Geben Sie mithilfe Ihrer Notizen den Inhalt Ihres Artikels wieder. Partner/in A macht sich Notizen. Tauschen Sie dann die Rollen. ▶ ÜB B4

d Überlegen Sie gemeinsam: Welche Notizen waren hilfreich? Sind alle wichtigen Informationen angekommen? Was könnten Sie an Ihren Notizen noch verbessern? Tauschen Sie sich aus.

Fokus: Lesen + Grammatik

2

3 Grüne Städte

Kennen Sie weitere Beispiele für Gemüseanbau in der Stadt?
Tauschen Sie sich aus oder recherchieren Sie und berichten Sie im Kurs.

> **小贴士 情态动词**
>
> 情态动词在使用中一般以过去时代替完成时，比如 Die sozialen Beziehungen haben gestärkt werden können. → Die sozialen Beziehungen konnten gestärkt werden.

4 Grammatik: Passiv mit Modalverben ▶ G 3.4

a Lesen Sie die Sätze, markieren Sie die Passivformen und schreiben Sie die Sätze in die Tabelle. ▶ ÜB B5

1. Wie können die Menschen in den Städten mit Lebensmitteln versorgt werden?
2. In Gemeinschaftsgärten konnten die sozialen Beziehungen gestärkt werden.

		Position 2		Satzende	
Präsens					
Präteritum					

> **G** Das Modalverb steht auf Position 2, am Satzende steht der Infinitiv Passiv (Partizip II + „werden").

b Ein Gemeinschaftsgarten ist gegründet worden. Was musste gemacht werden, was konnte gemacht werden? Schreiben Sie Sätze im Passiv Präteritum mit „müssen" oder „können". ▶ ÜB B6

1. eine nicht genutzte Fläche finden
2. Werkzeug erwerben
3. Samen und kleine Pflanzen kaufen
4. gute Beziehungen zur Nachbarschaft aufbauen
5. die Pflanzen regelmäßig gießen
6. Gemüse und Obst ernten
7. selbst angebaute Früchte genießen
8. Bienen halten

1. Eine nicht genutzte Fläche musste gefunden werden.

5 Grammatik: Passiv mit Modalverben im Nebensatz ▶ G 3.4

a Lesen Sie die Sätze zum Thema „Gemüseanbau in der Stadt", markieren Sie die Passivformen im Nebensatz und ergänzen Sie die Sätze in der Tabelle.

1. Dabei ist nicht wichtig, dass durch die Ernte Geld gespart werden soll.
2. Das ist ein Problem, das noch nicht gelöst werden konnte.

		Partizip II	„werden" im Infinitiv	Modalverb
Dabei ist nicht wichtig,	*dass*			
Das ist ein Problem,	*das*			
Hauptsatz	Nebensatz			

b Schreiben Sie Sätze im Passiv Präsens mit „müssen" oder „können". ▶ ÜB B7–8

1. in der Stadt Obstbäume pflanzen
2. die Fläche in der Stadt gut nutzen
3. Gemüse in der Nähe vom Supermarkt anbauen
4. die Pflanzen beleuchten
5. Pflanzen wie in einer Fabrik anbauen
6. das Problem mit neuer Technologie lösen
7. das Wachstum der Pflanzen genau kontrollieren
8. die Landwirtschaft auf dem Land verringern

1. In der Stadt kann Obst angebaut werden.

c Formulieren Sie Vorteile und Nachteile der vertikalen Landwirtschaft mit den Sätzen aus 5b.

> Ein Nachteil der vertikalen Landwirtschaft ist, dass die Pflanzen beleuchtet werden müssen.

> Ich finde, es ist ein Vorteil, dass die Pflanzen beleuchtet werden können. Denn …

funfundzwanzig 25

C Abreißen oder umbauen?

1 Hochhäuser

a Beschreiben Sie die drei Gebäude. Wie wirken sie auf Sie?

b Lesen Sie die Karten zu einem Vortrag über ein Bauprojekt in Frankfurt und überlegen Sie sich eine sinnvolle Reihenfolge.

☐ Frankfurt
– fünftgrößte Stadt in D.
– die meisten Hochhäuser

☐ Einleitung
Thema: Baup...
Überblick: 1. ...
2. ...

☐ Dort wohnen?
– sehr gerne
– teuer!

☐ Das alte Hochhaus
– 1977 gebaut
– berühmter Architekt
– leer, nicht mehr modern genug
– was mit Gebäude machen?

☐ Projekt „Riverpark-Tower"
– Umbau statt Abriss
– attraktive Wohnungen
– offener Raum, große Fenster, Balkone, toller Blick
– Gefühl von Freiheit

☐ Der Architekt Ole Scheeren
– sehr berühmt u. liebt Hochhäuser
– Ziel: Landschaft i. d. Stadt, Hochhäuser mit viel Natur
– Projekte i. Vietnam, Peking, Bangkok, Singapur

c ▶ 1 | 11 Hören Sie nun den Vortrag und bringen Sie die Karten in 1b in die richtige Reihenfolge. Welches der Fotos oben zeigt den Riverpark-Tower?

> 小贴士 给小卡片加解说词
>
> 在卡片的上下方留出一些写短语的空位。

2 Ein interessantes Gebäude vorstellen
[strukturierte Notizen für Kurzvortrag machen]

a Wählen Sie ein interessantes Gebäude, das Sie gerne vorstellen möchten. Lesen Sie den Tipp und schreiben Sie Karten für einen Kurzvortrag. Gehen Sie dabei auf folgende Punkte ein. ▶ ÜB C1

– Wo steht das Gebäude? Beschreiben Sie kurz den Ort.
– Von wem ist das Gebäude gebaut worden?
– Wann ist das Gebäude gebaut worden?
– Was ist das Besondere an dem Gebäude?

b Bringen Sie die Karten in eine sinnvolle Reihenfolge für einen Kurzvortrag und schreiben Sie dann die Karte für die Einleitung zum Kurzvortrag mit einem Überblick über den Aufbau.

Einleitung:
– Thema: ...
– Überblick: ...

Fokus: Sprechen

D Mein Kurzvortrag

1 Ein interessantes Gebäude [strukturierten Kurzvortrag halten]

a ▶ 1|11 Lesen Sie die Redemittel. Hören Sie dann den Kurzvortrag über das Riverpark-Tower-Projekt von der vorherigen Seite noch einmal. Welche Redemittel hören Sie? Kreuzen Sie an.

Aufbau des Kurzvortrags:
1. Ich möchte euch / Ihnen heute … vorstellen. ☒
2. Zunächst möchte ich … Dann gehe ich auf … ein. ☐
3. Ich möchte euch / Ihnen jetzt … ☐
4. Und damit komme ich zu … ☐
5. Zur Person: … ☐
6. So viel zu … ☐
7. Damit bin ich am Ende meines Vortrags. ☐
8. Ich danke euch / Ihnen für eure / Ihre Aufmerksamkeit. ☐
9. Wenn ihr / Sie Fragen habt / haben, will ich gerne versuchen, sie zu beantworten. ☐

Verweis auf Fotos:
1. Wie ihr / Sie auf Foto 1 seht / sehen, … ☐
2. Auf dem Foto rechts seht ihr / sehen Sie … ☐
3. Auf dem Foto in der Mitte könnt ihr / können Sie sehen, … ☐

b Ergänzen Sie passende Redemittel aus 1a auf den Karten für Ihren Kurzvortrag von der vorherigen Seite, Aufgabe 2a. Notieren Sie die Redemittel jeweils an der passenden Stelle oben oder unten auf den Karten, wie im Beispiel unten.

```
Ich möchte euch heute ... vorstellen.
Frankfurt
- fünftgrößte Stadt in D.
- die meisten Hochhäuser



So viel zu ...
```

c Halten Sie Ihren Kurzvortrag mithilfe der Karten und nehmen Sie sich mit dem Smartphone auf. ▶ ÜB D1–2

d Hören Sie sich Ihren Vortrag an und beurteilen Sie, ob Sie deutlich und lebendig gesprochen haben. ▶ ÜB D3

e Halten Sie nun Ihren Kurzvortrag im Kurs oder in einer Kleingruppe. Geben Sie sich anschließend gegenseitig Feedback. Der Tipp und die Redemittel helfen.

> **Positive Kritik:** Mir hat gut gefallen, dass du / Sie … | Ich fand sehr interessant, dass … | Ich konnte deinem / Ihrem Kurzvortrag gut folgen, weil …

> **Negative Kritik:** Am Anfang / Am Ende hast du / haben Sie sehr schnell / leise gesprochen. Dadurch … | Du hast / Sie haben ein paar Wörter verwendet, die ich nicht kenne: … | Du hast / Sie haben viele komplizierte Wörter verwendet. Vielleicht könntest du / könnten Sie …

> 小贴士 **反馈的规则**
> - 你问自己：我在报告中经历了什么？我听懂一切内容了吗？
> - 实事求是的、描述性的评语比评价性的评语有用。
> - 别忘了正面的评价！

2 Auf dem Weg zur Prüfung: Lesen

Attraktionen in und um Hamburg

1 Wann wie lesen? – selektiv oder detailliert?

Lesen Sie die Erklärung zur Prüfungsaufgabe. Welche Tipps helfen Ihnen, um die Prüfungsaufgabe besser zu lösen?

> **小贴士　答题攻略**
>
> 考试时答题时间有限，你必须在读题时划出题干中的重要词汇和表达。
> 做这类题型时，你先读一下情景描述并划出最重要的信息，然后再浏览文章。一开始就细读显然是来不及的。因此你先快速阅读，有目的地寻找和在情景介绍中标注的单词相匹配的信息（即选读）。因为往往有许多相似的主题，那么在此你就要更仔细地阅读（即精读），然后把信息归类到匹配的语境中。

2 Anzeigen [Anzeigen selektiv und detailliert lesen]

Lesen Sie zuerst die Situationen 1 bis 7 und dann die Anzeigen A bis H. Welche Anzeige passt zu welcher Situation? Sie können jede Anzeige nur einmal verwenden. Manchmal gibt es keine Lösung.

> **小贴士　答题攻略**
>
> 在考试中有10个情景和12段短信息或启事。每个情景只匹配一段信息。其中有1～2个情景没有对应的段落。

1. Sie suchen eine touristische Führung für einen an klassischer Musik interessierten Bekannten. ☐
2. Sie möchten Karten für ein Konzert in der Elbphilharmonie kaufen. ☐
3. Für Ihre Eltern suchen Sie Tickets für ein sportliches Ereignis von hohem Niveau. ☐
4. Ihr Nachbar möchte etwas über die Natur und die Tiere an der Nordsee lernen. ☐
5. Sie suchen für eine befreundete Familie eine Tour am Wochenende auf eine Nordseeinsel. ☐
6. Ein Freund möchte Unterricht in Squash nehmen. ☐
7. Sie möchten eine Führung machen, in der Sie nicht nur Sehenswürdigkeiten sehen, sondern etwas über die Menschen in der Stadt erfahren. ☐

A Auch für Hamburger

Sie wohnen schon länger in Hamburg und meinen, Hamburg zu kennen? Wir versprechen Ihnen, dass Sie sich auf unseren Stadtführungen nicht langweilen werden. Unsere qualifizierten Stadtführer führen Sie mit guter Laune und profundem Wissen durch das berühmt-berüchtigte Party-Viertel St. Pauli. Sie erzählen Ihnen spannende Geschichten über den Hamburger Schauspieler und Sänger Hans Albers, die Beatles, den Fußball und die Davidwache und geben Ihnen Einblicke in das multikulturelle Alltagsleben im Szene-Stadtteil. Sie gehen zum Abschluss der Führung gemeinsam in eine typische Kiez-Kneipe. Danach werden Sie dieses spannende, lebendige Viertel mit ganz anderen Augen sehen.

B Vögel im Wattenmeer und auf den Nordseeinseln

Der Biologe und Segler Martin Freischütz hält jeden ersten Freitag im Monat einen Vortrag über die Vogelwelt im Nationalpark Wattenmeer, der seit 2009 zum UNESCO Welterbe der Menschheit zählt.

Martin Freischütz erzählt von seinen Segeltouren zwischen den Inseln und zeigt Fotos von der grandiosen Vogelwelt im Watt. Dort rasten Millionen Zugvögel auf ihren zum Teil tausende Kilometer langen Wegen zwischen ihren Brutgebieten im Norden und den Wintergebieten im Süden. Die Fotos zeigen diese Vogelvielfalt in selten gesehener Intensität. Ein besonderes Highlight des Vortrags sind seine Tonaufnahmen von Vogelstimmen.

C Treffpunkt Fitness und Spaß

Mit Freunden gemeinsam den Ball tanzen lassen ist das ideale Work-out nach der Arbeit. Kommen Sie mit Ihrem Partner, Ihrer Partnerin oder in einer Gruppe und spielen Sie eine Partie Badminton oder Squash. Es gibt kaum Sportarten, die die Fitness so effektiv fördern und dabei auch noch Spaß machen.

Wir bieten auch Anfängerkurse und Fortgeschrittenenkurse für die, die ihre Technik perfektionieren möchten. Anschließend können Sie sich in unserem Wellnessbereich im Whirlpool entspannen oder sich in unserem gemütlichen Restaurant zu einem gesunden und leckeren Abendessen treffen.

D Hamburg Klein-Flottbek

ist schon seit fast hundert Jahren jedes Jahr ein Treffpunkt für Reiter aus aller Welt. Der Parcours des Hamburger Derbys gilt als einer der schwierigsten Springparcours der Welt. Nur die 30 Besten der internationalen Reitelite dürfen in diesem Wettbewerb an den Start gehen. Auch der Dressurwettbewerb um das Blaue Band ist weltweit bekannt und die Teilnahme begehrt.

Dieser hochklassige Wettbewerb ist ein Publikumsmagnet, zu dem im letzten Jahr fast 100.000 Zuschauer kamen. Wenn Sie sich dieses Highlight nicht entgehen lassen wollen, sollten Sie sich rechtzeitig Karten sichern unter: www.hamburgderby.de

E „Tina", „Mary Poppins", „Heiße Ecke", „Die Königs vom Kiez" und „Cirque du Soleil Paramour":

Hamburg ist Deutschlands Musical-Hauptstadt mit vielen erfolgreichen Musical-Spielstätten und Musical-Produktionen. Buchen Sie ein Hamburg-Wochenende mit Tickets für einen Musical-Besuch im Stage Theater oder im Schmidt-Theater auf der Reeperbahn.

Wir bieten eine Übernachtung in sorgfältig ausgewählten Hotels, ein Willkommensbüffet, Tickets für ein von Ihnen ausgewähltes Musical sowie ein 2-Tage-Hamburg-Ticket für Bus und Bahn. Erleben Sie Hamburg, schon ab 135 Euro pro Person.
www.musical+hamburg.de

F Mit Spaß fit bleiben

Ausdauer und Beweglichkeit trainieren und Muskeln aufbauen? Das können Sie in unseren modernen Räumlichkeiten mit Blick auf die Alster. Jumping Fitness, Yoga und Pilates oder Bodyfit – unsere Trainer und Trainerinnen bieten Kurse in allen modernen Fitnessformen. Wer an Geräten trainieren möchte, wird von einem persönlichen Trainer eingewiesen und bekommt einen individuellen Trainingsplan. Auch mit dem Schläger in der Hand kann man sich bei uns fit halten und dabei Spaß haben: Unsere Squash- und Badminton-Plätze Räume laden zum gemeinsamen Spiel ein.

G Tagesausflug

Einen Tag frische Nordseeluft atmen – schnell und komfortabel kommen Sie mit den modernen Katamaranen auf die Hochseeinsel Helgoland. Morgens von den Landungsbrücken abfahren und mittags in Helgoland ankommen. Nach einem Spaziergang über die malerische Insel und einer kleinen Shoppingtour können Sie sich bei einem leckeren Essen mit fangfrischen Inselspezialitäten stärken. Ein besonderes Highlight ist eine Fahrt auf die Nachbarinsel Düne. Dort können Sie Natur erleben und Robben ganz aus der Nähe beobachten. Nach einem unvergesslichen, entspannenden Tag sind Sie abends wieder in Hamburg.

Touren: dienstags bis sonntags
Abfahrt: 8.30 Uhr, Rückkehr: ca. 20.00 Uhr

H

200.000 Tonnen Gewicht, 3.500 Tage Bauzeit und 866 Millionen Euro Kosten – die Elbphilharmonie mit ihrem ganz besonderen Klang zieht Musiker und Konzertbesucher aus der ganzen Welt an und ist mit ihrer markanten Architektur zum neuen Wahrzeichen von Hamburg geworden. Die Führung beginnt mit einem Spaziergang um das Gebäude herum. Mit der längsten Rolltreppe Westeuropas gelangen wir dann auf die Plaza. Von dort haben wir einen atemberaubenden 360-Grad-Blick über die Elbe, die Speicherstadt, den Hafen und die Hafencity. Im Innern der Elbphilharmonie können wir einen Blick in die Konzertsäle werfen und sehen einen Kurzfilm, der die akustischen Besonderheiten anschaulich erklärt.

Info:
www.info-Hamburg-konzerthaeuser.de

2 Auf dem Weg zur Prüfung: Hören

telc

Wohnen in deutschen Großstädten

1 Wohnen in deutschen Städten [Vorwissen aktivieren]

Lesen Sie die Stichpunkte in 2a und überlegen Sie sich, was in einem Vortrag zum Thema „Wohnen in deutschen Städten" gesagt werden könnte. Sprechen Sie im Kurs.

2 Wohnen in deutschen Städten [Notizen zu Vortrag machen]

TestDaF, DSH

a ▶ Film P2 Sehen Sie einen Vortrag zum Thema „Wohnen in deutschen Städten" und notieren Sie Stichpunkte zu den Inhaltspunkten unten. Machen Sie Ihre Notizen zunächst auf einem Blatt Papier. Hier können Sie den Vortrag auch nur hören: ▶ 1 | 12.

1. Vergleich von Wohnsituation in Deutschland und Europa:
   _____

2. Grund für den Mangel an Wohnraum (1):
   _____

3. Besonders betroffene Personengruppen (2):
   _____

4. Lösungsvorschlag (1):
   _____

> **小贴士　答题攻略**
>
> 在德福考试中考生通过视频听一段报告并看相关的图表或者照片，以便于了解主题。但是这不能帮助你回答问题。你必须从报告中听出要记录下来的信息。视频只能看一遍。
> 看完后你有3分钟时间来抄写和检查记录。请记住，答案是必须输入电脑的。这个会花费时间，所以最好把答案直接输入在电脑里，而不是先写在纸上。

b Übertragen Sie Ihre Antworten in das Handout in 2a.

3 Wohnen in deutschen Städten [Vortrag selektiv und detailliert hören]

GI

▶ 1 | 12 Hören Sie nun den Vortrag über Wohnen in deutschen Städten in 2a. Was passt: a, b oder c? Kreuzen Sie an.

1. In Deutschland leiden viele Menschen unter Mietsteigerungen, …
   a. ☐ weil 70 % der Bevölkerung zur Miete wohnt.
   b. ☐ weil die Gehälter sinken.
   c. ☐ weil es zu wenige Mietwohnungen gibt.

2. Es gibt nicht genug Wohnungen …
   a. ☐ für Normalverdiener.
   b. ☐ für Mieter, die einen höheren Standard wünschen.
   c. ☐ für Personen, die neu in eine Stadt ziehen.

3. Unter sozialem Wohnungsbau versteht man, dass der Staat …
   a. ☐ die Mietpreise kontrolliert.
   b. ☐ einzelnen Personen beim Bau von Wohnungen finanziell hilft.
   c. ☐ Wohnungen baut und diese preiswert vermietet.

4. Der Staat …
   a. ☐ hat das Problem der Wohnungsnot noch nicht gelöst.
   b. ☐ hat das Problem der Wohnungsnot unter Kontrolle.
   c. ☐ plant zwei Methoden zur Kontrolle der Wohnungsnot.

> **小贴士　答题攻略**
>
> 做选择题时必须特别仔细阅读题目。可以同时画出重要信息。但是要注意这些信息在报告中会以另一种表达方式出现。
> 在考试中，报告听两遍，完成8个题目。

30　dreißig

Wohnsituation von Studierenden

 1 Wie Studierende wohnen [Kurzpräsentation mithilfe einer Folie halten]

TestDaF

a In Ihrem Deutschkurs sollen Sie kurz die Wohnsituation von Studierenden in Ihrem Heimatland vorstellen. Lesen Sie dafür zunächst die Punkte auf der PowerPoint-Folie und den Tipp zur Prüfungsaufgabe.

- Wohnsituation von Studierenden (Wohnformen, welche Wohnform besonders beliebt)
- Kosten
- Unterschiede zwischen Studienanfängern und älteren Studierenden

> 小贴士　答题攻略
>
> 在考试中你有2分钟时间准备和做笔记。然后有2分30秒的说话时间。你要首先解释报告的结构，然后阐述每一个要点。

b Überlegen Sie nun, was Sie sagen möchten, und machen Sie Notizen. Schreiben Sie keine ganzen Sätze. Sie müssen in der Kurzpräsentation frei sprechen.

c Halten Sie nun Ihre Präsentation. Erläutern Sie dabei zunächst den Aufbau der Präsentation. Gehen Sie dann auf die einzelnen Punkte näher ein und heben sie wichtige Einzelheiten hervor. Nehmen Sie Ihre Präsentation mit einem Smartphone auf.

d Besprechen Sie Ihre Aufnahme mit Ihrem Kursleiter / Ihrer Kursleiterin oder mit einem Partner / einer Partnerin.

 2 Wie Familien wohnen [Kurzvortrag anhand von Leitpunkten halten]

GI

a Halten Sie einen Kurzvortrag zum Thema „Wohnsituation von Familien in Ihrem Heimatland". Die folgenden Fragen helfen.

> Wohnsituation von Familien in Ihrem Heimatland
> - Beschreiben Sie mehrere Alternativen.
> - Nennen Sie Vor- und Nachteile und bewerten Sie diese.
> - Beschreiben Sie einen Bereich genauer.

> 小贴士　答题攻略
>
> 描述你的报告结构：引言、正文、结论。在考试中你会有准备和做笔记时间。讲述时间约4分钟。

b Ein Partner / Eine Partnerin hört zu und macht Notizen zu einer Frage, die er / sie gerne stellen möchte.

c Ihr Partner / Ihre Partnerin stellt Ihnen nun die Frage zu Ihrem Kurzvortrag. Die Redemittel helfen ihm / ihr.

> Ich fand sehr interessant, was du / Sie über … erzählt hast / haben. Und ich habe dazu auch eine Frage: … | Du hast / Sie haben gesagt, dass … Kannst du / Können Sie dafür ein Beispiel geben? | Du hast / Sie haben von … gesprochen. Ich habe nicht genau verstanden, wie / wann / warum … | Meinst du / Meinen Sie, dass …

> 小贴士　答题攻略
>
> 在向同伴提问之前，你必须先简单研究一下同伴的报告。你不能用简单的方式，如"不，没有"来回答同伴的问题，而要从这个问题出发说一些内容。

d Antworten Sie nun auf die Frage Ihres Partners / Ihrer Partnerin.

Film 1

Wohnen in der Stadt

1 Attraktive Städte?

a Was wissen Sie über die Wohnsituation in Großstädten in Deutschland? Schauen Sie sich dafür die Grafik und das Plakat an und lesen Sie den Zeitungsartikel. Sammeln Sie im Kurs.

Teure Städte

Zustand des Wohnungsmarkts:
Die Angebots-Nachfrage-Relation ist…

- sehr angespannt
- angespannt
- ausgeglichen
- stagnierende Nachfrage
- rückläufige Nachfrage

Hamburg, Berlin, Düsseldorf, Köln, Frankfurt, Stuttgart, München

Die Stadt muss allen gehören!

Demonstration für bezahlbaren Wohnraum am 25.1.

Hohe Mieten, knapper Wohnraum

Dort zu wohnen, wo man arbeitet, wird in Deutschland zu einem immer größeren Privileg, denn viele Menschen können sich die Mieten oder Kosten für eine Eigentumswohnung in den Großstädten nicht mehr leisten. Das bestätigen die neuen Zahlen des Bundesinstituts für Bau-, Stadt- und Raumforschung (BBSR): In Großstädten sind in den vergangenen Jahren viel mehr neue Arbeits- und Studienplätze entstanden als bezahlbare Wohnungen. Daher entstehen Bewegungen, die versuchen, dieses Problem durch Eigeninitiative für sich zu lösen und alternative Wohnkonzepte zu entwickeln.

b Haben Sie schon einmal von alternativen Wohnkonzepten gehört? Wenn ja, von welchen? Sprechen Sie im Kurs.

c ▶ Film 1 Sehen Sie den Beginn einer Sendung zum Thema „Wohnen" (00:00–00:38). Welche alternativen Wohn- oder Baukonzepte werden genannt oder gezeigt? Kreuzen Sie an.

a. ☐ Baugruppen
b. ☐ umgebaute Schiffscontainer
c. ☐ Zelte
d. ☐ Tiny Houses – kleine, mobile Häuser

d Wählen Sie die Wohnform, die Sie interessiert, und bilden Sie Gruppen. Jede Gruppe bearbeitet im Folgenden die Aufgaben zu ihrer Wohnform.

2 Die Baugruppe „Wunschnachbarn"

a Lesen Sie die Überschrift und den Tipp. Was verstehen Sie in diesem Zusammenhang unter dem Begriff „Wunschnachbarn" und warum gründen Menschen wohl Baugruppen? Sprechen Sie in Ihrer Gruppe.

b ▶ Film 1 Sehen Sie den ersten Filmausschnitt (00:39–01:23) über eine Baugruppe und beantworten Sie die Fragen.

1. Wo hat die Baugruppe gebaut?
2. Wie viele Erwachsene und wie viele Kinder leben in den Häusern der Baugruppe?
3. Was lobt der Initiator der Baugruppe an der Zusammenarbeit?

小贴士　建房团（Baugruppen）

建房团的人集体设计并建造一栋多家庭房屋，供大家以后一起居住。建房团决定请谁建造房屋，如何建造房屋以及谁可以参团，也就是说将来和谁做邻居。

c ▶ Film 1 Sehen Sie den zweiten Filmausschnitt (01:24–03:01) über die Baugruppe. Dort heißt es: „Den Traum einer ganz besonderen Gemeinschaft leben sie bis heute". Welche Beispiele werden dafür genannt bzw. gezeigt?

d Wie sehen Ihre „Wunschnachbarn" aus und wie sollten Ihre Nachbarn auf keinen Fall sein? Tauschen Sie sich in Ihrer Gruppe aus. Sprechen Sie auch darüber, welche Probleme es in einer solchen Baugruppe geben könnte.

3 Tiny House

a Haben Sie schon einmal von Tiny Houses gehört? Was ist das? Sprechen Sie in Ihrer Gruppe.

b ▶ Film 1 Sehen Sie die Einleitung zum Film über Tiny Houses (03:02–03:11). Welche zwei Eigenschaften zeichnen Tiny Houses aus?

c ▶ Film 1 Sehen Sie nun den ersten Filmausschnitt über Tiny Houses (03:12–03:52). Was erfahren Sie über das Tiny House und seine Bewohner? Notieren Sie.

> Bauzeit: _____
> Wohnfläche: _____
> Kosten: _____
> geplante Nutzungsdauer: _____
> aktuelle Lebenssituation: _____

d ▶ Film 1 Sehen Sie den zweiten Filmausschnitt über Tiny Houses (03:53–04:53). Warum haben sich Kolja und Katarina für das Leben in einem Tiny House entschieden? Welche Gründe werden genannt?

e Welche neuen Freiheiten für die Lebensgestaltung, aber auch welche Nachteile können durch das Leben im Tiny House entstehen? Können Sie sich vorstellen, in einem Tiny House zu leben? Sprechen Sie in Ihrer Gruppe. Begründen Sie Ihre Antworten.

4 Schiffscontainer: das Projekt „Urban Rigger" in Kopenhagen

a ▶ Film 1 Sehen Sie den ersten Filmausschnitt über den „Urban Rigger" (04:54–05:36). Warum wurde der Urban Rigger entwickelt?

b ▶ Film 1 Sehen Sie den zweiten Filmausschnitt über den „Urban Rigger" (05:37–06:33) und beantworten Sie die Fragen. Notieren Sie die Informationen.

1. Woraus sind die Apartments gemacht?
2. Wie groß sind die Apartments?
3. Wie sind die Apartments ausgestattet?
4. Was ist das Besondere am Urban Rigger?
5. Warum hat die Universität Kopenhagen den Urban Rigger gemietet?
6. Welche Hoffnung haben die Erfinder?

c Wie sieht es aktuell beim Projekt „Urban Rigger" in Kopenhagen aus? Recherchieren Sie im Internet und tauschen Sie sich in Ihrer Gruppe über das Projekt aus.

5 Alternativ wohnen – eine Alternative für Sie?

a Jede Gruppe stellt nun Ihre Wohnform den anderen Gruppen vor.

b Welche Alternative zu Ihrer derzeitigen Wohnung können Sie sich vorstellen – Baugruppe, Tiny House, umgebaute Schiffscontainer oder etwas anderes? Sammeln Sie in Gruppen Pro- und Contra-Argumente für die einzelnen Wohnformen. Sprechen Sie dann im Kurs.

A Lügen und Betrügen

1 Lügen, lügen, lügen

a Betrachten Sie die Bilder. Welche Begriffe aus der Illustration 1 passen zu den Fotos 2 und 3? Sprechen Sie im Kurs.

b Welche Wörter aus der Illustration würden Sie der Lüge und welche dem Betrug zuordnen? Sie brauchen nicht alle Wörter zuzuordnen. Arbeiten Sie zu zweit und verwenden Sie ggf. ein einsprachiges Wörterbuch. Vergleichen Sie dann Ihre Lösungen im Kurs. ▶ ÜB A1

Lüge: *die Beschönigung,*

Betrug: *die Irreführung,*

c Arbeiten Sie in Gruppen. Sprechen Sie über zwei bis drei Begriffe und finden Sie jeweils ein Beispiel.

> Mit „Irreführung" bezeichnet man Aussagen, die eine falsche Erwartung wecken.

> Ein Beispiel für eine Irreführung ist: Ein Eiscafé wirbt mit selbst gemachtem Eis, in Wahrheit hat es zu einer fertig gelieferten Eismasse nur Schokolade, Nüsse etc. zugegeben.

d Stellen Sie Ihre Beispiele im Kurs vor. Die Redemittel können helfen.

Unter dem Wort … versteht man Folgendes: … | Ein Beispiel dafür ist Folgendes: … | Sie haben / Ihr habt sicher von … gehört. | Mit … bezeichnet man … | Dieses Wort stammt aus den Medien / dem Sport / … Es bedeutet, dass … | Nehmen Sie / Nehmt zum Beispiel folgende Situation: …

2 Warum lügt der Mensch? [wichtige Wörter und Ausdrücke erkennen]

a Lesen Sie die Überschriften und markieren Sie die inhaltlich wichtigen Wörter und Ausdrücke.

- Lügen als Überlebensstrategie
- Kinder lügen aus Ärger
- weibliche und männliche Lügenmotive
- selbstsüchtige und sozial hilfreiche Lügen
- Lügen, um ==nicht== zu ==verletzen==
- Lügen schaden Beziehungen immer

b Überfliegen Sie den Artikel „Warum lügt der Mensch?" aus einem psychologischen Magazin. Welche Wörter bzw. Ausdrücke können in jedem Abschnitt dabei helfen, die Überschriften richtig zuzuordnen? Markieren Sie sie.

Warum lügt der Mensch?

A _Lügen, um nicht zu verletzen_

„Schick, die neue Frisur!", ruft der Ehemann, aber er denkt: „Die neue Frisur ist ja schrecklich!" „Dein Bild ist wunderschön", sagt die Erzieherin zum Kindergartenkind, obwohl man nur zwei Strichmännchen sieht. „Gefällt mir", klickt die junge Frau im sozialen Netzwerk unter dem Foto einer Freundin an, obwohl sie es nicht mag. Diese Beispiele zeigen, dass oft gelogen wird, um anderen ==nicht weh zu tun==.

B ____

Doch nicht jede Lüge dient dazu, Beziehungen zu erhalten. Man muss die prosozialen Lügen von den egoistischen unterscheiden. Die einen täuschen, um den Umgang mit anderen Menschen zu erleichtern. Die anderen hingegen wollen sich damit einen persönlichen Vorteil verschaffen. Während die eine Lüge positiv auf das Zusammenleben wirkt, dient die andere egoistischen Zwecken und kann zwischenmenschlich sehr viel Schaden anrichten.

C ____

Täuschen und Lügen sind Teil unseres Lebens, schon Kinder lernen es früh. Bereits Dreijährige schwindeln, um sich vor Ärger zu schützen. Und so geht es weiter: Eine Studie hat ergeben, dass Erwachsene in einer zehnminütigen Unterhaltung durchschnittlich zwei- bis dreimal lügen. Es gibt jedoch Unterschiede zwischen den Geschlechtern: So lügen Männer gerne, um Schwächen zu verheimlichen oder sich in einem besseren Licht darzustellen. Frauen sind dagegen besonders gut darin, sich Dinge schönzureden oder Negatives abzuschwächen. Im Gegensatz zu Männern, denen es meist um Status geht, lügen Frauen eher, weil ihnen die Harmonie beim Miteinander wichtig ist.

D ____

Getäuscht und gelogen wird also aus den unterschiedlichsten Gründen. Außerdem beschränkt sich das Phänomen nicht nur auf den Menschen. Denn das Bemühen, andere zu täuschen, ist auch im Tierreich verbreitet. Tiere täuschen, um ihr Leben zu retten, die Chancen auf Fortpflanzung zu erhöhen oder den eigenen Nachwuchs zu schützen. Einige Psychologen sehen daher in Täuschung und Lüge kein Übel, sondern eine lebensnotwendige Form der sozialen Interaktion.

Tanja Franke

c Ergänzen Sie im Magazinartikel in 2b die Überschriften aus 2a. Zwei Überschriften passen nicht. Woran erkennt man das? ▶ ÜB A2–3

d Lesen Sie den Abschnitt B in 2b, markieren Sie die passenden Informationen und notieren Sie Stichpunkte.

sozial hilfreiche Lügen
Beziehungen erhalten

selbstsüchtige Lügen

3 Fokus: Lesen + Grammatik

e Lesen Sie die Fragen und Abschnitt C des Artikels. Markieren Sie die Schlüsselwörter, d.h. Wörter und Ausdrücke, die Ihnen helfen, die Fragen zu beantworten, und notieren Sie die Antworten in Stichpunkten.

1. Warum lügen Kinder? _sich vor Ärger schützen_
2. Warum lügen Männer? _____
3. Warum lügen Frauen? _____

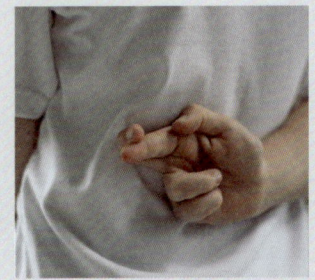

C Täuschen und Lügen sind Teil unseres Lebens, schon Kinder lernen es früh. Bereits Dreijährige schwindeln, um sich vor Ärger zu schützen. Und so geht es weiter: Eine Studie hat ergeben, dass Erwachsene in einer zehnminütigen Unterhaltung durchschnittlich zwei- bis dreimal lügen. Es gibt jedoch Unterschiede zwischen den Geschlechtern: So lügen Männer gerne, um Schwächen zu verheimlichen oder sich in einem besseren Licht darzustellen. Frauen sind dagegen besonders gut darin, sich Dinge schönzureden oder Negatives abzuschwächen. Im Gegensatz zu Männern, denen es meist um Status geht, lügen Frauen eher, weil ihnen die Harmonie beim Miteinander wichtig ist.

f Lesen Sie die Fragen und Abschnitt D des Artikels. Markieren Sie die Schlüsselwörter.

1. Wer lügt und täuscht?
2. Warum täuschen Tiere? (1 Grund)
3. Was verstehen einige Forscher unter „Täuschen" und „Lügen"?

> 小贴士　关键词
>
> 对课文提问有助于找出关键词和相关信息。

D Getäuscht und gelogen wird also aus den unterschiedlichsten Gründen. Außerdem beschränkt sich das Phänomen nicht nur auf den Menschen. Denn das Bemühen, andere zu täuschen, ist auch im Tierreich verbreitet. Tiere täuschen, um ihr Leben zu retten, die Chancen auf Fortpflanzung zu erhöhen oder den eigenen Nachwuchs zu schützen. Einige Psychologen sehen daher in Täuschung und Lüge kein Übel, sondern eine lebensnotwendige Form der sozialen Interaktion.

g Beantworten Sie nun die Fragen in 2f. Ergänzen Sie dafür folgende Sätze.

1. Nicht nur Menschen, _sondern auch Tiere täuschen_ .
2. Tiere täuschen, weil _____ wollen.
3. Die Forscher verstehen darunter _____

3 Grammatik: Adversative Sätze – Gegensätze ausdrücken ▶ G 1.1, 1.2, 1.4.4

a Lesen Sie die Sätze aus dem Artikel „Warum lügt der Mensch?" und markieren Sie die Konnektoren und den Ausdruck mit Präposition, die einen Gegensatz ausdrücken.

1. „Schick, die neue Frisur!", ruft der Ehemann, aber er denkt: „Die neue Frisur ist ja schrecklich!"
2. Man lügt oft, um anderen nicht weh zu tun. Doch nicht jede Lüge dient dazu, Beziehungen zu erhalten.
3. Die einen täuschen, um den Umgang mit anderen Menschen zu erleichtern. Die anderen hingegen wollen sich damit einen persönlichen Vorteil verschaffen.
4. Während die eine Lüge positiv auf das Zusammenleben wirkt, dient die andere egoistischen Zwecken.
5. Erwachsene lügen in einer zehnminütigen Unterhaltung durchschnittlich zwei- bis dreimal. Es gibt jedoch Unterschiede zwischen den Geschlechtern.
6. Männer lügen gerne, um sich in einem besseren Licht darzustellen. Frauen sind dagegen besonders gut darin, sich Dinge schönzureden.
7. Im Gegensatz zu Männern lügen Frauen eher, weil ihnen die Harmonie beim Miteinander wichtig ist.
8. Einige Psychologen sehen in Täuschung und Lüge kein Übel, sondern sie verstehen darunter eine lebensnotwendige Form der sozialen Interaktion.

Fokus: Lesen + Grammatik

b Schreiben Sie die in 3a markierten Konnektoren bzw. die Präposition in die Tabelle. ▶ ÜB A4

Nebensatzkonnektor	Hauptsatzkonnektor	Verbindungsadverb	Ausdruck mit Präposition
	aber,		

4 Die Wahrheit dauert, aber die Lüge endet schnell

Formulieren Sie den Spruch „Die Wahrheit dauert, aber die Lüge endet schnell" mit einem anderen Konnektor aus 3b um. Schreiben Sie die Sätze in die passende Satztabelle.

Hauptsatz		Pos.0	Hauptsatz
Die Wahrheit dauert.		Doch	die Lüge endet schnell.

Nebensatz	Hauptsatz

Hauptsatz	Hauptsatz mit Verbindungsadverb

Angabe mit Präposition	

5 Sich selbst (und andere) täuschen

a Lesen Sie die Aussagen und verbinden Sie die Sätze, die zusammengehören.

1. Sven ist in der Schule frech und ärgert die ganze Klasse.
2. Bei ihren Kolleginnen ist Sabine als begeisterter Obst- und Gemüsefan bekannt.
3. Maja hatte lange von einer Stelle bei einer Bank geträumt.
4. Auf der Arbeit sagt Alex, wie glücklich er in der Firma ist.

A. Nach der Absage ist sie froh, dass es nicht geklappt hat.
B. Sein Vater meint, dass er nett ist und nur die anderen Kinder ihn nicht mögen.
C. Zu Hause schimpft er nur über sie.
D. In ihrer Freizeit isst sie täglich Süßigkeiten und Kartoffelchips.

1. B
2. ___
3. ___
4. ___

b Verbinden Sie die Sätze mit „während", „dagegen" oder „doch". Schreiben Sie in Ihr Heft. ▶ ÜB A5

1. Während Sven in der Schule frech ist und die ganze Klasse ärgert, meint sein Vater, dass er nett ist und nur die anderen Kinder ihn nicht mögen.

c Haben Sie schon einmal sich selbst (und andere) getäuscht? Formulieren Sie einige Sätze. Die Redemittel und Aussagen können helfen.

Ich sage oft, dass … | Ich erzähle öfter, dass … | Ich betone gern, dass …

sportlich sein | gerne kochen | das Familienleben wichtig nehmen | auf Reisen viel besichtigen | mit allen Kollegen gut zurechtkommen | viel Zeit mit Freunden verbringen | gerne in Ausstellungen gehen | …

Ich sage oft, dass ich sportlich bin. Aber ich fahre nur ab und zu Rad.

3 Fokus: Hören

B Täuschen und Tricksen im Tierreich

Vogel

Opossum

Hahn

Brüllaffe

1 Können Tiere lügen? [gezielt Informationen heraushören und notieren]

a Schauen Sie sich die Fotos oben an. Was machen die Tiere? Sprechen Sie im Kurs.

> sich stärker zeigen, als man ist | vortäuschen, verletzt zu sein | andere abschrecken | sich tot stellen | andere anlocken

b Lesen Sie die Fragen zu Teil 1 eines Radiogesprächs mit einem Biologen zum Thema „Können Tiere lügen?". Markieren Sie in den Fragen die Schlüsselwörter.

1. Welche ==Meinung== vertritt die ==Wissenschaft== zum Thema „Können Tiere lügen?"?
2. Warum flunkern Menschen? Welche Gründe nennt der Biologe dafür?
3. Warum tricksen Tiere? Welche Gründe nennt der Biologe dafür?

c ▶ 1 | 18* Hören Sie Teil 1 des Radiogesprächs und machen Sie zu den Fragen in 1b Notizen.

1. _Tiere: nicht bewusst geplant lügen, aber: täuschen und tricksen_
2. _____
3. _____

d Hören Sie Teil 1 des Radiogesprächs noch einmal und überprüfen Sie Ihre Notizen in 1c.

e Überlegen Sie sich zu zweit, wie Sie Ihre Notizen verkürzen können, sodass Sie beim Hören schneller Notizen machen können.

1. _T.: n. bew. geplant lüg., aber: täusch. u. tricks._
2. _____
3. _____

f Lesen Sie die Fragen zu Teil 2 des Radiogesprächs und überlegen Sie, welche Beispiele genannt werden könnten. Schauen Sie sich dafür auch noch einmal die Fotos oben und die Aufgabe 1a an.

1. Welches Verhalten dient einem Tier dazu, seinen Nachwuchs zu schützen?
2. Welche zwei Formen der Täuschung dienen dem Selbstschutz?
3. Mit welchem Trick sorgt ein Tier dafür, seine Fortpflanzung zu sichern?

* ▶ 1|13～17对应练习在网站下载。

Fokus: Hören + Grammatik

g ▶ 1 | 19 Hören Sie Teil 2 des Radiogesprächs. Machen Sie zu den Fragen in 1f Notizen in Ihr Heft. Versuchen Sie, dabei auch Abkürzungen zu verwenden. ▶ ÜB B1–3

h Arbeiten Sie mit einem Partner oder einer Partnerin. Wählen Sie ein Beispiel für ein Tier aus, das täuscht, und beschreiben Sie es mithilfe Ihrer Notizen aus 1g. Hören Sie Teil 2 des Radiogesprächs ggf. noch einmal.

2 Grammatik: Finale Sätze – Zweck oder Ziel ausdrücken ▶ G 1.4.5

a Lesen Sie die Sätze und ordnen Sie zu.

1. Menschen flunkern,
2. Sie schummeln auch,
3. Tiere tricksen vor allem,
4. Damit der Feind sie nicht frisst,

A. um sich und ihren Nachwuchs zu schützen.
B. nutzen Tiere den Trick „sich tot stellen".
C. um höflich zu sein.
D. damit sie finanzielle Vorteile haben.

1. C
2. ☐
3. ☐
4. ☐

b Markieren Sie in den Sätzen in 2a die Subjekte und Konnektoren. Ergänzen Sie dann die Regeln. ▶ ÜB B4

> Der Zweck wird in einem Nebensatz mit „damit" oder einer Infinitivkonstruktion mit „um … zu" genannt.
> 1. Wenn die Subjekte in Haupt- und Nebensatz nicht identisch sind, verwendet man nur _____.
> 2. Wenn das Subjekt in beiden Sätzen gleich ist, kann man _____ und _____ verwenden. In den Infinitivkonstruktionen mit „um … zu" wird das Subjekt nicht wiederholt.

c Lesen Sie die Sätze und markieren Sie die Angaben mit „für" und „zu".

1. Zur Abschreckung seiner Feinde brüllt der Brüllaffe kilometerweit.
2. Für das Überleben ihres Nachwuchses bringen sich Tiere sogar selbst in Gefahr.
3. Einige Arten stellen sich zur Täuschung von Fressfeinden tot.
4. Für die Sicherung seiner Fortpflanzung lockt der Hahn die Henne mit einem Trick an.
5. Manche Vögel stellen sich zum Schutz der Jungen krank und locken so die Feinde vom Nest weg.

小贴士 **zu 和 für**

两个词也可以用来表达目的和目标。

d Formulieren Sie die Sätze in 2c in Sätze mit finalen Nebensätzen bzw. Infinitivkonstruktionen um. Ergänzen Sie. ▶ ÜB B5

1. *Um* seine Feinde *abzuschrecken*, brüllt der Brüllaffe kilometerweit.
2. Tiere bringen sich sogar selbst in Gefahr, _____ ihr Nachwuchs _____.
3. Einige Arten stellen sich tot, _____ Fressfeinde _____.
4. _____ seine Fortpflanzung gesichert ist, lockt der Hahn die Henne mit einem Trick an.
5. _____ ihre Jungen _____, stellen sich manche Vögel krank und locken so die Feinde vom Nest weg.

3 Tricks von Tieren

Welche Tricks von Tieren kennen Sie? Haben Sie auch persönliche Erfahrungen mit Tricks von Tieren? Sammeln Sie im Kurs.

> Es gibt Spinnen, die sich tot stellen, wenn sie bedroht werden.

> Das Chamäleon kann seine Hautfarbe ändern. So kann man es nur schwer entdecken.

C Vorsicht Täuschung!

1 So günstig wie nie zuvor [Beschwerde analysieren]

a Lesen Sie die Werbeanzeige. Wie viel kostet die Fotokamera und was kann der Kunde dafür erwarten? ▶ ÜB C1

Fijifilm VT2

- Wunderschöne Fotos und Videos aufnehmen
- Verschiedene Wechselobjektive erhöhen Ihre Kreativität
- Einfache verständliche Anleitungen helfen beim Einstieg

Lieferumfang:
- Fijifilm VT2, schwarz
- 2 Wechselobjektive
- Akku, Netzadapter, USB-Kabel
- Fototasche
- Bedienungsanleitung

statt € 879,00
€ 799,00
(inkl. MwSt.)

---

b Eine Kundin hat die Fotokamera aus 1a im Internet bestellt. Leider gab es Probleme mit der Lieferung. Überfliegen Sie die Beschwerde der Kundin. Um welche Probleme handelt es sich?

Betreff Auftrag-Nr.: 9438, Beschwerde

Sehr geehrte Damen und Herren,

am 23.10.2020 habe ich auf Ihrer Internetseite eine Digitalkamera des Typs Fijifilm VT2 bestellt und dafür mit meiner Kreditkarte 799,– € bezahlt. Am 07.11. ist das Paket bei mir eingetroffen.
Wie ich beim Auspacken feststellen musste, fehlten die beiden Wechselobjektive, die zur Ausstattung der Kamera gehören. Beim Anschalten der Kamera bemerkte ich, dass sich die Menüsprache nicht auf Deutsch einstellen lässt. Da das Paket keine Bedienungsanleitung enthielt und Sie auch keine auf Ihrer Webseite zur Verfügung stellen, kann ich die Menüsprache nicht umschalten.
Ich fühle mich von Ihnen getäuscht und erwarte, dass Sie das fehlende Zubehör portofrei zusenden und eine deutschsprachige Bedienungsanleitung beifügen.
Wenn Sie dieser Forderung nicht bis zum 15.11. nachkommen, werde ich den Kaufvertrag mit Ihnen widerrufen. Gleichzeitig werde ich meine Bank bitten, den Betrag von 799,– € auf mein Konto zurückbuchen zu lassen.

Mit freundlichen Grüßen
Dora Kraemer

---

c Markieren Sie in der Beschwerde die Schlüsselwörter zu folgenden Strukturpunkten mit verschiedenen Farben:
(1) Ware und Lieferung, (2) Grund für die Beschwerde, (3) Forderung, (4) Folgen, wenn die Forderung nicht erfüllt wird.

d Notieren Sie für jeden Strukturpunkt ein oder zwei Redemittel. ▶ ÜB C2–3

1. am … habe ich … bestellt und dafür … bezahlt. Am … ist das Paket bei mir eingetroffen.

2 Der Onlineshop Ihres Vertrauens? [Beschwerde schreiben]

a Sie haben in einem Onlineshop einen Kopfhörer FX 45 bestellt und mit Kreditkarte bezahlt. Mit der Lieferung erhalten Sie die Rechnung. Sie sollen zusätzlich zu dem Preis der Fotokamera 29,20 € für Zollgebühren bezahlen. Schreiben Sie eine Beschwerde zu den Punkten unten. Überlegen Sie sich zuerst eine logische Reihenfolge der Punkte. Vergessen Sie nicht Betreff, Anrede und Grußformel.

- auf Webseite kein Hinweis auf Zusatzkosten
- Situationsbeschreibung
- keine Bestellbestätigung, nur E-Mail mit Link auf Webseite
- Widerruf des Kaufvertrags und Rücksendung der Kopfhörer

b Tauschen Sie Ihre Beschwerde mit einem Partner / einer Partnerin. Was ist gut, was könnte man verbessern?

D Also mal ganz ehrlich!

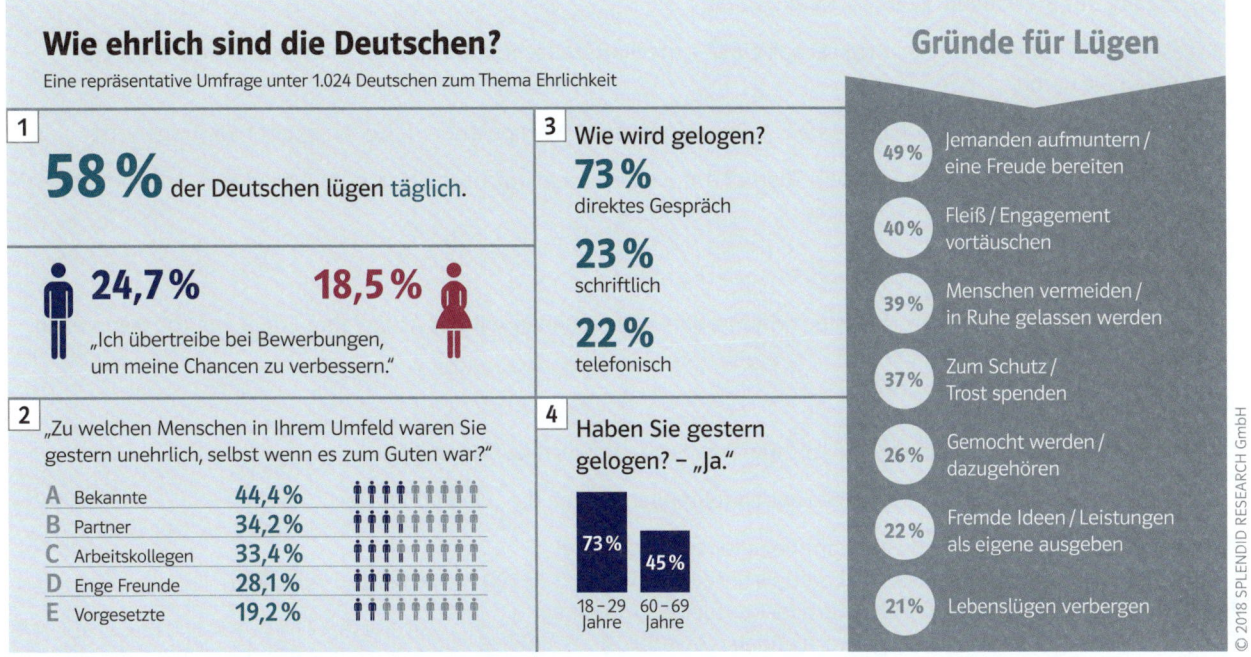

1 Lügen, ohne rot zu werden [Schaubild für Vortrag auswerten]

a Schauen Sie sich den linken Teil des Schaubilds oben an. Was sind für Sie die wichtigsten Informationen?

b Lesen Sie die Sätze aus dem Anfang eines Vortrags und betrachten Sie den linken Teil des Schaubilds. Zu welcher Information aus dem Schaubild passen die Sätze A bis D. Notieren Sie. ▶ ÜB D1

A. Eine wichtige Rolle spielt darüber hinaus, welche Beziehung zum Gesprächspartner besteht. ☐

B. Dabei gab es einen auffälligen Unterschied zwischen den befragten Altersgruppen. ☐

C. Das Ergebnis: Mehr als jeder Zweite lügt täglich. 1

D. Als Mittel der Lüge scheinen Stimme und Körpersprache sehr wichtig zu sein, denn … ☐

c ▶ 1 | 20 Hören Sie nun den Anfang des Vortrags und vergleichen Sie ihn mit Ihren Lösungen in 1a.

d Ergänzen Sie die Sätze mit Wörtern aus dem rechten Teil des Schaubilds. ▶ ÜB D2–3

1. Wer Teil einer sozialen Gruppe sein möchte, der will _dazugehören_.
2. Eine _____ ist ein erfundener Teil der eigenen Biographie.
3. Bei Plagiaten werden Ergebnisse oder Formulierungen anderer als _____.
4. Wer so tut, als ob er fleißig wäre, _____ Fleiß _____.

2 Warum Lügen so alltäglich sind [Kurzvortrag halten]

Halten Sie nun einen Kurzvortrag zum Thema „Lügen". Verwenden Sie zwei Informationen aus dem linken Teil des Schaubilds oben und zwei aus dem rechten Teil. Die Redemittel helfen. ▶ ÜB D4

> Ich befasse mich in meinem Vortrag mit … | Zu dem Thema liegt eine Studie vor: Sie kommt zu dem Ergebnis, dass … | Für mich war neu, dass … | Interessant finde ich auch, dass … | Besonders häufig lügen Menschen, um … | Ein weiterer Grund ist … | Dafür möchte ich ein Beispiel geben: … | Abschließend lässt sich festhalten: …

Täuschen mit Zahlen?

1 Umgang mit Statistiken [Vorwissen aktivieren]

a Lesen Sie die Überschrift des Artikels aus einer Wirtschaftszeitschrift auf der nächsten Seite. Welche Wörter verbinden Sie damit?

Daten | Lüge | Mathematik | Sicherheit | Prozentzahlen | Manipulation | Genauigkeit | Umfragen | …

b Was interessiert Sie selbst an diesem Thema? Auf welche Frage möchten Sie in dem Artikel eine Antwort finden?

2 Vorsicht Statistik! [global lesen und Thema erkennen]

Überfliegen Sie nun den gesamten Zeitschriftenartikel rechts. Behandelt der Artikel Ihre Frage aus 1b? Wenn nicht, welche anderen Aspekte gibt es?

3 Vorsicht Statistik! [Informationen mithilfe von Schlüsselwörtern finden]

a Lesen Sie den Tipp und markieren Sie in den folgenden Sätzen die „kleinen Wörter".

1. Sehr wahrscheinlich hätte diese Umfrage unter zufällig ausgewählten Personen kaum dasselbe Ergebnis hervorgebracht. (Z. 16–18)
   a. ☐ Das Ergebnis der Umfrage wäre fast dasselbe gewesen.
   b. ☐ Das Ergebnis der Umfrage wäre anders gewesen.

2. Dieses Ergebnis wirkt wenig beeindruckend. (Z. 52/53)
   a. ☐ Das Ergebnis wirkt nicht beeindruckend.
   b. ☐ Das Ergebnis wirkt ziemlich beeindruckend.

3. Alle anderen sollten darauf achten, bei Zahlen keinesfalls weniger kritisch zu sein als bei Worten. (Z. 73–75)
   a. ☐ Alle anderen sollten bei Zahlen prinzipiell weniger kritisch sein als bei Worten.
   b. ☐ Alle anderen sollten bei Zahlen nicht weniger kritisch sein als bei Worten.

> **小贴士 答题攻略**
>
> 请注意课文和问题中那些对语义起决定作用的"小词",比如 nicht, ohne, nie, selten, oft, viel, wenig, kaum 等。检查一下,它们和关键词有怎样的关系。

b Was bedeuten die Sätze in 3a: a oder b? Kreuzen Sie an.

c Lesen Sie die Fragen zum Zeitschriftenartikel rechts und markieren Sie in den Fragen und Antwortoptionen die Schlüsselwörter, die helfen, die Information im Text zu finden. Achten Sie dabei auch auf die „kleinen Wörter".

(GI, telc)

1. Die Umfrage einer bekannten Publikumszeitschrift zeigte, dass …
   a. ☐ Berichte über Königshäuser unbeliebt sind.
   b. ☐ die Mehrheit der Befragten einen Monarchen oder eine Monarchin bevorzugt.
   c. ☐ die Mehrheit der Deutschen keinen Bundespräsidenten möchte.

2. Die Studie über Arbeitsplätze und künstliche Intelligenz ist nicht überzeugend, weil …
   a. ☐ die Studie mit verallgemeinernden Annahmen gearbeitet hat.
   b. ☐ nur Daten für 70 Berufe vorhanden sind.
   c. ☐ zu wenig Experten befragt wurden.

3. Auch viele Ärzte können manipuliert werden, wenn …
   a. ☐ der psychologische Nutzen groß ist.
   b. ☐ hoch wirkende Prozentzahlen genannt werden.
   c. ☐ Medikamente beeindruckende Ergebnisse zeigen.

4. Für Interessengruppen ist es nicht schwierig, …
   a. ☐ Daten und Berechnungen zu überprüfen.
   b. ☐ mit beeindruckenden Statistiken zu argumentieren.
   c. ☐ passende Statistiken zu fälschen.

> **小贴士 答题攻略**
>
> 请注意你在问题中画出的关键词在报刊文章中通常是以另一种表达方式出现的。请不要只顾着找相同的词,还要更关注其他可能的表达。

d Lesen Sie den Artikel rechts. Welche Lösung ist richtig: a, b oder c? Kreuzen Sie in 3c an.

Vorsicht Statistik!
Wieso wir scheinbar neutralen Zahlen nicht trauen sollten

A Die Deutschen – ein Volk von Monarchie-Anhängern? Diese Frage musste man sich tatsächlich stellen, als eine bekannte Publikumszeitschrift das Ergebnis einer Umfrage unter mehr als 2.000 Lesern und Leserinnen präsentierte. Eine klare Mehrheit von 59% der befragten Personen sagte, dass sie lieber einen König oder eine Königin als einen Bundespräsidenten hätten. Diese hohe Prozentzahl ist auf den ersten Blick irritierend. Doch wenn man weiß, um was für eine Publikumszeitschrift es sich hier handelt, relativiert sich diese Zahl schnell. Das Magazin ist neben Berichten über prominente Unterhaltungsstars vor allem auf Europas Königsfamilien spezialisiert. Die Leserinnen und Leser kaufen diese Zeitschrift gerade deswegen gern.

B Sehr wahrscheinlich hätte diese Umfrage unter zufällig ausgewählten Personen kaum dasselbe Ergebnis hervorgebracht. Wenn nur Personen aus einer speziellen Gruppe für eine Umfrage ausgewählt werden, nennt man das eine „selektive Stichprobe". Doch nur wenige Leser machen sich die Mühe, solche Methoden kritisch in Frage zu stellen.

C Wenn es darum geht, das Interesse der Öffentlichkeit zu gewinnen, sind in unserer modernen Gesellschaft Zahlen und Daten oft ein wirksameres Argument als Worte. Dadurch verbreiten sich jedoch immer wieder Halbwahrheiten und Manipulationen. Neben der selektiven Stichprobe gibt es noch eine weitere problematische Methode, Zahlen herzustellen: Wenn keine exakten Daten vorhanden sind, versucht man mit ungefähren Annahmen, Zahlen zu bestimmen. Ein typischer Fall waren die zahlreichen Medienberichte darüber, dass in Zukunft fast die Hälfte aller Arbeitsplätze durch künstliche Intelligenz wegfallen könnte. Fast die Hälfte? In der Untersuchung waren zehn Experten für Robotik und Informatik befragt worden. Diese Experten vermuteten für 70 Berufe, wie leicht man sie zukünftig automatisieren könnte. Dann wurden die Annahmen einfach auf 700 Berufe ausgeweitet, ohne zu beachten, dass dort die Bedingungen vielleicht anders sind. Die Grundlage für das Ergebnis waren also zum Teil nur Vermutungen und Generalisierungen, das heißt Verallgemeinerungen.

D Im Bereich von Medizin und Gesundheitsvorsorge wird dagegen gern mit einem dritten Trick gearbeitet: Dabei wählt man einfach solche Prozentangaben, die besonders groß scheinen. Nehmen wir an, ein bestimmtes Medikament reduziert bei einer Krankheit das Sterberisiko von fünf auf vier Prozentpunkte. Ohne das Medikament würden also fünf Personen von hundert an der Krankheit sterben, mit dem Medikament vier. Dieses Ergebnis wirkt wenig beeindruckend. Wenn man jedoch nur auf den Unterschied zwischen fünf und vier Personen blickt, kann man von einer Verbesserung um 20% sprechen! Die Situation ist dieselbe: Nur einem Patienten von hundert kann geholfen werden. Aber der psychologische Unterschied ist groß. Auch viele Ärzte können auf diese Weise getäuscht werden und halten dann den Nutzen von Medikamenten für höher, als er wirklich ist.

E Unser Respekt vor Zahlen und vielleicht auch eine gewisse Faulheit des Denkens sind wohl der Grund dafür, dass wir solche Daten und Berechnungen meist nicht genauer überprüfen. Wir lassen uns dadurch oft von den Medien unnötig aufregen. Noch schlimmer ist aber, dass es für Interessengruppen und Lobbyisten ziemlich leicht ist, ihre Forderungen mit scheinbar dramatischen Statistiken zu begründen. Zu jedem Thema scheint es passende Zahlen als „Beweise" zu geben. Daher wäre eine verbesserte Statistikausbildung, besonders in verantwortungsvollen Studienfächern wie Medizin oder im Wissenschaftsjournalismus, wünschenswert. Und alle anderen sollten darauf achten, bei Zahlen keinesfalls weniger kritisch zu sein als bei Worten. Denn mit beidem kann man manipuliert und getäuscht werden.

Tobias Cramer

3 Auf dem Weg zur Prüfung: Lesen   TestDaF

4 Vorsicht Statistik! [mithilfe von Schlüsselwörtern Fragen beantworten]

DSH

a Lesen Sie die Fragen zur Umfrage einer bekannten Publikumszeitschrift. Suchen Sie dann im Artikel „Vorsicht Statistik!" passende Schlüsselwörter und notieren Sie die Antworten.

1. Was war das Ergebnis der Umfrage einer bekannten Publikumszeitschrift?
   Mehrheit der Befragten: ...

2. Was ist typisch für die Leserinnen und Leser dieser Publikumszeitschrift?
   _____

3. Was ist eine „selektive Stichprobe"?
   _____

b Warum ist die Studie zu Arbeitsplätzen und künstlicher Intelligenz problematisch? Suchen Sie im Artikel Informationen zu den Aspekten unten und notieren Sie diese.

Methode: _10 Experten befragt, ..._

Ergebnis der Studie: _____

Problem: _____

5 Vorsicht Statistik! [mithilfe von Schlüsselwörtern Antworten formulieren]

DSH

a Was schlägt der Autor zur Lösung des Problems vor? Suchen Sie im Artikel „Vorsicht Statistik!" die passenden Textstellen. Notieren Sie zuerst Schlüsselwörter für die Antworten.

1. Warum sind wir bei Zahlenangaben oft unkritisch?
   Weil wir vor Zahlen großen Respekt haben und ...

   Schlüsselwörter: _Respekt vor Zahlen, ..._

2. Was empfiehlt der Autor im Bereich der Ausbildung an Hochschulen?
   _____

   Schlüsselwörter: _____

3. Was empfiehlt er allen Bürgern?
   _____

   Schlüsselwörter: _____

b Formulieren Sie nun mithilfe der Schlüsselwörter die Antworten in 5a. Achten Sie darauf, wie Sie ggf. die Schlüsselwörter ergänzen müssen, um eine gut verständliche Antwort zu geben.

> **小贴士　答题攻略**
>
> 在新的DSH考试规定中，阅读理解部分不会对作答的语言形式评分，而只对答案内容的正确性和可理解性评分。

6 Vorsicht Statistik! [synonyme Ausdrücke finden]

DSH

Welcher synonyme Ausdruck passt im Textzusammenhang von „Vorsicht Statistik!"? Kreuzen Sie an.

1. hervorbringen (Z. 18)
   a. ☐ anfertigen
   b. ☐ entwickeln
   c. ☐ haben

2. in Frage stellen (Z. 22)
   a. ☐ befragen
   b. ☐ fragen
   c. ☐ hinterfragen

Wenn Studierende täuschen

1 Studierende schreiben [Vorwissen aktivieren]

Überfliegen Sie in 2a die Fragen zu einem Radiointerview mit einer Universitätsmitarbeiterin. Worum geht es in dem Interview? Notieren Sie Ihre Vermutung und tauschen Sie sich zu zweit aus.

2 Schreiben im Studium
[Informationen mithilfe von Schlüsselwörtern heraushören]

GI **a** Markieren Sie in den Fragen und Antwortoptionen die Schlüsselwörter. Arbeiten Sie möglichst schnell.

1. Welche Unterstützung bekommen Studierende in der Schreibberatung?
   a. ☐ Man gibt Ratschläge und Antworten auf ihre Fragen.
   b. ☐ Man hilft ihnen beim Schreiben.
   c. ☐ Sie werden nur von Professoren beraten.

2. Aus welchem Grund sind viele Studierende unsicher beim Thema „Plagiate"?
   a. ☐ Weil sie Angst vor dem Schreiben haben.
   b. ☐ Weil sie nicht wissen, wie man korrekt mit Quellen umgeht.
   c. ☐ Weil sie oft vergessen, Quellen zu nennen.

3. Welches Ergebnis hatte die Studie der Universität Bielefeld?
   a. ☐ Ein Fünftel der befragten Studierenden hat schon einmal betrogen.
   b. ☐ Ein Fünftel der befragten Studierenden wollte anonym bleiben.
   c. ☐ Ein Fünftel der Studierenden hat noch nie eine Quelle vergessen.

4. Warum plagiieren manche Studierende?
   a. ☐ Weil sie ihre eigene Arbeit nicht gut genug finden.
   b. ☐ Weil sie keine Lust haben, selbst zu formulieren.
   c. ☐ Weil sie selbst keine klugen Gedanken haben.

b ▶ 1 | 21 Hören Sie nun Teil 1 des Radiointerviews und lösen Sie die Aufgaben. Welche Lösung ist richtig: a, b oder c? Kreuzen Sie in 2a an.

telc **c** Lesen Sie die Aussagen 1 bis 5 und markieren Sie die Schlüsselwörter.

	r	f
1. Die Studierenden müssen im Grundstudium neue, intelligente Ideen präsentieren.	☐	☐
2. Im Grundstudium wird eine Diskussion der aktuellen wissenschaftlichen Arbeiten erwartet.	☐	☐
3. Ein Drittel von Frau Iselers Studierenden glaubt, Probleme mit wichtigen Schreibtechniken zu haben.	☐	☐
4. Schreibtechniken sollten nur im ersten Semester trainiert werden.	☐	☐
5. Das Schreiben im Studium ermöglicht intensives Lernen für die Prüfung.	☐	☐

d ▶ 1 | 22 Hören Sie nun Teil 2 des Radiointerviews. Sind die Aussagen in 2c richtig (r) oder falsch (f)? Kreuzen Sie in 2c an.

e ▶ 1 | 21–22 Hören Sie nun das gesamte Interview noch einmal und überprüfen Sie Ihre Antworten in 2a und 2c.

3 Informationen mithilfe von Schlüsselwörtern heraushören [Vorgehen reflektieren]

Tauschen Sie sich mit einem Partner / einer Partnerin aus oder vergleichen Sie Ihre Lösungen mit dem Lösungsschlüssel. Welche Ihrer Markierungen in 2a und 2c waren beim Lösen der Aufgaben nützlich? Welche nicht? Warum nicht?

A Digitale Welten

1 Online sein

a Sehen Sie die Fotos oben an. Welche Aspekte verbinden Sie mit den Bildern? Warum? ▶ ÜB A1

Kreativität | Datensicherheit/Datenschutz | Verfügbarkeit von Musik, Filmen, Serien etc. | Kommunikation mit anderen | Isolation | Nachrichten rund um die Uhr aus aller Welt | Komfort | Online-Shopping | Computerspiele | Spaß | sich Beratung holen | …

b Wählen Sie von oben ein Foto aus, das Sie besonders anspricht. Welche Gedanken kommen Ihnen, wenn Sie es anschauen? Notieren Sie Ihre Gedanken in Stichpunkten. Sprechen Sie dann ca. eine Minute über Ihr Foto. ▶ ÜB A2

c Was machen Sie alles online? Ergänzen Sie ggf. weitere Tätigkeiten. Machen Sie eine Punkteabfrage zu den Aktivitäten unten. Vergeben Sie dafür Punkte von 1 (sehr selten) bis 3 (sehr häufig). Fassen Sie dann das Ergebnis im Kurs zusammen. ▶ ÜB A3

bloggen
chatten
einkaufen
Filme streamen
Fotos posten
Musik hören
Nachrichten lesen

Online-Banking nutzen
skypen
spielen
studieren / lernen
twittern
whatsappen
…

2 Telemedizin [Hypothesen während des Lesens bilden]

a Lesen Sie den Titel und den Vorspann eines Zeitungsartikels. Worum geht es vermutlich im Artikel: a, b oder c? Kreuzen Sie an.

Nutzen und Probleme des Einsatzes von Telemedizin

Die Digitalisierung verändert unser Leben in vielen Bereichen. Einer dieser Bereiche ist die Medizin. Unter dem Oberbegriff E-Health werden viele Anwendungen digitaler Technologien und Telekommunikation im Bereich der Medizin zusammengefasst, bei denen  Diagnostik und Therapie von Erkrankungen räumlich getrennt oder auch zeitlich versetzt stattfinden, wie z. B. bei der Telemedizin. Welchen Nutzen hat der Einsatz von Telemedizin, welche Probleme können damit verbunden sein?

In diesem Artikel geht es vermutlich um …
a. ☐ Veränderungen des Alltags durch Digitalisierung.
b. ☐ positive und negative Aspekte von Telemedizin.
c. ☐ neue Möglichkeiten der Diagnostik durch digitale Technologien in der Medizin.

> **小贴士　阅读时进行预设**
>
> 在阅读时可以先自然地猜测文章内容。这有助于激活你关于这一主题的基本知识，帮你了解文章结构。这样一来，阅读就变成了对这些预设的验证。预设是否正确虽不重要，但是有意识地进行这个过程却十分有助于你对文章的理解。

b Lesen Sie den Tipp rechts und die Hypothesen über die Fortsetzung des Zeitungsartikels in 2a. Um welche Informationen wird es im ersten Abschnitt gehen? Kreuzen Sie an.

a. ☐ Um die Probleme beim Einsatz von Telemedizin.
b. ☐ Um den Nutzen beim Einsatz von Telemedizin.

c Lesen Sie nun den ersten Abschnitt und überprüfen Sie Ihre Hypothese aus 2b.

> In Krankenhäusern sind die Vernetzung und der Datenaustausch bereits Alltag. Bei einer Diagnose, die schwierig ist, kann auf diese Weise schnell die Zweitmeinung von einem anderen Arzt eingeholt werden oder ein Spezialist hinzugezogen werden. Auch die mobile Datenübermittlung aus einem Rettungswagen an das Krankenhaus ist bereits Praxis – ein großer Fortschritt, weil so die Behandlung von Notfallpatienten schneller beginnen kann.

d Lesen Sie den ersten Satz des nächsten Abschnitts. Welche Hypothese ist für den folgenden Textabschnitt wohl zutreffend? Kreuzen Sie an.

> Für Ärzte, die eine eigene Praxis haben, hat sich die gesetzliche Situation geändert: 2018 wurde in Deutschland das sogenannte „Fernbehandlungsverbot" aufgehoben.

a. ☐ Dort wird erläutert, dass es viele Ärzte gibt, denen das neue Gesetz zur Telemedizin nützt.
b. ☐ Dort wird beschrieben, wer Telemedizin einsetzen darf.
c. ☐ Dort steht, welchen Vorteil es hat, dass nun auch niedergelassene Ärzte Patienten mithilfe von Telemedizin behandeln dürfen.

e Lesen Sie nun den Abschnitt. Waren Ihre Hypothesen aus 2d richtig?

> Seitdem dürfen Ärzte auch per Telefon oder Videochat Diagnosen stellen und Rezepte ausstellen. Der Nutzen der ärztlichen Beratung via Internet liegt auf der Hand: In ländlichen Regionen, in denen es oft zu wenig Ärzte gibt und wo viele ältere Menschen leben, können Patienten über das Internet einen Arzt konsultieren. Bei Versuchen mit Online-Sprechstunden zeigte sich, dass in ca. 80 % der Gespräche ein Arztbesuch ersetzt werden konnte. Bei vielen Gesprächen ging es nämlich nur um eine erste Einschätzung der Beschwerden. Nur in 20 % der Fälle war es nötig, anschließend persönlich einen Arzt aufzusuchen.

4 Fokus: Lesen

f Lesen Sie nun den ersten Satz des nächsten Abschnitts. Um welche Informationen wird es wohl im nächsten Abschnitt gehen? Notieren Sie Ihre Hypothese. Decken Sie dafür den Rest der Seite mit einem Blatt ab. Vergleichen Sie Ihre Hypothese mit der eines Partners / einer Partnerin.

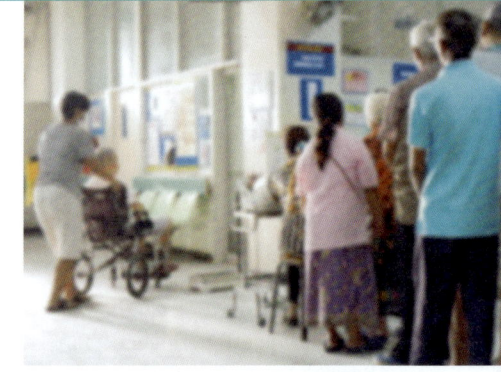

> Darüber hinaus könnte eine Online-Sprechstunde auch für Notfallambulanzen sinnvoll sein, deren Wartebereich in vielen Städten überlaufen ist.

Hypothese: _____

g Lesen Sie nun den Abschnitt. War Ihre Hypothese aus 2f richtig?

> Dort beträgt die Wartezeit für Patienten bis zur Behandlung durch einen Arzt oft mehrere Stunden. Hier wäre der Einsatz eines Videochats, bei dem Ärzte die Symptome von Patienten einschätzen und so wirkliche Notfälle von weniger dringenden Fällen unterscheiden könnten, sehr sinnvoll. Denn auf diese Weise könnte die Anzahl der Patienten in den Notaufnahmen reduziert werden.

h Lesen Sie nun den ersten Satz des folgenden Abschnitts und notieren Sie Ihre Hypothese über den Inhalt. Decken Sie dafür den Rest der Seite mit einem Blatt ab. Überprüfen Sie dann Ihre Hypothese mithilfe des Textes.

> Allerdings muss ein Patient, dessen Arztbesuch online stattfindet, darauf vertrauen können, dass seine Daten sicher sind und seine Privatsphäre geschützt wird.

Hypothese: _____

> Dafür müssen die Daten von Patienten gut gesichert sein. Dieser Schutz bezieht sich auf den Namen und die Daten eines Patienten, auf den Inhalt der Patientenakte, Informationen über Beruf, Familie und Finanzen des Patienten und auch auf den Arztbesuch selbst. Diese Daten müssen also vor Missbrauch, Diebstahl oder Manipulation geschützt werden. Deshalb benötigen Arztpraxen eine sichere IT-Infrastruktur, die ständig auf Sicherheit hin überprüft und aktualisiert werden muss.

i Lesen Sie nun den ersten Satz des nächsten Abschnitts und notieren Sie Ihre Hypothese über den Inhalt. Decken Sie dafür den Rest der Seite mit einem Blatt ab. Überprüfen Sie dann Ihre Hypothese mithilfe des Textes.

> Es gibt in Bezug auf Online-Sprechstunden aber nicht nur das Problem, dass die Daten von jedem Patienten, den ein Arzt online behandelt, geschützt werden müssen.

Hypothese: _____

> Ein weiterer Problembereich ist die Arzt-Patienten-Beziehung. Dies ergab z. B. eine Studie, an der 2.000 Personen teilnahmen. Darin kritisiert über die Hälfte der Befragten, dass der persönliche und direkte Kontakt zwischen Arzt und Patienten verloren geht. Aber das größte Risiko, das die Befragten sehen, ist die Gefahr technischer Fehler und falscher Diagnosen.

j Wie genau waren Ihre Hypothesen? Hat Ihnen das bewusste Erstellen von Hypothesen geholfen? Warum? / Warum nicht? Sprechen Sie im Kurs. ▶ ÜB A4–5

3 Vor- und Nachteile von Telemedizin

a Notieren Sie zuerst die Vor- und Nachteile von Telemedizin, die in den Zeitungsabschnitten in 2 genannt werden. Ergänzen Sie dann weitere Ideen zu Vor- und Nachteilen. ▶ ÜB A6

b Was denken Sie über Telemedizin? Würden Sie einen Arzt online konsultieren? Sprechen Sie im Kurs.

Fokus: Lesen + Grammatik

4 Grammatik: Relativsätze – Wiederholung ▸ G 1.4.11

a Lesen Sie die Relativsätze aus dem Zeitungsartikel. Markieren Sie das Nomen im Hauptsatz, auf das sich das markierte Relativpronomen bezieht.

1. Das größte **Risiko**, das die Befragten sehen, ist die Gefahr falscher Diagnosen.
2. Bei einer Diagnose, die schwierig ist, kann schnell eine Zweitmeinung eingeholt werden.
3. Es gibt viele Ärzte, denen das neue Gesetz zur Telemedizin nützt.
4. Dies ergab eine Studie, an der 2.000 Personen teilnahmen.
5. In ländlichen Regionen, in denen es zu wenig Ärzte gibt, können Patienten online einen Arzt konsultieren.

b Lesen Sie die Sätze in 4a noch einmal und ordnen Sie sie den Regeln zu. ▸ ÜB A7

> Das Relativpronomen kann:
> 1. Subjekt des Relativsatzes sein. Es steht dann im Nominativ. Satz: ____
> 2. Ergänzung des Verbs im Akkusativ oder Dativ sein. Sätze: ____
> 3. mit Präpositionen stehen. Sätze: ____

5 Grammatik: Relativpronomen im Genitiv ▸ G 1.4.11

a Lesen Sie die Sätze. Markieren Sie das Nomen im Hauptsatz, auf das sich das markierte Relativpronomen bezieht.

1. Eine Online-Sprechstunde wäre für **Notfallambulanzen**, deren Wartebereich oft überlaufen ist, sinnvoll.
2. Ein Patient, dessen Arztbesuch online stattfindet, muss darauf vertrauen können, dass seine Daten sicher sind.
3. Die Telemedizin, deren Nutzen sehr groß ist, muss weiter ausgebaut werden.
4. Das Krankenhaus, dessen Mitarbeiter und Mitarbeiterinnen sich für den Einsatz von Telemedizin ausgesprochen haben, wird die neue Technik einführen.

b Formulieren Sie die Relativsätze aus 5a wie im Beispiel um.

1. Notfallambulanzen, deren Wartebereich oft überlaufen ist → *Der Wartebereich der Notfallambulanzen* ist oft überlaufen.
2. ein Patient, dessen Arztbesuch online stattfindet → _____ findet online statt.
3. die Telemedizin, deren Nutzen sehr groß ist → _____ ist sehr groß.
4. das Krankenhaus, dessen Mitarbeiter sich für den Einsatz von Telemedizin ausgesprochen haben → _____ haben sich für den Einsatz von Telemedizin ausgesprochen.

> 小贴士　关系代词的第二格
>
> 关系代词的第二格后面的名词没有冠词。

c Ergänzen Sie die Relativpronomen aus den Sätzen in 5b. ▸ ÜB A8

1. **m:** der Patient, _____ Arztbesuch
2. **n:** das Krankenhaus, _____ Mitarbeiter
3. **f:** die Telemedizin, _____ Nutzen
4. **Pl:** die Notfallambulanzen, *deren* Wartebereich

6 Wer ist das?

Denken Sie an eine Person und die Sache, für die er/sie berühmt geworden ist, und stellen Sie Fragen wie im Beispiel. Die anderen raten.

> Entdecker/in | Erfinder/in | Künstler/in | Schriftsteller/in | Sportler/in | Wissenschaftler/in | …

> Entdeckung | Erfindung | Komposition | Romanreihe | Weltrekord | Werk | …

– Wie ist der Name des britischen Wissenschaftlers, dessen Erfindung die weltweite Vernetzung ermöglicht hat?
– Tim Berners-Lee.
– Wer ist die Frau, deren …

B Jobmesse – Unternehmen stellen sich vor

1 Unsere Internetplattform für Eventlocations
[Hypothesen während des Hörens bilden]

a Was versteht man unter Eventlocations? Und wie könnte eine Internetplattform für Eventlocations funktionieren? Sprechen Sie im Kurs. ▶ ÜB B1

b ▶ 2|1 Hören Sie Teil 1 einer Präsentation auf einer Jobmesse. Welche Informationen erwarten Sie? Kreuzen Sie an.

a. ☐ Bericht, wie die Buchung von Eventlocations im Internet funktioniert
b. ☐ Präsentation eines Unternehmens
c. ☐ Bericht über Erfolge des Unternehmens

c ▶ 2|2 Hören Sie nun Teil 2 der Präsentation. Welche Überschriften könnten die vier PowerPoint-Folien zur Präsentation haben? Notieren Sie sie.

Folie 1: _Hintergrund Geschäftsidee_ Folie 3: _____

Folie 2: _____ Folie 4: _____

d ▶ 2|3 Hören Sie nun den Anfang von Teil 3 der Präsentation. Welche Informationen könnten im Folgenden genannt werden? Tauschen Sie sich im Kurs aus.

e ▶ 2|3-4 Hören Sie nun Teil 3 der Präsentation ganz. Waren Ihre Vermutungen in 1d richtig?

f Übertragen Sie zuerst die Überschriften aus 1c auf die Folien. Hören Sie dann Teil 3 noch einmal und notieren Sie auf Folie 1 die wichtigsten Informationen in Stichpunkten.

---

1. _Hintergrund von Geschäftsidee_
- in früheren Unternehmen: _Planung von Veranstaltungen im In- und Ausland_
- Tätigkeiten: _____
- Idee: _____

---

3. _____
- Buchung: _____
- Ausbau von: _____

---

2. _____
- Hauptkunden: _____
- Auswahl aus: _____
- Neue Entwicklung: _____
- Service in: _____

---

4. _____
- Suche nach: _____
- Chance: _____
- Mitglied Sales-Team: _____
- Mitglied Marketing-Team: _____

---

g Schauen Sie sich die Überschriften der Folien 2 bis 4 noch einmal an. Was könnte der Inhalt der Abschnitte sein? Sprechen Sie im Kurs.

Fokus: Hören + Grammatik

4

h ▶ 2 | 5–7 Hören Sie nun Teil 4 der Präsentation. Notieren Sie beim Hören die wichtigsten Informationen in Stichpunkten auf den Folien in 1f.

i Vergleichen Sie Ihre Notizen mit Ihren Hypothesen: Hat Ihnen das Bilden von Hypothesen vor dem Hören geholfen? Warum? / Warum nicht? Sprechen Sie im Kurs. ▶ ÜB B2

2 Grammatik: Relativsätze mit „was" und „wo(r)" + Präposition ▶ G 1.4.11

a Markieren Sie in den Sätzen jeweils, worauf sich das Pronomen „was" bezieht. Notieren Sie dann die Satznummer hinter der passenden Regel. ▶ ÜB B3

1. Die Gründung von EveLoc war das Interessanteste, was ich bisher gemacht habe.
2. Das ist etwas, was mir sehr viel Spaß gemacht hat.
3. Das war es erst einmal, was ich zu unserem Unternehmen sagen wollte.
4. Die Kunden können über unsere Plattform alles buchen, was sie für ihr Event sonst benötigen.
5. Ich musste sehr viel recherchieren und Angebote vergleichen, was sehr zeitintensiv war.
6. Zuerst werde ich darüber sprechen, was ich vorher beruflich gemacht habe.

> Relativsätze mit dem Relativpronomen „was" sind Nebensätze. Das Pronomen „was" bezieht sich auf:
> 1. unbestimmte Zahlwörter / Indefinitpronomen (z. B. alles, einiges / etwas, nichts), Sätze: ____
> 2. nominalisierte Superlative im Neutrum (z. B. das Beste, das Schönste), Satz: _1_
> 3. das Pronomen „das" (das (…), was …) oder Präpositionalpronomen, z. B. darüber (= das + über), Sätze: ____
> 4. den gesamten Satz, Satz: ____

b Markieren Sie in den Relativsätzen die Verben bzw. Ausdrücke. Vergleichen Sie die Sätze dann mit den Sätzen in 2a. Was fällt auf? Ergänzen Sie in der Regel. ▶ ÜB B4–5

1. Die Gründung von EveLoc war das Interessanteste, woran ich bisher gearbeitet habe.
2. Das ist etwas, womit wir großen Erfolg haben.
3. Das war es erst einmal, worüber ich berichten wollte.
4. Alles, wofür man sonst viele Ansprechpartner braucht, bekommt man bei uns aus einer Hand.
5. Ich musste sehr viel recherchieren und Angebote vergleichen, wofür ich sehr viel Zeit benötigt habe.
6. Dann werde ich darüber berichten, worum wir uns vom Service her besonders kümmern.

> Bei Verben und Ausdrücken mit Präposition verwendet man „wo(r)" + _____, z. B. womit, woran.

c Verbinden Sie die Sätze mit den Relativpronomen „was" bzw. „wo(r)" + Präposition.

1. Ich war bereits im ersten Jahr erfolgreich. Das hat mich zum Weitermachen motiviert.
2. Als Gründerin muss man sehr viel Neues lernen. Das macht mir viel Freude.
3. Außerdem gelingt es uns, in weitere Städte zu expandieren. Darüber freuen wir uns sehr.
4. Das ist das Beste. Das können wir Ihnen bieten.
5. Wir machen nur das. Davon sind wir überzeugt.

1. Ich war bereits im ersten Jahr erfolgreich, was mich zum Weitermachen motiviert hat.

3 Eine Internetplattform vorstellen

Recherchieren Sie im Netz und stellen Sie dann eine Internetplattform vor. Die Satzanfänge helfen.

- Welche Dienstleistung bietet die Internetplattform an?
- Wer ist die Zielgruppe?
- Was ist das Besondere an dieser Plattform?

> Ich möchte … vorstellen. | Diese Internetplattform bietet … an. | Die Zielgruppe ist / sind … | Das, was ich besonders interessant finde, ist … | … bietet alles, was … | Das Beste, was … bietet, ist …

C Das digitalisierte Zuhause

1 Pro und Contra Smart Home [Erörterung analysieren]

a Lesen Sie die Erörterung unten. Was ist typisch für diese Textsorte?
Kreuzen Sie an.

1. Eine Erörterung hat einen klaren Aufbau: Einleitung, Hauptteil, Schluss. ☐
2. Ein Thema wird im Hauptteil in vielen Aspekten diskutiert. ☐
3. Ein Thema wird im Hauptteil von zwei verschiedenen Standpunkten aus diskutiert. ☐
4. Das Fazit einer Erörterung enthält die Meinung des Autors zum Thema. ☐
5. Am Ende einer Erörterung gibt der Autor die Meinung von anderen wieder. ☐

Smart Home – Ist das sinnvoll?

Smart Home – Was ist das eigentlich? Damit ist die intelligente Vernetzung von Geräten zu Hause gemeint. Das sind Geräte, die zum Beispiel das Licht oder die Heizung an- und ausschalten oder die Sicherheitssysteme, wie zum Beispiel Überwachungskameras, steuern können. Sie werden über das Internet mit dem Smartphone verbunden und können so von unterwegs gesteuert oder überwacht werden.

Ein Smart Home hat viele Vorteile: Der Verbrauch von Energie kann dadurch besser kontrolliert werden, was viel Geld sparen kann, denn man rechnet mit ca. 10 bis 30 % weniger Energieverbrauch einer Wohnung. Ein weiterer Vorteil ist, dass man die Haustechnik bequem und zentral per Smartphone steuern kann – und dies nicht nur zu Hause, sondern auch von unterwegs. Hinzu kommt der Aspekt von Sicherheit: Bei einem Einbruch oder anderen Problemen zu Hause, zum Beispiel einem Brand, melden das Sensoren und Kameras. Über das Smartphone wird man informiert und kann schnell Hilfe organisieren.

Allerdings bringt die Technologie auch Nachteile mit sich. Für die Nutzung der smarten Geräte muss man seine Daten im Netz hinterlassen. Diese Daten können gehackt, gestohlen oder missbraucht werden. So können z. B. Einbrecher erkennen, dass man nicht zu Hause ist oder die Überwachungskameras ausschalten. Auch die hohen Kosten für die Anschaffung der Geräte sind ein weiterer negativer Punkt für viele Menschen.

Meiner Meinung nach sollte die Vernetzung von Geräten zu Hause für die Einsparung von Energie genutzt werden, denn so kann man selbst etwas zum Schutz des Klimas beitragen. Auch die Nutzung für die Überwachung halte ich für sinnvoll, denn auf diese Weise ist man immer über sein Haus informiert und kann schnell reagieren, wenn zum Beispiel ein Brand entsteht. Aber nur aus Gründen der Bequemlichkeit sollte man solche teuren Geräte nicht anschaffen, denn man sollte bedenken, dass diese gehackt werden können und man also immer auf die Datensicherheit achten muss.

b Unterstreichen Sie Redemittel in den einzelnen Textteilen: Einleitung – Argumentation pro – Argumentation contra – Schluss. ▶ ÜB C1

2 Vor- und Nachteile von Telemedizin [Erörterung schreiben]

a Sammeln Sie Ideen in Form einer Mindmap zum Thema „Vor- und Nachteile von Telemedizin". Nutzen Sie dafür auch Ihre Sammlung der Informationen aus dem Zeitungsartikel in A, Aufgabe 3. ▶ ÜB C2a

b Ordnen Sie die Ideen nach Pro- und Contra-Argumenten.

c Schreiben Sie nun eine Erörterung zum Thema „Vor- und Nachteile von Telemedizin". Achten Sie auf einen klaren Aufbau und die Regeln in 1a. Die Redemittel aus 1b helfen.

d Tauschen Sie Ihre Erörterung mit einem Partner/einer Partnerin. Machen Sie Verbesserungsvorschläge. Die Checkliste im Übungsbuch hilft Ihnen. ▶ ÜB C2b

e Tauschen Sie wieder die Texte und überarbeiten Sie Ihre eigene Erörterung mithilfe der Verbesserungsvorschläge aus 2d.

Fokus: Sprechen

D Telemedizin – Für und Wider im Video

1 Vorteile und Nachteile vom Smart Home [Erklärvideo analysieren]

▶ Film L4 Sehen Sie sich ein Erklärvideo zum Thema „Smart Home" an. In welcher Reihenfolge folgen die vier Abschnitte aufeinander? Nummerieren Sie sie.

Nachteile ☐   Vorteile ☐

Fazit ☐   Definition des Begriffs „Smart Home" ☐

2 Vorteile und Nachteile von Telemedizin [Erklärvideo erstellen]

a Arbeiten Sie in kleinen Gruppen: Nehmen Sie Ihre Erörterung zum Thema „Vor- und Nachteile von Telemedizin" von der vorherigen Seite. Überlegen Sie sich zuerst, wie Sie Ihr Erklärvideo zu „Vor- und Nachteilen von Telemedizin" aufbauen wollen. Die Aufgabe 1 kann helfen.

> 小贴士　制作讲解视频
>
> 根据教室里的条件，你也可以在家里完成练习2，然后在课上展示成果（练习3）。

b Notieren Sie zu den einzelnen Abschnitten Sätze. Erstellen Sie auf diese Weise den Text für Ihr Erklärvideo.　▶ ÜB D1

Telemedizin – Was ist das eigentlich? Damit ist gemeint, dass man digitale Technologien und Telekommunikation in der Medizin anwendet.

c Sprechen Sie nun den Text aus 2b für das Video auf drei unterschiedliche Arten und nehmen Sie sich dabei auf.

Variante 1: Lesen Sie den Text vom Skript ab.
Variante 2: Legen Sie das Skript weg und sprechen Sie den Text frei.
Variante 3: Lesen Sie jeweils einen Satz durch, und sprechen Sie ihn dann aus der Erinnerung. Lesen Sie ihn nicht ab.

d Hören Sie sich nun die drei Aufnahmen aus 2c an und vergleichen Sie sie: Welche Art des Sprechens ist für ein Video gut geeignet?　▶ ÜB D2

e Sehen Sie sich das Erklärvideo in 1 noch einmal an. Wie ist das Video animiert bzw. illustriert?

f Überlegen Sie, wie Sie Ihr Video illustrieren oder animieren wollen. Besorgen Sie alle Materialien: Fotos, Kärtchen etc. Sie können sich dabei auch an der Animation des Videos in 1 orientieren.

g Drehen Sie das Video. Drehen Sie am besten in Abschnitten, das ist leichter.

3 Unser Erklärvideo [Erklärvideo präsentieren]

a Präsentieren Sie nun das Video Ihrer Gruppe im Kurs.

b Vergleichen Sie Ihre Videos und sprechen Sie im Kurs: Was ist in den Videos besonders gut gelungen? Was könnte man ggf. noch verbessern?

4 Auf dem Weg zur Prüfung: Lesen

Musikrezeption früher und heute

1 Musik im Zeitalter der Digitalisierung [Vorwissen aktivieren]

Überlegen Sie: Wie haben Ihre Eltern Musik gehört? Wie ist es heute? Sprechen Sie im Kurs.

20. Jahrhundert
die Schallplatte, die Kassette, ...

Heute
das Streaming, die MP3-Datei, ...

2 Digitalisierung und Musik [Artikel global lesen]

DSH, telc

Lesen Sie zuerst die zehn Überschriften. Überfliegen Sie dann den Artikel aus einer Musikzeitschrift auf der nächsten Seite. Sie brauchen nicht jedes Wort zu verstehen. Welche Überschrift passt am besten zu welchem Abschnitt? Notieren Sie die Abschnittsnummer.

1. Bedeutung des Live-Erlebnisses ☐
2. Musik überall hören ☐
3. Eigener künstlerischer Umgang mit Musik ☐
4. Eingehende Beschäftigung mit Musik ☐
5. Konzerte immer wichtiger ☐
6. Schwierigkeiten beim Kauf von CDs ☐
7. Rolle von Merchandising ☐
8. Publikationen von Musik ☐
9. Stellenwert von Musik heute ☐
10. Finanzielle Situation von Künstlern ☐

> **小贴士　答题攻略**
>
> 首先请浏览一下标题和短文或者段落，思考哪些标题在主题上和哪些短文或者段落匹配，然后仔细阅读短文或者段落，再为它们选择最合适的且最能反映其核心信息的标题。

3 Digitalisierung und Musik [Aussagen inhaltlich passend zuordnen]

TestDaF

Lesen Sie den Artikel auf der nächsten Seite noch einmal und ordnen Sie die Aussagen 1 bis 7 zu. Gehen Sie dabei folgendermaßen vor:

- Lesen Sie die Aussagen 1 bis 7 unten. Überlegen Sie, was genau damit gemeint ist.
- Überlegen Sie dann, wie man die Aussagen anders formulieren könnte.
- Lesen Sie nun den Text langsam und markieren Sie wichtige Informationen zu den beiden Positionen „früher"/„heute".
- Prüfen Sie dann, inwieweit diese Informationen mit den Aussagen übereinstimmen.

> **小贴士　答题攻略**
>
> 在考试中你要对一篇文章中的两种立场、观点或者介绍进行比较。比如，过去和现在，工作和休闲，海水和淡水。然后判断这7种表述是归于哪一个类别，还是两类都符合或者两类都不符合。你有9分钟答题时间。表述的顺序并不跟从文章过程。

	früher	heute	beide	passt nicht
1. Fans suchen nach authentischer Musik.	☐	☐	☐	☐
2. Künstler verdienen viel Geld mit Musik.	☐	☐	☐	☐
3. Man setzt sich intensiv mit Musik auseinander.	☐	☐	☐	☐
4. Musik dient Werbezwecken.	☐	☐	☐	☐
5. Musik hat einen besonderen Wert.	☐	☐	☐	☐
6. Musik ist nicht überall verfügbar.	☐	☐	☐	☐
7. Musik kann leicht bearbeitet werden.	☐	☐	☐	☐

Digitalisierung und Musik

A Die Digitalisierung hat die Art, wie wir Musik hören, verändert, denn sie macht Musik auf eine neue Art und Weise verfügbar. Im 20. Jahrhundert war der Zugang zu Musik im Vergleich zu heute sehr erschwert: Man musste in einen Laden gehen und sich eine Schallplatte oder CD kaufen. Eventuell war sie dann nicht da, man musste sie bestellen und den Weg noch einmal machen. Wenn man also an bestimmten Künstlern und deren Musik besonders interessiert war, nahm das häufig viel Zeit in Anspruch. Diese Mühe nahm man nicht bei jedem Künstler oder jeder Künstlerin auf sich, sondern nur bei solchen, mit denen man sich identifizierte und ausführlich beschäftigen wollte.

B In unserer Zeit nun ist es durch das Internet und neue technische Verfahren möglich, Musik jederzeit anzuhören – auf Video- und Streamingportalen, die oft nur wenig Geld kosten – oder über Apps herunterzuladen. Man kann Songs nahezu unbegrenzt hören, downloaden, tauschen, speichern und archivieren. Der Mediensoziologe Robert Seifert vertritt die Auffassung, dass dadurch jedoch die Wertschätzung und Aufmerksamkeit für Musik verloren geht. Für ihn liegt das daran, dass Dateien nicht mehr so physisch sind wie CDs oder Schallplatten mit ihren Covern oder Plattenhüllen und die einzelnen Songs daher einen geringeren Stellenwert haben. Und ein wichtiger Grund ist seines Erachtens auch, dass Musik zur Massenware geworden ist.

C Aufgrund des Streamings und der sinkenden Verkaufszahlen von CDs gehen die Einnahmen immer mehr zurück, deshalb spielt das Thema „Vermarktung" in der Musikszene inzwischen eine sehr große Rolle. Musik wird dadurch auch zum Marketingwerkzeug, das eingesetzt wird, um Merchandisingprodukte der Künstler oder Tickets für Konzerte zu verkaufen. Die Künstler sind dazu gezwungen, weil Ticketverkäufe und Fanartikel einen bedeutenden Anteil am Gesamtverdienst darstellen. Dies führt wiederum dazu, dass der Wert von Musik weiter geschmälert wird.

D Dem gegenüber steht, dass die Digitalisierung von Musik bisher nie dagewesene Möglichkeiten beinhaltet, mit Musik umzugehen: Musik kann gesampelt, neu zusammengeschnitten und sofort publiziert werden. Dies ermöglicht dem Musikinteressierten eine bisher unbekannte Art der tiefergehenden kreativen Auseinandersetzung mit Musik.

E Obwohl man Musik überall hören kann, haben Live-Konzerte und Festivals aber nach wie vor eine große Bedeutung. Gerade da das Digitale nicht so sinnlich ist, wollen Menschen Musik live erleben. Das physische Erlebnis eines Konzerts mit dem Live-Auftritt der Künstler und der Begeisterung des Publikums ist eben mit dem Abspielen einer Datei in keiner Weise vergleichbar. Dieser „Wunsch nach Authentizität" kommt seit einiger Zeit auch in einer verstärkten Nachfrage nach Vinyl, also nach der guten alten Schallplatte, zum Ausdruck. Dies alles zeigt, dass trotz des riesigen digitalen Musikangebots auch in diesem Bereich das tiefe Bedürfnis nach sinnlicher Erfahrung bestehen bleibt.

Marcel Rehmer

4 Auf dem Weg zur Prüfung: Hören

Hilfreiche Avatare

1 Avatare: hilfreiche Roboter für kranke Kinder und Jugendliche
[Hypothesen aufstellen]

Lesen Sie in 2 die Fragen und Aussagen zu einem Vortrag zum Thema „Avatare für kranke Kinder und Jugendliche". Überlegen Sie, worum es im Vortrag vermutlich geht. Sprechen Sie im Kurs.

小贴士　答题攻略

请仔细阅读问题和答案选项，因为它们是对所听内容的重要提示，能帮助你更有针对性地去听。

2 Avatare als Helfer [Vortrag global und detailliert hören]

▶ 2 | 8–9 Hören Sie nun den Vortrag und beantworten Sie die Fragen. Welche Lösung passt: a, b, c oder d? Kreuzen Sie an.

1. Für Kinder und Jugendliche ist ein Problem bei längeren Krankheiten …
   a. ☐ der lange Aufenthalt im Krankenhaus.
   b. ☐ der mangelnde Kontakt zu Freunden.
   c. ☐ der Unterricht im Krankenhaus.
   d. ☐ die medizinische Behandlung.

2. Der Avatar unterstützt kranke Kinder beim Lernen, indem er …
   a. ☐ gemeinsam mit ihnen lernt.
   b. ☐ ihre Beteiligung am Unterricht ermöglicht.
   c. ☐ mit ihnen Unterrichtsinhalte bearbeitet.
   d. ☐ sie in den Unterricht begleitet.

3. Was ist das Besondere am Avatar?
   a. ☐ Er ermöglicht die Kommunikation mit dem Patienten.
   b. ☐ Er filmt den Patienten für den Unterricht.
   c. ☐ Er kommt mit dem Patienten zu Ausflügen mit.
   d. ☐ Er spielt auch mit dem Patienten.

4. Was sagt Frau Konradi zu den Kosten des Avatars?
   a. ☐ Sie begründet die hohen Kosten.
   b. ☐ Sie findet die Kosten angemessen.
   c. ☐ Sie kritisiert die Kosten.
   d. ☐ Sie warnt vor zu hohen Kosten.

5. Welches Ziel hat der Vortrag?
   a. ☐ Avatare an Schulen und Eltern zu verkaufen.
   b. ☐ Lehrern beim Umgang mit Schülern zu helfen.
   c. ☐ Lehrer über Hilfen für kranke Schüler zu informieren.
   d. ☐ Über Erfahrungen mit dem Avatar zu diskutieren.

小贴士　答题攻略

考生在这一项考题中要完成5道题的作答，报告只听一遍。

3 Hypothesen aufstellen [Vorgehen reflektieren]

Tauschen Sie sich mit einem Partner / einer Partnerin aus oder vergleichen Sie Ihre Lösungen in 2 mit dem Lösungsschlüssel. Welche Hypothesen waren richtig?

4 Avatare als Helfer [anhand von Leitfragen Informationen heraushören]

▶ 2 | 8–9 Hören Sie den Vortrag in 2 noch einmal und beantworten Sie die Fragen.

1. Welche Möglichkeiten bietet der Avatar? Nennen Sie zwei Aspekte.
2. Welche Möglichkeit besteht für den Erkrankten, sich aus dem Unterricht zurückzuziehen?
3. Wie kann man den Avatar außerhalb des Unterrichts einsetzen?

小贴士　答题攻略

在DSH考试中，要注意回答问题是用短语还是用完整的句子更合适。

Besser informiert dank Internet?

1 Informationen recherchieren [Vorwissen aktivieren]

Haben Sie schon einmal überlegt, bei Fragen zur Gesundheit nach Informationen im Internet zu suchen? Wenn ja, warum? Wenn nein, warum nicht? Sprechen Sie im Kurs.

2 Hilfreiche Internetrecherche? [Grafik und Aussage vergleichen und dazu Stellung nehmen]

a In Ihrem Medizin-Seminar sprechen Sie darüber, inwieweit Informationen im Internet Patienten helfen. Ihr Dozent hat zu diesem Thema eine Grafik mitgebracht und bittet die Seminarteilnehmenden um eine Stellungnahme. Sehen Sie sich dafür zuerst die Grafik an. Fassen Sie die wichtigsten Informationen mit eigenen Worten zusammen. Lesen Sie dazu auch den Tipp.

> Welchen Aussagen stimmen Sie zu?
>
> Durch Internetrecherche 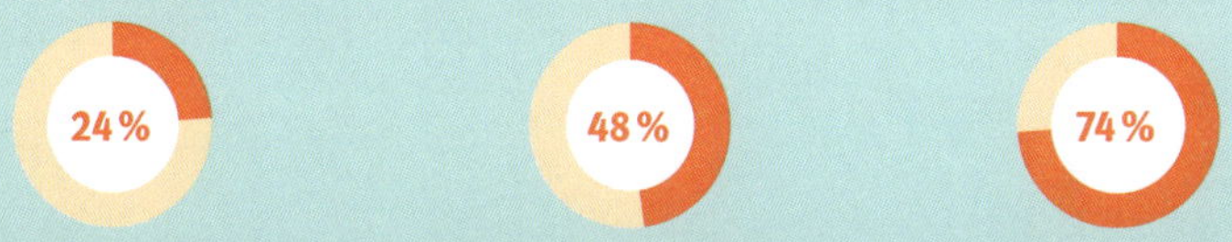
>
> **24 %** hat sich meine gesundheitliche Versorgung verbessert.
>
> **48 %** kann ich den Erklärungen des Arztes besser folgen.
>
> **74 %** trete ich souveräner dem Arzt gegenüber auf.

小贴士 答题攻略

在这项考题中你必须将图表或者表格中的信息与同学的意见进行比较。仔细查看图表。考试中你有30秒时间。在听之前，思考一下图表中百分比的其他改写方式或者图表中相互关系的语言表达。
听完以后你有1分30秒时间准备和做笔记。然后你有1分30秒的讲述时间。重要的是，不要简单同意同学的话，而是要找出图表和观点之间的矛盾之处，并用图表中的数字证明。

b ▶ 2 | 10 Hören Sie nun, was ein Seminarteilnehmer zum Thema sagt. Vergleichen Sie die Informationen mit der Grafik in 2a. Stimmen die Informationen überein?

c Nehmen Sie nun Stellung zur Aussage Ihres Kommilitonen in 2b. Beziehen Sie sich dabei auf die Grafik in 2a. Nehmen Sie Ihre Stellungnahme mit einem Smartphone auf.

d Besprechen Sie Ihre Aufnahme mit Ihrem Kursleiter / Ihrer Kursleiterin oder mit einem Partner / einer Partnerin.

3 Recherche zu Gesundheitsthemen [Kurzvortrag anhand von Leitpunkten halten]

a Halten Sie einen Vortrag zum Thema „Recherche zu Gesundheitsthemen im Internet". Die Leitpunkte helfen.

> Recherche zu Gesundheitsthemen im Internet
> – Beschreiben Sie mehrere Gründe.
> – Beschreiben Sie einen Grund genauer.
> – Nennen Sie Vor- und Nachteile und bewerten Sie sie.

小贴士 答题攻略

构建你的报告：引言、主要内容、结论。在考试中，你有15分钟时间来准备这两个口试部分的内容和做笔记。讲述的时间大约为4分钟。

b Ein Partner / Eine Partnerin hört zu und macht Notizen zu einer Frage, die er / sie gerne stellen möchte.

c Beantworten Sie die Frage Ihres Partners / Ihrer Partnerin.

小贴士 答题攻略

口试中不要提别人能用Ja或者Nein回答的问题，而要提开放性的W-问题，让你的同伴能自由地回答。

Film 2

Das Smartphone und wir

1 Digitale Entziehungskur

a Was denken Sie: Wie viel Zeit verbringen Sie pro Tag mit dem Smartphone? Tauschen Sie sich im Kurs aus und errechnen Sie den Durchschnittswert.

b Was könnte der Begriff „digitale Entziehungskur" bedeuten? Sprechen Sie im Kurs und ergänzen Sie die passenden Wörter in der Mindmap. Zwei Wörter passen nicht.

sich etwas abgewöhnen | Abhängigkeit | Erholungsurlaub | sich von etwas frei machen | Therapie | Wellness

digitale Entziehungskur

c ▶ Film 2 Sehen Sie den ersten Teil des Films (00:00–00:36). Was sagt die aktuelle Studie über die Nutzung des Smartphones? Ergänzen Sie die Lücken. Sprechen Sie dann im Kurs: Wie finden Sie diese Ergebnisse?

1. Blick auf das Smartphone: _____-mal am Tag

2. Durchschnittliche Internetnutzung der Deutschen: _____ Stunden pro Tag

3. Nutzung von Smartphone und anderen mobilen Medien bei Jugendlichen:

   bis zu _____ Stunden pro Tag

d ▶ Film 2 Sehen Sie den zweiten Teil des Films (00:37–2:30). Um welchen Aspekt geht es hier? Kreuzen Sie an.

a. ☐ Folgen der intensiven Smartphone-Nutzung
b. ☐ Gründe für die intensive Smartphone-Nutzung
c. ☐ Argumente gegen die digitalen Medien

e Sehen Sie den zweiten Teil des Films noch einmal. Welche Aussagen werden im Film gemacht? Kreuzen Sie an.

a. ☐ Wir haben von Geburt an eine Vorliebe für Neuigkeiten.
b. ☐ Im Internet suchen viele Nutzer das Gefühl einer Verbindung zu anderen.
c. ☐ Durch die vielen Fakten im Internet fühlen wir uns lebendig.
d. ☐ Das Smartphone hilft eigentlich nicht gegen Langeweile.

f Ordnen Sie den drei Sätzen mit den Fachausdrücken (1 bis 3) die passenden Erklärungen (A bis C) zu. Lesen Sie dann die Aussagen von drei Smartphone-Nutzern und ordnen Sie ihnen jeweils einen Fachausdruck zu.

1. Die Aufmerksamkeitsspanne wird kürzer.   A. Man ist extrem abhängig von einer Sache.   1. _B_
2. Priorisieren fällt schwerer.   B. Man kann sich nicht gut länger konzentrieren.   2. ___
3. Die Nutzer wirken wie Süchtige.   C. Man hat Mühe, wichtige Dinge von
                                                  unwichtigen zu unterscheiden.   3. ___

Film 2

Paul, 23, Student

Die Medienpsychologen, die ständig empfehlen, stundenlang das Handy auszuschalten, gehen mir auf die Nerven. Wahrscheinlich sind die schon mindestens sechzig und haben keine Ahnung von der Welt, in der wir Jungen leben. Im digitalen Raum passieren alle wichtigen Dinge, das kann man nicht einfach ausschalten! Ich merke oft gar nicht, seit wie vielen Stunden ich schon am Smartphone oder Tablet bin, ich denke dann oft nicht einmal an Essen und Trinken, und, ehrlich gesagt, ich vergesse vieles, was ich eigentlich erledigen wollte. Ich habe deswegen schon öfter Probleme bekommen. Naja, aber was soll ich machen?

Die Nutzer wirken wie Süchtige.

Anne, 44, Ingenieurin

Neulich wollte ich zu Hause eine gute Serie anschauen, von der meine Freunde zurzeit ständig reden. Aber als der Film anfing, sind mir ständig Sachen eingefallen, die ich am Smartphone noch schnell erledigen wollte: Hier noch etwas posten und da noch etwas recherchieren und dann könnte ich ja auch noch kurz die Nachrichten checken … Von der Serie habe ich dann nicht viel verstanden. Da habe ich gedacht: Was ist nur mit mir los? Eigentlich habe ich mir doch extra Zeit genommen, weil ich diesen Film sehen will. Wieso schaffe ich es dann nicht?

Marlene, 36, Lehrerin

Bei uns an der Schule darf man das Smartphone nur in der Pause einschalten. Manche meiner Schüler werden in den letzten Minuten des Unterrichts unruhig und unkonzentriert, und ich merke dann, dass sie jetzt nur noch an ihr Handy denken. Bei diesen Kindern fehlt oft auch die Fähigkeit, sich eine Weile intensiv mit einer Sache zu beschäftigen. Das ist ein Problem, wenn sie einen längeren Text lesen sollen oder eine längere Aufgabenfolge bearbeiten müssen. Sie haben die Tendenz, alles ziemlich schnell, aber ungenau zu erledigen.

g ▶ Film 2 Sehen Sie nun den letzten Teil des Films (02:31–05:01). Achten Sie dabei auf die Erklärungen der drei Fachausdrücke in 1f und überprüfen Sie in 1f, ob Ihre Zuordnungen richtig sind.

h Sehen Sie den letzten Teil des Films noch einmal und notieren Sie Informationen zu folgenden Fragen. Tauschen Sie sich dann im Kurs darüber aus, welche eigenen Erfahrungen Sie mit diesen Aspekten haben.

1. Welche Beispiele nennt die Kulturantrophologin für einen Handytick?
2. Was versteht man unter dem „Holo-Flow"?
3. Was empfiehlt der Film und warum?

2 Wie kontrolliert man die Smartphone-Nutzung?

a Machen Sie im Kurs eine Umfrage zu den folgenden Fragen und erstellen Sie eine Kursstatistik.

– Haben Sie schon einmal längere Zeit bewusst auf die Nutzung Ihres Smartphones verzichtet?
– Hätten Sie Interesse daran, darauf zu verzichten?
– Haben Sie vor, Ihr Smartphone weniger zu nutzen?

b Sammeln Sie im Kurs Vorschläge und Ideen, wie man mit dem Smartphone so umgehen kann, dass man die Nachteile der intensiven Nutzung vermeidet.

1. Schnee von gestern sein

2. _____

3. _____

4. _____

5. _____

6. _____

A Alle reden über das Wetter

1 „Wetter" in der Sprache

a Welche Redewendung passt zu welcher Zeichnung? Notieren Sie die Redewendungen unter den Zeichnungen.

> jemanden im Regen stehen lassen | vom Regen in die Traufe kommen | im Nebel stochern |
> sein Fähnchen nach dem Wind drehen | ~~Schnee von gestern sein~~ | viel Wind machen

b Was bedeuten die Redewendungen in 1a? Ordnen Sie sie den Erklärungen 1 bis 6 zu.

A. Etwas ist veraltet bzw. nicht mehr aktuell. ⌊ 1 ⌋

B. Jemand ändert seine Meinung, um sich der Mehrheit anzuschließen. ⌊   ⌋

C. Man lässt einen anderen in einer schwierigen Situation allein. ⌊   ⌋

D. Jemand handelt oder sucht ohne eine klare Strategie. ⌊   ⌋

E. Jemand sorgt für Aufregung oder übertreibt. ⌊   ⌋

F. Jemand gerät von einer schlimmen Situation in eine noch schlimmere. ⌊   ⌋

c Gibt es in Ihrer Sprache (ähnliche) Redewendungen mit Wetterwörtern? Was bedeuten sie? Berichten Sie im Kurs.

> Bei uns in … gibt es eine ähnliche Redewendung wie … | Wenn man ausdrücken will, dass …, sagt man … |
> In … gibt es die Redewendung … Das bedeutet, dass …

Fokus: Schreiben

5

2 Sommerhitze und kein Ende in Sicht

a Lesen Sie die Wettervorhersage auf der Webseite eines Wetterdienstes. Wie entwickelt sich das Wetter? Kreuzen Sie an.

a. ☐ Die Temperaturen steigen in ganz Deutschland.
b. ☐ Es bleibt am Wochenende überall warm und trocken.
c. ☐ In ganz Deutschland bleibt es sonnig und sehr warm.

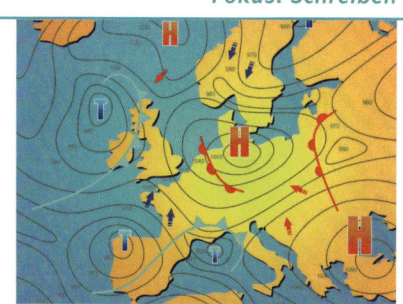

Der 3-Tage-Trend

Am Freitag scheint in ganz Deutschland wieder die Sonne. Nur im Nordosten ist es am Morgen bewölkt. Die Temperaturen steigen im Norden auf 28 Grad, im Südwesten auf 32 Grad. Im Süden weht der Wind schwach aus östlicher Richtung, im Norden etwas stärker. In der Nacht sinken die Temperaturen kaum. Am Samstag bewegen sich die Tageshöchsttemperaturen zwischen 30 Grad an der Küste und 35 Grad im Südwesten. Am Nachmittag sind im Westen kurze Gewitter mit Regenschauern möglich. In Gewitternähe kann es stürmisch werden. Es kühlt sich aber kaum ab. Am Sonntag ziehen Wolken über Norddeutschland, die aber keine Niederschläge bringen. Im Osten liegen die Höchstwerte bei 32 Grad, im Westen werden 36 Grad erreicht. Die Voraussagen für die erste Augustwoche: Ein Hochdruckgebiet über dem Nordatlantik bringt uns weiterhin ungewöhnlich heißes und trockenes Sommerwetter.

b Markieren Sie in der Wettervorhersage in 2a die Ausdrücke zum Wortfeld „Wetter". Welche anderen Ausdrücke kennen Sie? Sammeln Sie im Kurs. ▶ ÜB A1

3 Schönes Wetter, schlechtes Wetter? [Kommentarstile erkennen, Kommentar schreiben]

a Lesen Sie die Kommentare im Online-Forum des Wetterdienstes. Welcher Kommentar ist eher objektiv-sachlich, welcher ist subjektiv-wertend? Woran erkennt man das?

→ sunny
Für mich gibt es nichts Schöneres als heißes Sommerwetter mit viel Sonnenschein. Ich hasse es nämlich, wenn es draußen nass und kalt ist. Es ist doch viel angenehmer, in leichter Kleidung herumzulaufen als mit einer dicken Jacke. Bei Temperaturen ab 25 Grad fühle ich mich richtig wohl und ich genieße es, meine freie Zeit draußen zu verbringen. Außerdem mag ich es, bis spät in den Abend im Freien zu sitzen – mit Freunden im Biergarten oder auf dem Balkon. Ich fände es toll, wenn der September so heiß bleiben würde. Ich kann nicht verstehen, warum alle vom Klimawandel reden. Warme Sommer hat es doch früher auch schon gegeben.

→ rainman
Man kann überall lesen, dass das schöne Wetter viele Vorteile für die Wirtschaft hat: Es ist sicherlich richtig, dass die Eisdielen und Biergärten dieses Jahr extrem gute Umsätze machen. Aber es gibt auch Nachteile: Nicht jeder empfindet eine wochenlange Hitze als angenehm. Die meisten Menschen in Mitteleuropa sind nicht daran gewöhnt, und besonders ältere Menschen können Temperaturen über 30 Grad kaum ertragen. Es gibt noch ein weiteres Problem: Die Natur leidet extrem unter der Hitze und Trockenheit und für die Mehrzahl der Landwirte ist die Dürre eine wirtschaftliche Katastrophe. Ich kann mir nicht vorstellen, dass diese hohen Temperaturen normal sind. Ich bin überzeugt, dass das schon die Folgen des Klimawandels sind und die nächsten Sommer noch wärmer werden. Und das ist meiner Meinung nach eine sehr gefährliche Entwicklung.

b Wie denken die Personen über das heiße Sommerwetter? Wie begründen sie ihre Meinung?

c Sammeln Sie in 3a Redemittel, mit denen man Meinungen und Gefühle ausdrücken kann. ▶ ÜB A2–3

Gefühle: _Für mich gibt es nichts Schöneres als ..._,
Meinungen: _Man kann überall lesen, dass ..._

d Wie denken Sie über Hitze im Sommer? Was ist für Sie gutes Wetter? Schreiben Sie für das Forum einen kurzen Kommentar. Wählen Sie dafür einen Kommentarstil – objektiv-sachlich oder subjektiv-wertend.

B Meteorologie

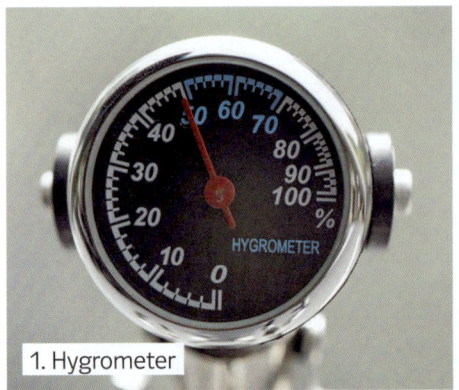
1. Hygrometer

2. Thermometer

3. Windmesser

4. Wetterfahne

5. Niederschlagsmesser

6. Barometer

1 Das Wetter messen

a Was misst man mit den Instrumenten oben? Ordnen Sie zu. ▶ ÜB B1

der Luftdruck | ~~die Luftfeuchtigkeit~~ | die Regenmenge | die Temperatur | die Windgeschwindigkeit | die Windrichtung

1. *die Luftfeuchtigkeit*
2. _____
3. _____
4. _____
5. _____
6. _____

b Wo haben Sie die Instrumente in 1a schon einmal gesehen? Welche der Instrumente benutzen Sie selbst?

2 Meteorologie gestern und heute [Abfolge von Themenaspekten erkennen]

a Lesen Sie die Stichpunkte unten zu einem Radiointerview über das Thema „Meteorologie". In welcher Reihenfolge wird über diese Aspekte gesprochen? Was vermuten Sie?

☐ Geschichte der Wettervorhersage
☐ Beispiele für wetterabhängige Branchen
☐ *1* Definition des Begriffs „Meteorologie"
☐ Informationen über den Deutschen Wetterdienst
☐ Wetterprognosen seit den 60er-Jahren und in Zukunft

b ▶ 2 | 11–15 Hören Sie nun das Radiointerview. Überprüfen Sie Ihre Vermutungen in 2a und korrigieren Sie ggf. die Nummerierung.

Fokus: Hören + Grammatik

3 Wettervorhersagen [strukturierten Notizzettel erstellen und Informationen notieren]

a ▶ 2 | 11–15 Erstellen Sie einen Notizzettel. Übertragen Sie dafür die Stichpunkte aus 2a in die linke Spalte des Notizzettels. Hören Sie das Interview noch einmal und machen Sie in der rechten Spalte Notizen.

```
1. Definition des Begriffs       – aus d. Griech.
   „Meteorologie"                – Wissensch. v. d. Erscheinung. am Himmel
2. ...                            – ...
   ...                             ...
```

b Beantworten Sie mit Hilfe Ihrer Notizen in 3a die folgenden Fragen.

1. Warum konnte man erst im 19. Jahrhundert das Wetter vorhersagen?
2. Woher bekommt der Deutsche Wetterdienst seine Wetterdaten?
3. Für welche Wirtschaftsbranchen sind präzise Wettervorhersagen besonders wichtig?
4. Welche Fortschritte hat man seit den 60er-Jahren bei der Wettervorhersage gemacht?

c Informieren Sie sich regelmäßig in den Medien über das Wetter von morgen oder der nächsten Tage? Warum (nicht)? Sprechen Sie im Kurs. ▶ ÜB B2

4 Grammatik: Konditionale Sätze – Bedingungen ausdrücken ▶ G 1.4.6

a Vergleichen Sie jeweils die Sätze a und b und ergänzen Sie die Regeln 1 und 2.

1. a. Wenn es ein Gewitter gibt, müssen die Flugzeuge die Flugroute ändern.
   b. Gibt es ein Gewitter, müssen die Flugzeuge die Flugroute ändern.
2. a. Wenn es im Winter friert, können die Bauarbeiten nicht fortgeführt werden.
   b. Friert es im Winter, können die Bauarbeiten nicht fortgeführt werden.

> 1. Bedingungssätze kann man auch ohne „wenn" formulieren. Das Verb steht dann
>   a. ☐ am Satzanfang.   b. ☐ am Satzende.

3. a. Wenn Sie Interesse an dieser Tätigkeit haben, können Sie sich bewerben.
   b. Sollten Sie Interesse an dieser Tätigkeit haben, können Sie sich bewerben.
4. a. Wenn es morgen regnet, können die Landwirte nicht ernten.
   b. Sollte es morgen regnen, können die Landwirte nicht ernten.

> 2. Bedingungssätze kann man statt mit „wenn" auch mit „sollte" formulieren. „Sollte" steht dann
>   a. ☐ am Satzanfang.   b. ☐ am Satzende.

b Formulieren Sie die Sätze 1b und 2b in 4a mit „sollte" und die Sätze 3b und 4b mit dem Verb am Anfang um. ▶ ÜB B3

1b. Sollte es ein Gewitter geben, müssen die Flugzeuge die Route ändern.

5 Sollte es morgen schön sein, ...

Schreiben Sie einen Nebensatz mit „sollte" zum Thema „Wetter" auf einen Zettel. Gehen Sie im Kurs herum und lassen Sie den Satz von den anderen ergänzen.

Sollte es morgen schön sein, ...   *... können wir ins Freibad gehen.*

C Klimawandel

Dürre
Erderwärmung
Hitzewelle
Extremwetter
Kohlendioxid
Starkregen
Treibhauseffekt
Fossile Brennstoffe

1 Der Klimawandel ist da [Textaufbau erkennen und strukturierte Notizen machen]

a Was wissen Sie über das Thema „Klimawandel"? Was bedeuten die Begriffe oben in diesem Zusammenhang?

b Lesen Sie die vier Begriffe im Schüttelkasten. In welcher Reihenfolge kommen diese Aspekte wohl in einem Artikel auf der Wissenschaftsseite einer Tageszeitung über den Klimawandel vor? Was vermuten Sie?

| Beschreibung | Folgen | Forderungen | Ursachen

c Überfliegen Sie den Artikel auf der rechten Seite. Welcher Textabschnitt behandelt welchen Aspekt? Stimmen Ihre Vermutungen in 1b? Übertragen Sie den Textbauplan unten in Ihr Heft und schreiben Sie jeweils den passenden Begriff in die linke Spalte.

> 小贴士　识别主题
> 你可以通过先泛读一遍课文来识别文章段落。

Aspekt	Hauptaussage	Detailinformationen
A. Ursachen	heutiger Klimawandel vom Menschen verursacht	– Energiegewinnung aus fossilen Brennstoffen – Verbrennung von fossil. Brennst. → CO₂ – … – …
↓		
B. …		
↓		
C. …		
↓		
D. …		

d Lesen Sie den Artikel noch einmal und markieren Sie Schlüsselwörter. Schreiben Sie die Hauptaussage jedes Abschnitts in die mittlere Spalte.

e Schreiben Sie nun stichpunktartig die wichtigsten Informationen aus jedem Abschnitt in die rechte Spalte des Textbauplans. ▶ ÜB C1–2

> 小贴士　标注文章位置
> 在文章边缘标注重要的或者有趣的语句。你可以用一些符号，比如"！"表示"我觉得很有趣"，"≠"表示"我不同意"。

f Welche Informationen im Artikel über den Klimawandel sind für Sie neu? Was finden Sie besonders interessant? Sprechen Sie im Kurs.

| Für mich war neu, dass … | Ich wusste bisher nicht, dass … |
| Ich finde es erstaunlich, dass … | Ich finde es erschreckend, dass …

Wenn die Erde ins Schwitzen gerät

Wieder einmal war der Sommer zu heiß und zu trocken. Von den zehn wärmsten Sommern seit Beginn der Wetteraufzeichnung fallen schon neun ins 21. Jahrhundert. Im Frühjahr erlebten wir Extremwetter mit Starkregen und heftigen Stürmen. Sind das die Auswirkungen der Erderwärmung und des Klimawandels?

A Das Klima auf der Erde hat sich im Laufe von Millionen Jahren immer wieder verändert. Anders als frühere Klimaveränderungen wird der heutige Klimawandel jedoch zum größten Teil vom Menschen verursacht, denn dieser produziert zu viel Kohlendioxid (CO_2). Für die Industrie, die Stromerzeugung in Kraftwerken sowie den Auto- und Flugverkehr benötigen wir Energie, die wir größtenteils aus fossilen Brennstoffen, wie Öl, Gas und Kohle gewinnen. Bei der Verbrennung dieser Energieträger entsteht Kohlendioxid (CO_2). Dieses Gas befindet sich auch in großen Mengen in Wäldern und Waldböden. Wenn diese Wälder zerstört werden, um Flächen für die Landwirtschaft zu schaffen, gelangt noch mehr CO_2 in die Atmosphäre. Als weiterer Klimakiller gilt die Massentierhaltung von Rindern. Die Tiere produzieren bei der Verdauung das Gas Methan (CH_4), das ebenso klimaschädlich ist wie CO_2.

B Warum sind diese Gase so schädlich? Das erklärt sich durch den sogenannten „Treibhauseffekt": Die Sonnenstrahlen erwärmen die Erde. In der Erdatmosphäre gibt es eine Gasschicht aus CO_2, CH_4 und anderen Gasen. Diese Gase wirken wie die Glasscheiben von einem Treibhaus und verhindern, dass die ganze Wärme wieder ins Weltall abgegeben wird. Ohne diese Schicht würde die durchschnittliche Temperatur der Erde auf minus 18 Grad sinken. Die Gase in der Atmosphäre sorgen jedoch dafür, dass wir auf der Erde eine Durchschnittstemperatur von 15 Grad Celsius haben. Das bezeichnet man als natürlichen Treibhauseffekt. Hinzu kommt der anthropogene Treibhauseffekt, das heißt der durch Menschen verursachte Effekt. Steigen nämlich zu viel CO_2 und Methan in die Erdatmosphäre, verstärkt sich der Treibhauseffekt. Die Wärme wird in der Atmosphäre zurückgehalten. Infolgedessen steigt auf der Erde die Temperatur. Seit Ende des 19. Jahrhunderts hat sich die durchschnittliche Temperatur auf der Erde schon um ein Grad erhöht. Für die nächsten Jahrzehnte rechnen Wissenschaftler mit einem weiteren Temperaturanstieg um mindestens ein Grad.

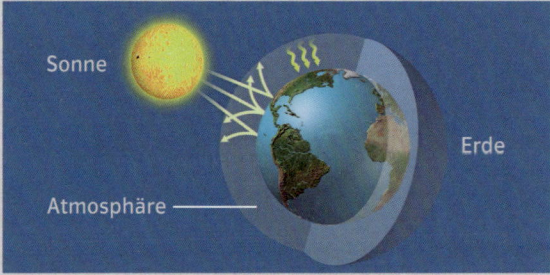

C Infolge der Erwärmung schmilzt das Eis in der Arktis und der Meeresspiegel steigt. Er steigt so sehr an, dass Inseln und Küstenstädte wie Venedig eines Tages im Meer versinken könnten. Nach neuesten Studien steigt der Meeresspiegel sogar jedes Jahr ein bisschen schneller, sodass man für das Jahr 2100 einen Anstieg von mindestens 50 cm erwartet. Für Deutschland hat die Erderwärmung zur Folge, dass Hitzewellen und Dürren häufiger werden. Die Erderwärmung wirkt sich auch auf die Niederschlagsmenge aus: Warme Luft kann mehr Feuchtigkeit aufnehmen als kalte Luft. Folglich kommt es häufiger zu Starkregen und heftigen Stürmen. Die Niederschläge können so heftig sein, dass Flüsse innerhalb von kürzester Zeit über die Ufer treten und Städte überfluten. Die wirtschaftlichen Schäden, die dadurch entstehen, und vor allem die Gefahren für Mensch und Natur sind enorm.

D Damit sich die Erde nicht noch weiter erwärmt, müssen wir ab sofort unsere CO_2-Emissionen senken. Die wichtigste Maßnahme ist der Verzicht auf die fossilen Brennstoffe Öl, Gas und Kohle durch den Umstieg auf erneuerbare Energien wie zum Beispiel Sonnen- und Windenergie. Diese „Energiewende" kann zwar nicht von heute auf morgen geschehen, doch jeder Einzelne kann dazu beitragen: Wir können Energie sparen, indem wir beispielsweise unsere Elektrogeräte bei Nicht-Gebrauch ausschalten und im Winter lieber einen dicken Pullover zu Hause anziehen, anstatt die Heizung höher zu stellen. Vor allem aber sollten wir uns fragen: Ist es wirklich notwendig, unsere täglichen Wege mit dem eigenen Pkw zurückzulegen? Können wir dem Klima zuliebe nicht auf Bus und Bahn umsteigen? Ist es sinnvoll, für ein verlängertes Wochenende mal schnell nach Paris oder Barcelona zu fliegen? Viel Zeit bleibt nicht: Es ist schon fünf vor zwölf!

Julia Amos

5 Fokus: Lesen + Grammatik

2 Grammatik: Konsekutive Sätze – Folgen ausdrücken ▸ G 1.4.8

a Lesen Sie die Sätze aus dem Zeitungsartikel in 1 und markieren Sie die Satzteile bzw. Sätze, die eine Folge ausdrücken.

1. Die Wärme wird in der Atmosphäre zurückgehalten. Infolgedessen steigt auf der Erde die Temperatur.
2. Infolge der Erwärmung schmilzt das Eis in der Arktis.
3. Der Meeresspiegel steigt so sehr an, dass Inseln eines Tages im Meer versinken könnten.
4. Der Meeresspiegel steigt jedes Jahr ein bisschen schneller, sodass man für das Jahr 2100 einen Anstieg von bis zu 50 cm erwartet.
5. Warme Luft kann mehr Feuchtigkeit aufnehmen als kalte Luft. Folglich kommt es häufiger zu Starkregen und heftigen Stürmen.
6. Die Niederschläge können so heftig sein, dass Flüsse in kurzer Zeit über die Ufer treten.

b Unterstreichen Sie in den Sätzen in 2a die Konnektoren, Verbindungsadverbien und den Ausdruck mit Präposition und schreiben Sie sie in die Tabelle.

Nebensatzkonnektor	Verbindungsadverb	Präposition + G / von
	infolgedessen,	

c Lesen Sie die Sätze 3, 4 und 6 in 2a noch einmal. Was fällt auf?

1. a. ☐ Nebensätze   b. ☐ Hauptsätze   mit „sodass" drücken eine Folge aus.
2. „sodass" kann man trennen: Dann steht „_____" z. B. vor einem Adjektiv oder Adverb im Hauptsatz und „_____" am Anfang des Nebensatzes.

d Markieren Sie die Sätze, die eine Folge ausdrücken. Formulieren Sie dann die Sätze um. Verwenden Sie dazu die Ausdrücke in Klammern. ▸ ÜB C3

1. In der Arktis ist das Eis schon stark zurückgegangen. Eisbären und andere Tierarten sind vom Aussterben bedroht. (so …, dass)
2. Die Zahl der Touristen im Winter nimmt ab. In den Alpen fällt weniger Schnee. (infolgedessen)
3. Landwirte verlieren große Teile ihrer Ernte. Es regnet zu wenig. (sodass)
4. Die Meere erwärmen sich. Die Lebensbedingungen der Meeresbewohner verändern sich. (folglich)
5. Die Hitzewellen im Sommer werden stärker. Die Sterblichkeitsrate in Städten steigt. (infolge + Gen.)
6. Es gibt Klimaveränderungen. Es kommt häufiger zu Starkregen. (infolge von)
7. Die Gefahr von Waldbränden steigt. Die Waldböden sind ausgetrocknet. (so …, dass)

1. In der Arktis ist das Eis schon so stark zurückgegangen, dass Eisbären und andere Tierarten vom Aussterben bedroht sind.

3 Folgen und Maßnahmen

a Welche Folgen hat der Klimawandel in Ihrem Land? Berichten Sie.
▸ ÜB C4

> Bei uns in … war es letztes Jahr so warm, dass es oft Waldbrände gegeben hat. Infolgedessen haben viele Menschen ihre Häuser verloren.

b Was kann man gegen den Klimawandel tun? Überlegen Sie sich in Gruppen Maßnahmen und passende Argumente. Die Redemittel im Übungsbuch helfen. Tauschen Sie sich dann mit anderen Gruppen aus.
▸ ÜB C5

Fokus: Sprechen

D Folgen des Klimawandels

1 Entwicklung des Klimas in Deutschland
[Aufbau von Kurzvortrag reflektieren]

a Schauen Sie sich die Grafik rechts an und lesen Sie die Punkte 1 bis 3. Lesen Sie dann den Vortragstext. In welchem Abschnitt wird welcher Punkt behandelt? Ordnen Sie zu.

1. Welche Auswirkungen hat diese Entwicklung? ⬜
2. Wie entwickelt sich das Klima in Ihrem Heimatland und welche Folgen hat das? ⬜
3. Beschreiben und interpretieren Sie die Grafik. ⬜

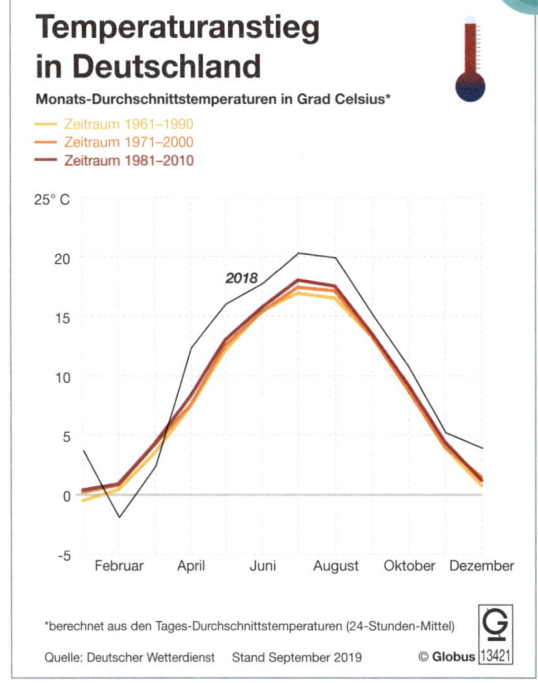

A. Die Grafik von Globus zeigt die Monatsdurchschnittstemperaturen in Deutschland von 1961 bis 2010 und im Jahr 2018. Die farbigen Kurven stellen die Durchschnittstemperaturen in den Zeiträumen von 1961 bis 1990, 1971 bis 2000 und 1981 bis 2010 dar. Wenn man diese miteinander vergleicht, stellt man fest, dass von 1961 bis 2010 die Temperaturen kontinuierlich gestiegen sind. Vergleicht man damit das Jahr 2018, war der Anstieg noch höher. Die Grafik macht also deutlich, dass man den Klimawandel zunehmend auch in Deutschland spüren kann.

B. Die Erwärmung der Erde hat zur Folge, dass das Eis in der Arktis schmilzt und der Meeresspiegel steigt. Wenn der Meeresspiegel weiter ansteigen wird, werden eines Tages Inseln und Küstenregionen im Meer versinken. Infolge der Erderwärmung werden zudem Hitzewellen und Dürren stark zunehmen. Außerdem kommt es wegen der Erderwärmung immer häufiger zu Starkregen und heftigen Stürmen, weil warme Luft mehr Feuchtigkeit aufnehmen kann als kalte. Die Niederschläge können so heftig sein, dass es in kürzester Zeit zu Überflutungen kommen kann. Starkregen, aber auch Hitzewellen und Dürren stellen eine große Gefahr für den Menschen und die Natur dar und verursachen sehr große wirtschaftliche Schäden.

C. Auch in meinem Heimatland, Südafrika, kann man die Auswirkungen des Klimawandels deutlich spüren. Die Regenzeit wird immer kürzer und in manchen Gebieten fällt sie inzwischen manchmal ganz aus. In Kapstadt und Umgebung zum Beispiel hat es in den Jahren 2015 bis 2018 so wenig geregnet, dass der tägliche Wasserverbrauch massiv gesenkt werden musste. Deshalb mussten zahlreiche Betriebe, die dringend Wasser benötigen, wie Gärtnereien und Weinbauern, um ihre Existenz kämpfen. Aber wenn es dann in Südafrika regnet, kommt der Regen inzwischen sehr oft als Starkregen und es gibt heftige Überschwemmungen. Die Dürren auf der einen Seite und der Starkregen auf der anderen Seite zerstören oft ganze Ernten und erzeugen Verluste in Milliardenhöhe.

b Markieren Sie in 1a die Redemittel, die Ihnen helfen können, wenn Sie selbst einen Vortrag halten. ▶ ÜB D1

2 Erwärmung in Deutschland [Kurzvortrag anhand von Vorgaben halten]

a Schauen Sie sich die Grafik rechts an und lesen Sie die Fragen 1 bis 3.

1. Beschreiben und interpretieren Sie die Grafik.
2. Wie entwickelt sich das Kima in Ihrem Heimatland und welche Folgen hat das?
3. Welche Maßnahmen können wir ergreifen, um den Klimawandel aufzuhalten?

b Überlegen Sie sich eine Gliederung Ihres Vortrags und notieren Sie Ihre Ideen in Stichpunkten. ▶ ÜB D2

c Halten Sie nun den Vortrag. Ihre Notizen aus 2b und die Redemittel aus 1b helfen.

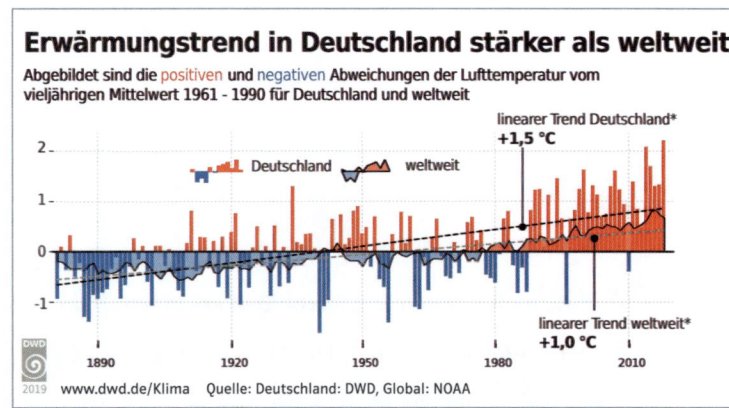

Wetter und Gesundheit

1 Wetterfühligkeit [Vorwissen aktivieren]

a Überlegen Sie: Was bedeutet „Wetterfühligkeit"? Sprechen Sie im Kurs.

b Welche körperlichen oder psychischen Beschwerden können durch das Wetter verursacht werden?

2 Wetterfühligkeit [Reihenfolge von Textabschnitten erkennen]

Sie lesen einen Zeitungsartikel zum Thema „Wetterfühligkeit".
Bringen Sie die fünf Textabschnitte in die richtige Reihenfolge.

A Doch nicht nur die Kälte wirkt sich auf die Gesundheit aus, sondern auch die Klimaerwärmung. Unter langen Hitzeperioden leiden vor allem Senioren und Menschen mit Herz-Kreislauf-Erkrankungen.

B Kann das Wetter krank machen? Tatsache ist, dass manche Menschen auf einen schnellen Wetterumschwung mit Kopfschmerzen oder Gelenkschmerzen reagieren. Andere sind müde oder abgeschlagen.

C Sinkt die Außentemperatur und steigt die Luftfeuchtigkeit, spannen sich nämlich die Muskeln an. Die Folge ist: Menschen mit rheumatischen Erkrankungen leiden dann stärker unter Gelenkschmerzen als an trockenen Tagen.

D Bleibt noch die Frage, was Wetterfühlige und -empfindliche tun können. Das Problem ist, dass durch Heizung und Klimaanlage der Körper verlernt hat, sich schnell an Temperaturänderungen anzupassen. Es ist daher ratsam, sich bei jedem Wetter eine halbe Stunde täglich an der frischen Luft zu bewegen.

E Man bezeichnet das als „Wetterfühligkeit". Wetterfühlige Menschen sind nicht wirklich krank, sondern fühlen sich nur bei bestimmten Wetterlagen unwohl. Ganz anders sieht es bei den sogenannten „wetterempfindlichen" Personen mit Vorerkrankungen aus. Deren Krankheitssymptome können sich verstärken, wenn es plötzlich kälter wird.

	1	2	3	4	5
Abschnitt					

小贴士　答题攻略

在考试中该题型有5分钟时间作答。在阅读时要了解文章的内容是什么，并记录下5段中的每一段的主要表述。然后思考，他们应该按怎样的顺序排列，你还要注意文章的逻辑关联。正确排序只有一种。

3 Reihenfolge von Textabschnitten erkennen [Vorgehen reflektieren]

Markieren Sie im Zeitungsartikel in 2 die Wörter und Ausdrücke, die Ihnen geholfen haben, die Abschnitte zu ordnen.

Anpassung an den Klimawandel

1 Wetter und Klimawandel [kurze Gespräche und Äußerungen global und selektiv hören]

a Lesen Sie die Aufgaben 1 und 2 zum ersten Radiobeitrag. Markieren Sie Wörter und Ausdrücke, die wichtig sind, um das Thema zu verstehen. Überlegen Sie dabei, worum es in dem Beitrag gehen könnte.

> **小贴士　答题攻略**
>
> 听力开始前不会告知考生主题，所以你必须通过阅读题目来了解。请注意：题目中的词不一定会出现在听力课文中。题目中的表述往往是改写过的。你将听到5段短文。每段短文的第一道题（即大题中的第1，3，5，7，9小题）总是泛听全文，第二道题（即大题中的第2，4，6，8，10小题）则是精听重要细节。考试中短文只听一遍。

1. Die Forscherin berichtet über Möglichkeiten, den Klimawandel zu stoppen. r ☐ f ☐

2. Die Forscherin rät, …
   a. ☐ Häuser anders zu bauen.
   b. ☐ Häuser im Sommer mit Klimaanlagen zu kühlen.
   c. ☐ in Hochwassergebieten keine Häuser zu bauen.

b ▶ 2 | 16 Hören Sie nun den Radiobeitrag. Wählen Sie die richtige Lösung: richtig (r) oder falsch (f) bzw. a, b oder c.

c Hören Sie den Beitrag in 1b noch einmal. Welche Ihrer Markierungen in 1a waren beim Lösen der Aufgaben nützlich?

d Lesen Sie die Aufgaben 3 bis 10 zu den nächsten 4 Radiobeiträgen bzw. Gesprächen.

e ▶ 2 | 17–20* Hören Sie nun die vier Beiträge bzw. Gespräche und lösen Sie die Aufgaben 3 bis 10.

3. Man informiert die Bevölkerung über einen starken Sturm. r ☐ f ☐

4. Wegen des Unwetters …
   a. ☐ dürfen keine Autos durch Wälder fahren.
   b. ☐ fallen alle Flüge aus.
   c. ☐ findet an manchen Schulen kein Unterricht statt.

5. Die Moderatorin berichtet über eine Folge des Klimawandels. r ☐ f ☐

6. Eine wirksame Maßnahme gegen Überschwemmungen ist …
   a. ☐ das Pflanzen von Bäumen.
   b. ☐ der Bau einer Kanalisation.
   c. ☐ die Schaffung von Grünflächen.

7. Die Frau berichtet über ein Forschungsprojekt in den Küstenregionen. r ☐ f ☐

8. Schwimmende Häuser …
   a. ☐ sind heute noch ziemlich teuer.
   b. ☐ sind in vielen Ländern schon verbreitet.
   c. ☐ zu bauen, ist ziemlich schwierig.

9. Die beiden Personen unterhalten sich über günstige Reisemöglichkeiten. r ☐ f ☐

10. Was kritisieren die beiden Personen?
    a. ☐ Es gibt keine Alternative zu Flugreisen.
    b. ☐ Flugreisen sind oft sehr billig.
    c. ☐ Man investiert nicht genug in Projekte zum Klimaschutz.

---

* ▶2|21对应练习在网站下载。

5 Auf dem Weg zur Prüfung: Schreiben

Wer ist wetterfühlig?

1 Wetter und Gesundheit [Thema nach Vorgaben schriftlich bearbeiten]

DSH

a Lesen Sie die folgenden Vorgaben und schauen Sie sich die beiden Grafiken an. Überlegen Sie sich dann eine Gliederung für Ihren Text und notieren Sie in Stichpunkten Ihre Ideen und passenden Wortschatz.

1. Fassen Sie die wichtigsten Informationen aus der Grafik zusammen. Gehen Sie dabei auch auf die Unterschiede zwischen den Bevölkerungsgruppen ein.
2. Nennen Sie Beispiele für den Einfluss des Wetters auf die Gesundheit.
3. Geben Sie Personen, die unter dem Wetter leiden, Empfehlungen.

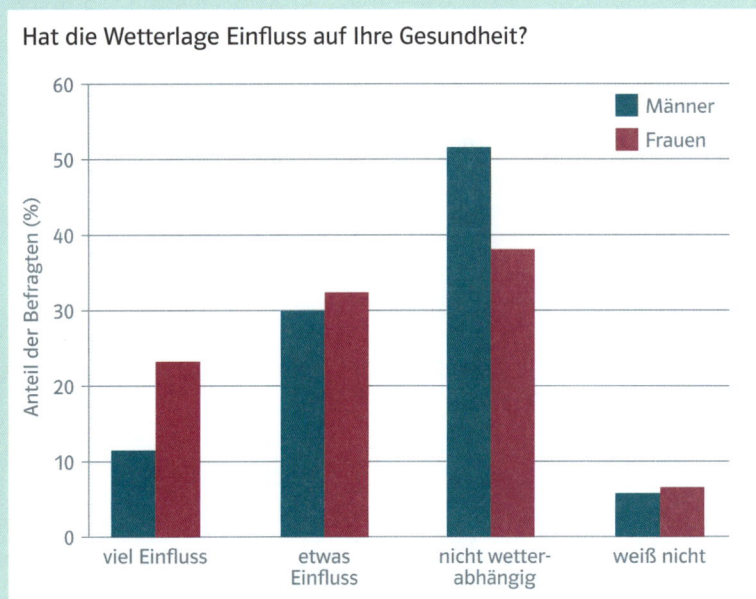

Hat die Wetterlage Einfluss auf Ihre Gesundheit?

Anteil der Wetterfühligen in Prozent pro Altersstufe	
Alter	
16–29 Jahre	39,5 %
30–44 Jahre	47,2 %
45–59 Jahre	51,7 %
> 60 Jahre	55,8 %

© Umweltbundesamt

– Einleitung: viele klagen über das Wetter, sind wetterfühlig, leiden bei bestimmten Wetterlagen
– Informationen aus Grafik: mehr als Hälfte der Frauen + ca. 40 % der Männer: Wetter hat Einfluss auf Gesundheit; Wetterfühligkeit nimmt im Alter zu, …
– Beispiele für Einfluss auf Gesundheit: Wetterumschwung → Kopfschmerzen, …
– Empfehlung: jeden Tag, bei jedem Wetter spazieren gehen → sich besser an Temperaturänderungen anpassen, …

小贴士 答题攻略

在图表描述中你要使用 die Hälfte 或者 jeder zweite Deutsche 等数量表达。你不必提及每一个点，而只要复述最重要的信息。

b Schreiben Sie einen Text von ca. 250 Wörtern zum Thema „Wetter und Gesundheit". Gehen Sie dabei auf die Vorgaben in 1a ein und verwenden Sie Ihre Notizen aus 1a.

小贴士 答题攻略

考试中写作部分时长为70分钟。有些大学在该项考试中允许使用单语字典。

Auf dem Weg zur Prüfung: Sprechen **5**

Was die Hitze mit uns macht

1 Hitze und Folgen für den Menschen [Kurzvortrag anhand von Vorgaben halten]

a Lesen Sie die folgenden Vorgaben und schauen Sie sich die Grafik an. Überlegen Sie sich dann eine Gliederung für Ihren Vortrag. Notieren Sie in Stichpunkten Ihre Ideen und passenden Wortschatz.

1. Fassen Sie die wichtigsten Informationen aus der Grafik zusammen. Was fällt besonders auf?
2. Vergleichen Sie mit Ihrem Herkunftsland: Gibt es dieses Problem dort auch? Wie reagieren die Menschen auf extreme Temperaturen?
3. Geben Sie Empfehlungen: Wie kann man sich bei langen Hitzeperioden vor Hitze schützen?

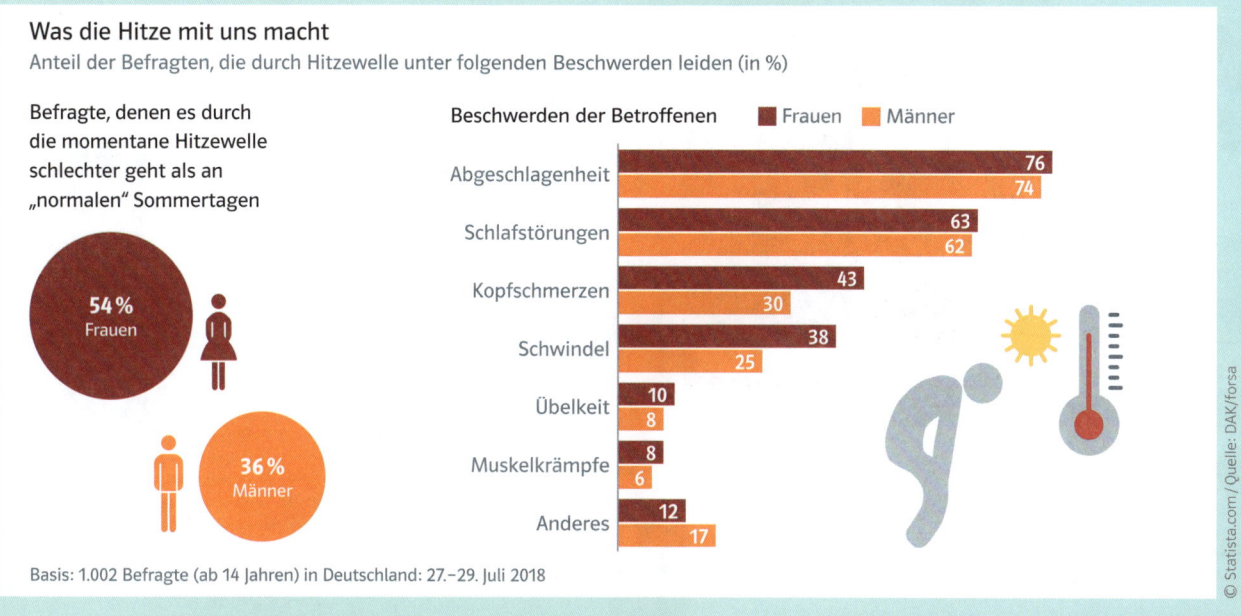

Notizen:
- Einleitung: Klimawandel → Hitzewellen; bei großer Hitze viel Menschen gesundh. Probleme
- Informationen aus Grafik: bei Hitzewelle → Frauen stärker betroffen als Männer; die meisten: fühlen s. abgeschlagen, können n. gut schlafen
- Vergleich mit meinem Land: …
- Empfehlung: viel trinken, …

> 小贴士　答题攻略
> 不要一直引用图表中的词汇，而要使用自己的表达，比如左边例文中的sich abgeschlagen fühlen, nicht gut schlafen können 等。

b Halten Sie nun einen Vortrag zum Thema „Gesundheitliche Folgen von Hitzewellen" von ca. 5 Minuten. Gehen Sie dabei auf die Vorgaben in 1a ein und verwenden Sie Ihre Notizen aus 1a.

> 小贴士　答题攻略
> 有些大学在该项考试中允许使用单语字典。

einundsiebzig 71

1. _____

vom Studienaussteiger **zum Meisterschüler**

BERATUNG
IHRE KARRIERE IM HANDWERK
INITIATIVEN IN NRW
DAS HANDWERK
DOWNLOADS
BERICHTE

RESET: Alternative zum Studium für Studienaussteiger aller Fachrichtungen

Handwerkskammer Aachen
Besser jetzt als später:
Ein Studienabbruch muss kein Karriereknick sein!

2. *Ausbildung*

Ausbildung zum
Kfz-Mechatroniker
(m/w/d)
info@wolff-kfz.xpu

3. _____

4. _____

○ ● **Hochschule Bonn-Rhein-Sieg**

Elektrotechnik (kooperativ)
Elektrotechnikstudium kombiniert mit betrieblicher Ausbildung. Nach 4,5 Jahren Berufs- und Studienabschluss (IHK/Bachelor)
Studium unterteilt in Praxis- und Studiensemester

5. _____

6. _____

A Berufsausbildung heute

1 Berufe, Berufsausbildung, Studium

a Was wissen Sie über die duale Ausbildung und / oder über das duale Studium in Deutschland? Sprechen Sie im Kurs.

b Welche der folgenden Berufe lernen die Auszubildenden auf den Fotos 1, 4 und 6? Notieren Sie unter den Fotos. ▶ ÜB A1–2

Bürokaufmann/-frau | Elektroniker/-in | Kaufmann/-frau für Tourismus und Freizeit | Informatiker/-in | Fachkraft für Lagerlogistik | Augenoptiker/-in | Industriemechaniker/-in | Kfz-Mechatroniker/-in | Versicherungskaufmann/-frau

c Welche Anzeige oben wirbt für eine duale Ausbildung, welche für ein duales Studium? Notieren Sie unter den Anzeigen.

> 小贴士
>
> 双元制职业培训
> =在企业工作 + 在职业学校学习
> 双元制大学学习
> =在企业工作 + 在大学学习

Fokus: Sprechen 6

2 Ausbildung oder Studium? [über Vor- und Nachteile sprechen]

a Arbeiten Sie in Kleingruppen. Lesen Sie die Situation und ordnen Sie Pauls Notizen nach Vor- und Nachteilen. Finden Sie auch eigene Argumente.

Situation: Paul steht vor dem Abitur und ist immer noch unsicher, ob er studieren oder lieber eine duale Ausbildung machen soll. Er hat sich gut informiert und die Vor- und Nachteile der beiden Möglichkeiten auf Zettel notiert, um sich besser entscheiden zu können.

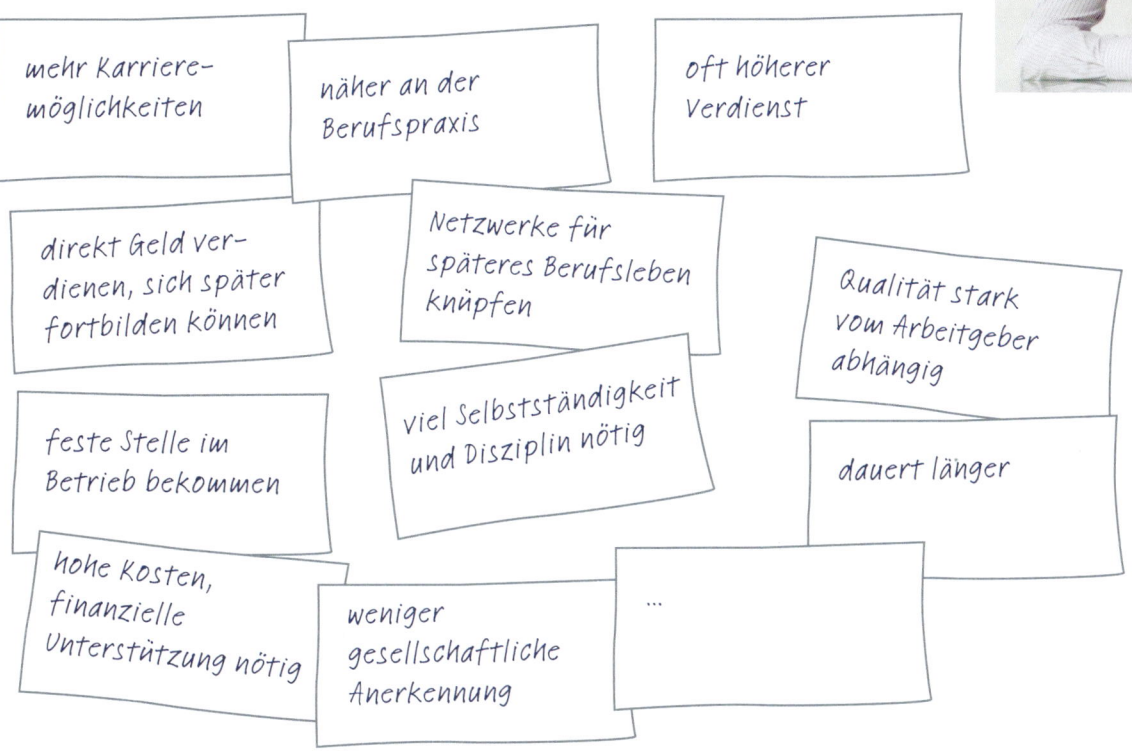

- mehr Karrieremöglichkeiten
- näher an der Berufspraxis
- oft höherer Verdienst
- direkt Geld verdienen, sich später fortbilden können
- Netzwerke für späteres Berufsleben knüpfen
- Qualität stark vom Arbeitgeber abhängig
- feste Stelle im Betrieb bekommen
- viel Selbstständigkeit und Disziplin nötig
- dauert länger
- hohe Kosten, finanzielle Unterstützung nötig
- weniger gesellschaftliche Anerkennung
- …

	Studium	duale Ausbildung
+	– mehr Karrieremöglichkeiten …	– direkt Geld verdienen, sich später fortbilden können …
–	– dauert länger …	…

b Diskutieren Sie mit einem Partner / einer Partnerin. Einer / Eine ist für eine duale Ausbildung, der / die andere für ein Studium. Die Notizen in 2a und die Redemittel helfen. ▶ ÜB A3–4

Vorteile ausdrücken: Einer der Vorteile des Studiums / der dualen Ausbildung ist, dass man … | Ich finde es ist besser, wenn man … Denn … | … hat viele Vorteile, zum Beispiel kann man …
Nachteile ausdrücken: Der Nachteil des / der … ist, dass … | Mit einem / einer … ist es schwierig, … zu … | Gegen ein / eine … spricht, dass …
Einwände äußern: Da hast du recht. Aber man muss auch sehen, dass … | Im Prinzip stimmt das, aber … | Da bin ich ganz anderer Ansicht, weil …

> Einer der Vorteile des Studiums ist, dass man mehr Karrieremöglichkeiten hat.

> Im Prinzip stimmt das, aber bei einer Ausbildung verdient man direkt Geld.

B Neues beginnen

1 RESET [Textbauplan erstellen]

a Arbeiten Sie zu zweit. Sie sind Partner/in A und arbeiten auf dieser Seite. Partner/in B arbeitet auf der nächsten Seite. Lesen Sie den Text im Bild und überfliegen Sie den Informationstext von der Handwerkskammer Aachen. Erstellen Sie dann einen Textbauplan wie unten und ordnen Sie folgende Aspekte den Abschnitten A bis D zu.

Problemlösungsvorschlag | Zukunftsperspektive | ~~Problembeschreibung~~ | Voraussetzungen

A RESET – Besser jetzt als später

Besser jetzt als später.
Oder warum ein wohlüberlegter
Studienabbruch kein Karriereknick ist.

A Ja, wir wissen, dass es kein gutes Gefühl ist, wenn Sie merken, dass ein Studium für Sie nicht der richtige Start in die berufliche Laufbahn ist. Sie möchten Ihr Studium abbrechen und lieber etwas anderes machen. Nun müssen Sie dies vor Familie und Freunden und vor allem vor sich selbst rechtfertigen. Aber: Aus Angst vor einer klaren Entscheidung alles irgendwie weiter laufen zu lassen, löst Ihr Problem sicher nicht! Deshalb bestimmen Sie lieber jetzt als später, wie es für Sie beruflich weitergehen soll. Das beweist Mut und Sie zeigen, dass Sie konsequent selbst darüber entscheiden, wie Ihr zukünftiger Karriereweg sein soll.

B Dabei hilft Ihnen **RESET, ein Angebot des Handwerks an Sie**. Es bietet Ihnen inklusive Coaching und Vermittlung eine verkürzte Ausbildung in einem anspruchsvollen Handwerksberuf. Credit-Points aus dem Studium, die Sie bisher erreicht haben, können dabei berücksichtigt werden. Und so funktioniert´s: In einem ersten Gespräch klären Sie Ihre Ist-Situation. Warum möchten Sie gerne etwas anderes machen? Woran denken Sie vielleicht schon? Welche Probleme sehen Sie? Unser Berater stellt Ihnen ausgesuchte Berufsprofile vor, die zu Ihren schulischen Qualifikationen und dem bereits im Studium erworbenen Wissen passen. Das sind zum Beispiel Berufe aus folgenden Bereichen: Elektromaschinenbau, Kraftfahrzeugtechnik, Augenoptik und viele mehr. Außerdem analysiert Ihr Berater mit Ihnen Ihre Kompetenzen und Stärken, prüft aber auch, an welchen Stellen es gegebenenfalls noch Schwierigkeiten gibt. Er vermittelt Ihnen Betriebsbesuche, damit Sie sich Ihren möglichen Ausbildungsbetrieb anschauen können und den Chef oder die Chefin persönlich kennenlernen.

C Was bringen Sie mit? Sie haben Freude am praktischen Arbeiten und können es gut mit Ihrem theoretischen Hintergrundwissen verknüpfen. Sie sind teamfähig, arbeiten zügig und lösungsorientiert, und Sie haben Freude an wechselnden Einsatzorten, denn in vielen Branchen des Handwerks geht der Betrieb zum Kunden und nicht umgekehrt. Wenn dies alles zu Ihnen passt, dann sind Sie bei RESET richtig.

D Unsere Netzwerke und Erfahrungen werden Ihnen helfen, konsequent Ihren beruflichen Weg zu gehen. Ihnen stehen alle beruflichen Karrierewege offen: vom Gesellen zum Meister als angestellte Führungskraft oder Unternehmer/Unternehmerin mit eigenem Betrieb – oder auch ein Studium zu einem späteren Zeitpunkt. Sie werden während Ihrer gesamten Karriere von uns beraten, inklusive Gründerservice, Fördermöglichkeiten etc. Qualifizierte Fachkräfte werden heute stark gesucht und durch die Digitalisierung wird dieser Bedarf weiter steigen. **Daher – beste Aussichten für Ihre berufliche Zukunft!**

Aspekt	Hauptaussage	Detailinformationen
A. Problembeschreibung	– Studium = falsche Entscheidung	– Angst vor Entscheidung – Studium sofort abbrechen!
↓		
…	…	…

b Notieren Sie nun im Textbauplan in 1a die Hauptaussage sowie stichpunktartig wichtige Detailinformationen aus jedem Abschnitt. ▸ ÜB B1–3

c Schließen Sie das Buch. Geben Sie mithilfe Ihrer Notizen den Inhalt Ihres Informationstextes wieder. Partner/in B macht sich Notizen. Tauschen Sie dann die Rollen.

2 Studium + praktische Ausbildung [Textbauplan erstellen]

a Arbeiten Sie zu zweit. Sie sind Partner/in B und arbeiten auf dieser Seite. Partner/in A arbeitet auf der vorherigen Seite. Überfliegen Sie den Auszug aus einem Informationstext über das kooperative Studium an einer Hochschule. Erstellen Sie dann einen Textbauplan wie unten und ordnen Sie folgende Aspekte den Abschnitten A bis D zu.

Problemlösungsvorschlag | Zukunftsperspektive | ~~Problembeschreibung~~ | Voraussetzungen

---

B Kooperatives Studium – das Beste aus zwei Welten

A Studieren? Oder doch lieber eine Ausbildung machen? Seit Monaten denken Sie darüber nach und können sich nicht entscheiden. Schließlich geht es um eine sehr wichtige Entscheidung für Ihr weiteres Leben! Außerdem ist da die große Frage: Wie das Studium finanzieren? Vielleicht müssen Sie sich aber gar nicht für eine Variante entscheiden, sondern machen einfach beides! Und eine Lösung für das Finanzielle gibt es auch. Aber wie kann das gehen?

B Dies alles ermöglicht das kooperative Studium an der Hochschule Bonn-Rhein-Sieg. Sie erlernen einen Beruf in der Praxis und vertiefen Ihr Wissen durch ein Studium. Das kooperative Studium ist also ein Ausbildungsweg, der Berufsausbildung und Studium kombiniert. Dabei werden Theorie und Praxis in einer Weise verknüpft, wie es in einem regulären Studium nicht möglich ist. Hinzu kommt, dass das Finanzielle auch geregelt ist. Sie bekommen eine angemessene Vergütung, sodass Sie sich vom ersten Tag an voll auf die Lerninhalte

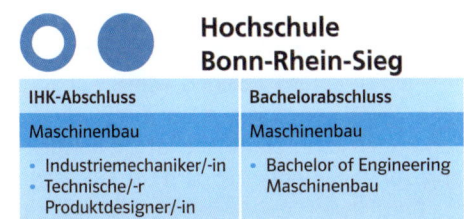

konzentrieren können. Das kooperative Studium dauert insgesamt 9 Semester. Im ersten Jahr (1. und 2. Semester) findet der erste Teil der praktischen Berufsausbildung im Unternehmen statt. Während dieser Ausbildung besuchen Sie auch den Berufsschulunterricht. Mit dem 3. Semester startet das Präsenzstudium an der Hochschule (3. bis 9. Semester). Dabei finden das Praxissemester (7. Semester) und die Erstellung der Bachelor-Arbeit (9. Semester) wieder im Unternehmen statt.

C Für die Zulassung zum Studium brauchen Sie Folgendes: Erstens einen Abschluss, der von den zuständigen Behörden anerkannt ist. Zweitens müssen Sie einen IHK-Ausbildungsvertrag mit einem Unternehmen haben. Eine Liste der Unternehmen, die schon mit der Hochschule Bonn-Rhein-Sieg kooperiert haben, finden Sie hier. Drittens muss das Unternehmen Sie vor dem Beginn der Berufsausbildung bei der Hochschule anmelden. Und natürlich müssen Sie sich rechtzeitig in den Studiengang einschreiben, den Sie gewählt haben. Genauere Informationen finden Sie auf unserer Webseite: https://www.h-brs.de/de

D Das kooperative Studium ist eine sehr gute Wahl: Der Ausbildungsvertrag garantiert Ihnen von Beginn an ein Einkommen und damit finanzielle Unabhängigkeit. Durch die enge Verknüpfung mit dem Unternehmen, in dem die betriebliche Ausbildung stattfindet, haben Sie hervorragende Aufstiegschancen in diesem Unternehmen. Darüber hinaus sind natürlich weitere Karriereschritte möglich. Sie können Ihre Ausbildung mit einem Masterstudiengang fortsetzen und dadurch Ihre Berufsaussichten zusätzlich verbessern. Ihnen stehen viele Wege offen!

Aspekt	Hauptaussage	Detailinformationen
A. Problembeschreibung	– Studium od. Ausbildung?	– schwere Entscheidung – wie Studium finanzieren? – vielleicht beides möglich?
↓ ...	...	...

b Notieren Sie nun im Textbauplan in 2a die Hauptaussage sowie stichpunktartig wichtige Detailinformationen aus jedem Abschnitt. ▶ ÜB B1–3

c Schließen Sie das Buch. Geben Sie mithilfe Ihrer Notizen den Inhalt Ihres Informationstextes wieder. Partner/in A macht sich Notizen. Tauschen Sie dann die Rollen.

6 Fokus: Lesen + Grammatik

3 Ausbildungswege

a Besprechen Sie gemeinsam Ihre Notizen. Sind alle wichtige Informationen angekommen? Ergänzen Sie ggf. Ihre Notizen in 1b und 2b.

b Welche Ausbildung haben Sie? Wie waren Ihre Erfahrungen? Welche Ausbildungsmöglichkeiten gibt es in Ihrem Land? Recherchieren Sie ggf. Sprechen Sie dann im Kurs.

4 Grammatik: Textzusammenhang – Wörter, die Texte verknüpfen ▸ G 2.1

Lesen Sie den Informationstext. Worauf beziehen sich die markierten Wörter, die den Text verknüpfen? Notieren Sie die passende Textstelle. ▸ ÜB B4

„Was ist besser: ein Hochschulstudium oder eine Berufsausbildung?" **Diese** Frage beschäftigt viele Schüler über längere Zeit. Aber vielleicht sollten **sie** über eine dritte Variante nachdenken: **Die** wäre, zunächst eine fundierte Berufsausbildung zu absolvieren und **danach** an einer Hochschule zu studieren. Eine solche Variante wird in vielen Unternehmen sehr gern gesehen, **weil** sie einige Vorteile hat: Erstens hat der Bewerber schon Berufserfahrung, **zweitens** hat er **seine** Kenntnisse durch ein Studium vertieft und drittens hat er gezeigt, **dass** er ein Studium erfolgreich bewältigen kann. Natürlich hat **ein solcher** Ausbildungsweg auch Nachteile. Zum einen kann es schwierig sein, nach längerer Zeit wieder mit dem Lernen anzufangen, **zum anderen** braucht man sehr viel mehr Zeit und steigt später in das Berufsleben ein. **Deshalb** sollte man sich vorher sehr gut informieren.

---

1. Diese (Z. 1): → *auf die Frage davor: „Was ist besser: … Berufsausbildung?"*
2. sie (Z. 2): → *viele Schüler*
3. Die (Z. 2): → _____
4. danach (Z. 3): → _____
5. weil (Z. 4): → _____
6. zweitens (Z. 4): → _____
7. seine (Z. 5): → _____
8. dass (Z. 5): → _____
9. ein solcher (Z. 6): → _____
10. zum anderen (Z. 7): → _____
11. Deshalb (Z. 8): → _____

5 Welcher Ausbildungsweg ist der beste?

Arbeiten Sie zu zweit. Welchen der in Aufgabe 1, 2 und 4 vorgestellten Ausbildungswege (duale Ausbildung; duales / kooperatives Studium; zuerst duale Ausbildung, dann Studium) finden Sie am besten?

- Schreiben Sie dazu 5 Aussagen.
- Tauschen Sie die Aussagen mit Ihrem Partner / Ihrer Partnerin.
- Verknüpfen Sie dann die Aussagen mit Wörtern wie in Aufgabe 4, sodass ein zusammenhängender Text entsteht.
- Lesen Sie nun die Texte vor. Geben Sie sich gegenseitig Feedback, ob Ihre Meinung richtig wiedergegeben wurde.

> – Ich finde eine duale Ausbildung am besten.
> – Man verdient direkt Geld.
> – Man ist schneller mit der Ausbildung fertig.
> …

> Ich finde eine duale Ausbildung am besten, denn zum einen verdient man direkt Geld, zum anderen ist man schneller mit der Ausbildung fertig. …

Fokus: Hören

C Duale Erfahrungen

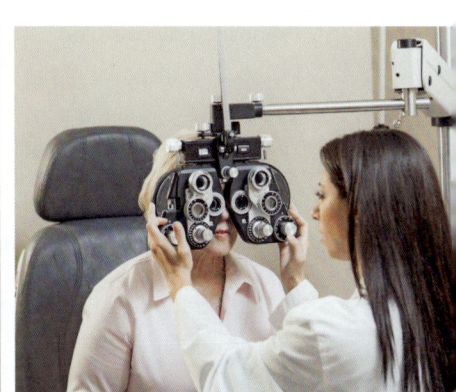

1 Berufseinsteiger aufgepasst [thematischen Aufbau von Berichten erkennen]

a ▶ 3|1 Hören Sie die Einleitung eines Radiofeatures. Worum geht es in dem Feature?

b Bilden Sie drei Gruppen. Jede Gruppe hört einen der drei Berichte.

c ▶ 3|2–4 Hören Sie zuerst Ihren Bericht. Überlegen Sie dann, welches Foto zu dem Bericht passt und legen Sie einen strukturierten Notizzettel an. ▶ ÜB C1

小贴士　分组收听

在"布谷德语课"（class.tongjideyu.com）或Klett Augmented可以分组同时收听不同的课文。

Bericht 1: them. Aufbau	Detailinformationen
– Vorteile	– eigene Projekte, …
– …	– …
– …	– …

Bericht 2: them. Aufbau	Detailinformationen
– …	– …
…	…

Bericht 3: them. Aufbau	Detailinformationen
– …	– …
…	…

d Hören Sie Ihren Bericht ein zweites Mal. Notieren Sie auf einem Notizzettel wie in 1c, welche Erfahrungen Ihre Person auf ihrem Ausbildungsweg gemacht hat.

e Vergleichen Sie Ihre Notizen untereinander und ergänzen Sie sie, wenn nötig.

f Berichten Sie nun den anderen Gruppen, was Sie in Ihrer Gruppe gehört haben, und hören Sie die Berichte der anderen.

2 Ihre Meinung und Ihre Erfahrungen

Welchen Bericht fanden Sie besonders interessant? Haben Sie ähnliche Erfahrungen gemacht oder kennen Sie ähnliche Fälle? Sprechen Sie im Kurs.

siebenundsiebzig

6 Fokus: Hören und Grammatik

3 Grammatik: dabei, daran, … – Präpositionaladverbien ▶ G 2.2

a Lesen Sie die Sätze aus dem Radiofeature und markieren Sie die Präpositionaladverbien.

1. Zuerst dachte ich <mark>daran</mark>, Kulturwissenschaften zu studieren.
2. Ich habe einen Platz in einem größeren Unternehmen gefunden und war anfangs sehr glücklich <mark>darüber</mark>.
3. Ich bekam von Anfang an eigene Projekte. Positiv dabei war, dass ich immer sehr gut betreut wurde.
4. Leider habe ich mich in der Schule nie darum gekümmert, wie man richtig lernt.
5. Der Berater von RESET hat viele Gespräche mit mir geführt. Dadurch ist mein persönliches Profil viel deutlicher geworden.
6. Ich hatte ein bisschen Angst davor, dass man mich als Versagerin oder „alte Oma" behandeln könnte.

> **小贴士　介词副词**
>
> 许多动词要求固定的介词搭配，比如 denken+an: Ich denke an ein Studium der Chemie. → Ich denke daran, Chemie zu studieren. 介词副词这样构成：da+介词：da+bei → dabei, damit, dazu等；带元音的介词：da+r+an → daran, darunter, darauf 等。

b Lesen Sie die Sätze in 3a noch einmal. Worauf beziehen sich die markierten Adverbien? Notieren Sie.

1. _daran → Kulturwissenschaften zu studieren_ [V]
2. _darüber → einen Platz in einem größeren Unternehmen gefunden_ [R]
3. _____ [ ]
4. _____ [ ]
5. _____ [ ]
6. _____ [ ]

c Lesen Sie die Regeln und kreuzen Sie in den Beispielsätzen an.

> Präpositionaladverbien sind Wörter, die einen Textzusammenhang herstellen. Hier gibt es zwei Varianten:
> 1. Sie weisen auf einen Begriff oder einen Satz zurück. → <u>Rück</u>verweis
> 2. Sie weisen nach vorne, d h. auf einen Begriff oder einen Satz, der folgt. → <u>Vorwärts</u>verweis
>
> Frau Sinn hat ein Praktikum gemacht. <u>Davon</u> war sie begeistert.
> a. ☐ Rückverweis   b. ☐ Vorwärtsverweis
>
> Sie berichtet <u>davon</u>, wie gut ihre Erfahrungen waren.
> a. ☐ Rückverweis   b. ☐ Vorwärtsverweis

d Notieren Sie in 3b „R" für Rückverweis oder „V" für Vorwärtsverweis. Lesen Sie dafür noch einmal die Sätze in 3a. ▶ ÜB C2

4 Sich freuen über … Ich freue mich darüber, dass …

Notieren Sie ein Verb mit fester Präposition auf einem Zettel. Gehen Sie im Kurs herum und geben Sie den Zettel einem Partner / einer Partnerin. Der / Die formuliert einen Satz mit einem Präpositionaladverb.

| sich freuen über | Ich freue mich darüber, dass ich einen Studienplatz in Köln bekommen habe. |

| sich entscheiden für | Mira hat sich dafür entschieden, eine duale Ausbildung zu machen. |

Fokus: Schreiben

D Ich brauche Beratung

1 Ich habe folgendes Anliegen [Aufbau von E-Mails erkennen]

Lesen Sie die Abschnitte aus einer E-Mail und ordnen Sie sie nach den Punkten unten.

A Meine Frage an Sie ist nun, ob Sie mich in dieser Hinsicht beraten und mir einen Termin für eine Beratung geben könnten. Meine Kontaktdaten finden Sie am Ende der E-Mail.

B Zunächst möchte ich Ihnen gern meine Situation beschreiben: Ich studiere Wirtschaftswissenschaften an der Universität Leipzig und bin im zweiten Semester. Ich habe gemerkt, dass ich für dieses Fach leider nicht geeignet bin. Ich bin eher ein praktischer Mensch und die Inhalte sind mir viel zu theoretisch. Obwohl ich mir wirklich Mühe gebe, habe ich große Schwierigkeiten, den Stoff zu lernen. Daher denke ich daran, das Studium abzubrechen und eventuell eine duale Ausbildung zu beginnen.

C Auf Ihrer Webseite habe ich gesehen, dass Sie der Ansprechpartner für Studienaussteiger sind. Da ich Sie telefonisch nicht erreichen konnte, wende ich mich auf diesem Wege mit meinem Anliegen an Sie.

Einleitung: Kontaktaufnahme: ⌴   **Hauptteil:** Beschreibung Ausgangssituation: ⌴   **Schluss:** Anliegen: ⌴

2 Schlecht und gut geschriebene E-Mails [Verweisformen verwenden]

a Die E-Mail unten enthält zu viele Wiederholungen. Lesen Sie den Text und ersetzen Sie die markierten Textstellen durch die Verweisformen im Schüttelkasten.

[die entsprechenden | dort | ~~sie~~ | dafür | darüber]

Von: s.baum@xpu.de

Betreff: Inhalt 2. Beratungsgespräch

Sehr geehrter Herr Linke,

vielen Dank noch einmal für die gute Beratung gestern. ~~Die Beratung~~ *Sie* hat mir sehr geholfen. Ihr Tipp, auf die Webseite „Planet Beruf" zu gehen, war wirklich gut. Auf der Webseite habe ich einen sehr guten Überblick bekommen. Für den Überblick habe ich mir viel Zeit genommen und das hat sich wirklich gelohnt. Ich glaube, vier Berufe kommen für mich in Frage. Vielleicht könnten wir über die Berufe bei unserem nächsten Gesprächstermin sprechen? Ich habe die Steckbriefe der Berufe angehängt.

Vielen Dank im Voraus.

Beste Grüße aus Leipzig
Svea Baum

---

b Sie haben Ihr Sportstudium abgebrochen und wollen nun eine duale Ausbildung im Sportbereich beginnen. Sie haben auf „Planet Beruf" recherchiert, sind aber nicht sicher, welchen Beruf Sie wählen sollen. Schreiben Sie eine E-Mail an die Beraterin, Frau Werner. Orientieren Sie sich an den Aufgaben 1 und 2a und berücksichtigen Sie die Inhaltspunkte. ▶ ÜB D1

– Unterschied zwischen Sportfachmann/-frau und Sportassistent/in?
– Was genau ist eine Ausbildung an einer Berufsfachschule zum Sportlehrer / zur Sportlehrerin?
– Bitte um Gesprächstermin

Vergessen Sie nicht Betreff, Anrede, Dank und Grußformel.

Sehr …

Arbeiten in der Zukunft?

1 Wie sehen unsere Jobs in Zukunft aus? [Vorwissen aktivieren]

a Überlegen Sie sich, was in einem Artikel zum Thema „Wie sehen unsere Jobs in Zukunft aus?" stehen könnte. Sprechen Sie im Kurs.

b Überfliegen Sie nun den Artikel aus einer Wirtschaftszeitung über Aspekte der Digitalisierung in der Arbeitswelt und überprüfen Sie Ihre Hypothesen aus 1a.

Arbeitswelt 4.0 – Wie sehen unsere Jobs in Zukunft aus?

Roboter als Kollegen? – Die Digitalisierung der Arbeit birgt Risiken, aber auch neue Chancen.

Jeder, der vor oder am Anfang seiner Ausbildung oder seines Studiums steht, muss sich damit auseinandersetzen: Wie ist das eigentlich mit der Digitalisierung in der Arbeitswelt? Wie verändern sich die Berufe? [Bsp.] Denn schon heute gibt es sehr viele Arbeiten, die auch von Computern oder Robotern übernommen werden könnten.

Das Institut für Arbeitsmarkt- und Berufsforschung (IAB), das der Agentur für Arbeit angeschlossen ist, forscht zu diesen Fragen, um die Politik wissenschaftlich zu beraten und die Öffentlichkeit über wichtige Entwicklungen im Arbeitsbereich zu informieren. Es hat u. a. die Zukunftsfähigkeit bestimmter Tätigkeiten untersucht – dies geschah unter Berücksichtigung der heutigen technischen Entwicklung. [1] Für manche Berufe könnten mehr als 70 % der Aufgaben durch Maschinen erledigt werden. Für andere waren es weniger als 25 %.

Um ihre Ergebnisse zu veranschaulichen, entwickelten die Forscher eine Webseite mit einem sogenannten „Job-Futuromat". [2] Als Antwort auf die Frage „Könnte ein Roboter meinen Job erledigen?" zeigt es, welche der bisherigen Aufgaben eines Jobs schon heute von Maschinen erledigt werden könnten und welche nicht. Außerdem liefert der „Job-Futuromat" weitere Informationen zur bisherigen Entwicklung des abgefragten Berufsbereichs. Der Nutzer kann außerdem individuelle Einstellungen zu den Schwerpunkten seiner Tätigkeiten machen. Diese berücksichtigt der Job-Futuromat dann ebenfalls für seine Ergebnisberechnung.

Die Forscher haben herausgefunden, dass sich etwa die Hälfte der bestehenden Arbeitsplätze bis ins Jahr 2035 verändern oder sogar wegfallen könnte. [3] Eine sichere Prognose geben die Forscher jedoch nicht ab. Zwar wird man manche Berufe nicht mehr brauchen, dafür werden aber neue Berufsbilder entstehen. Doch für dieses Neue müssten Roboter erst entwickelt, programmiert, verkauft, bedient und auch gewartet werden. Dazu, ob sich dies lohnen würde oder nicht, sind Voraussagen jedoch kaum möglich. [4] Sicher ist nur, dass dort, wo persönliche Dienstleistungen und Beratungsleistungen erbracht werden, der Einsatz von Menschen nötig bleibt. Das betrifft zum Beispiel Berufe im Lebensmittel- und Gastgewerbe, Gesundheits- oder Sicherheitsberufe sowie soziale und kulturelle Dienstleistungsberufe, wie zum Beispiel Lehrberufe oder Rechtsspezialisten.

Für alle gilt jedoch eins: Die Anforderungen an Berufstätige werden zunehmen. [5] Sie wird dabei von der Industrie- und Handelskammer, den Handwerkskammern und Weiterbildungsinstitutionen unterstützt. Für Beschäftigte bedeutet das: Ohne die Bereitschaft, sich während des gesamten Berufslebens weiterzuentwickeln und weiterzubilden, ist die Gefahr groß, auf dem Arbeitsmarkt nicht mehr bestehen zu können. Aber auch die Unternehmen stehen vor der Herausforderung, ihre Mitarbeiterinnen und Mitarbeiter fit zu machen oder fit zu halten und dabei Fortbildungswünsche und Qualitätsanforderungen des Unternehmens unter einen Hut zu bringen. Für die Beschäftigten wiederum bedeutet das: Wer sich weiterbildet und neue Kenntnisse erwirbt, wird gute Chancen auf dem Arbeitsmarkt 4.0 haben. [6]

Arthur Greif

GI

Auf dem Weg zur Prüfung: Lesen

2 Arbeitswelt 4.0 [detailliert lesen und inhaltlich passende Sätze erkennen]

Lesen Sie den Artikel in 1b und die Sätze unten. Welche Sätze A bis H passen in die Lücken 1 bis 6? Zwei Sätze passen nicht. Schreiben Sie die passenden Buchstaben in der Tabelle.

0. Ist meine Berufsentscheidung wirklich richtig – ist der Beruf zukunftsfähig?

A. Das ist ein Online-Tool, mit dem über 400 Berufe gesucht werden können.
B. Bei dieser Untersuchung sind folgende, sehr unterschiedliche Ergebnisse herausgekommen:
C. Doch eine Sicherheit gibt es:
D. Daher gibt es für Beschäftigte, deren Tätigkeiten sich stark ändern, wenig Chancen.
E. Dies betrifft sowohl den Dienstleistungs- als auch den Produktionsbereich.
F. Denn ob das, was möglich ist, auch von den Unternehmen umgesetzt wird, wird erst die Zukunft zeigen.
G. Es besteht also kein Grund zur Panik.
H. Um dem zu begegnen, baut die Agentur für Arbeit das Konzept der lebenslangen Berufsberatung aus.

Bsp.	1	2	3	4	5	6
0						

> **小贴士 答题攻略**
> 仔细阅读每个填空前后的句子，注意内容里的观点和文章中的逻辑关联。你必须在8个句子中选出6个。推荐完成时间为12分钟。

3 Detailliert lesen [Vorgehen reflektieren]

Wie haben Sie herausgefunden, welcher Satz in welche Lücke gehört? Was hat Ihnen bei der Lösung geholfen? Tauschen Sie sich aus.

> Auf die Lücke 1 folgt ein Satz, der auf das Ergebnis der Untersuchung hinweist, von der im Satz davor gesprochen wurde.

4 Arbeitswelt 4.0 [Wörter im Textzusammenhang erkennen]

a Lesen Sie den Artikel in 1b noch einmal und notieren Sie, worauf sich die Pronomen bzw. Präpositionaladverbien 1 bis 5 jeweils beziehen.

1. damit (Z. 2): *Wie ist das eigentlich mit der Digitalisierung in der Arbeitswelt?*
2. dies (Z. 14): _____
3. Dazu (Z. 44): _____
4. Das (Z. 48): _____
5. dabei (Z. 68): _____

b Die folgenden Wörter haben mehrere Bedeutungen. Welche Bedeutung hat das Wort an der betreffenden Stelle im Text: a, b, c oder d? Kreuzen Sie an.

1. erbringen (Z. 47)
   a. ☐ ergeben   b. ☐ Gewinn bringen   c. ☐ herbeibringen   d. ☐ zur Verfügung stellen
2. Einsatz (Z. 48)
   a. ☐ Arbeit   b. ☐ eingebautes Teil   c. ☐ Geldbetrag bei Spiel   d. ☐ Mühe
3. bestehen (Z. 65)
   a. ☐ andauern   b. ☐ erfolgreich sein   c. ☐ existieren   d. ☐ zusammengesetzt sein aus
4. erwerben (Z. 71)
   a. ☐ erhalten   b. ☐ in Besitz nehmen   c. ☐ kaufen   d. ☐ sich aneignen

c Was ist damit gemeint? Formulieren Sie den Ausdruck mit eigenen Worten um.

Fortbildungswünsche und Qualitätsanforderungen des Unternehmens unter einen Hut bringen (Z. 68/69)

6 Auf dem Weg zur Prüfung: Hören

Messe für Ausbildung und Studium

1 Messebesuch planen [selektiv hören und Informationen in Plan ergänzen]

▶ 3 | 5 Hören Sie ein Gespräch zwischen zwei Studierenden zum Thema „Messe für Ausbildung und Studium". Sie hören das Gespräch nur einmal. Ergänzen Sie beim Hören die fünf leeren Felder im Plan. Schreiben Sie pro Feld maximal 2 Wörter. Wenn Ihnen das leichter fällt, können Sie die Wörter zuerst auf einem Blatt Papier notieren und danach in den Plan übertragen.

		Donnerstag	Freitag	Samstag	Sonntag
Vormittag	Was?	*Eröffnungsrunde:* Aus der Schule, und nun? – Deine Chancen	*Vortrag:* Studieren oder Ausbildung? Machen Sie beides.	*Vortrag:* BAFÖG _____ für Ausbildung und Studium	*Praxisworkshop:* _____ Wie geht das?
	Wo?	Gebäude A Große Bühne	Gebäude A Kleiner Saal	Gebäude B Raum 62	Gebäude A Raum 75
Nachmittag	Was?	*Workshop:* Was will ich, was kann ich werden – Berufsauswahltests	*Vortrag:* Team international: Auslandsaufenthalte in der _____	*Vortrag:* Ausbildung in der Altenpflege	_____ : Wie zukunftsfähig ist dein Beruf? Berufe prüfen mit dem „Job-Futuromat"
	Wo?	Gebäude B _____	Gebäude A Raum 75	Gebäude B Raum 56	Gebäude B Raum 62

小贴士 答题攻略

在考试中这段对话只听一遍。听之前你有5秒的时间看一下计划表。听完以后你有20秒的时间检查答案或者把记录填写进计划表。有5个空需要填写。

TestDaF
Auf dem Weg zur Prüfung: Schreiben

Sehr geehrte/r …

1 Eine Nachricht an den Vermieter [persönliche Mitteilung schreiben]

GI

Lesen Sie die Situation und die Inhaltspunkte und schreiben Sie eine E-Mail an Ihren Vermieter. Beachten Sie auch die Vorgaben unten.

Sie befinden sich im sogenannten „Gap-Year" zwischen Bachelor und Master und können für 6 Monate ein Praktikum beim Logistikunternehmen „Kühne + Nagel" in Hamburg machen. Sie möchten Ihre Studentenwohnung für diese Zeit untervermieten, obwohl Ihr Vermieter Ihnen beim Einzug gesagt hatte, dass er das nicht möchte. Bitten Sie Ihren Vermieter trotzdem um die schriftliche Erlaubnis, Ihre Wohnung in München für diese Zeit unterzuvermieten.

- Bitten Sie um Verständnis für Ihre Situation.
- Schildern Sie, welches Anliegen Sie haben.
- Zeigen Sie Verständnis für die Situation des Vermieters.
- Machen Sie einen Vorschlag, wie die Situation gelöst werden kann.

- Überlegen Sie sich eine passende Reihenfolge für die Inhaltspunkte und achten Sie auf ihre genaue Bearbeitung.
- Achten Sie darauf, dass die Sätze und Abschnitte gut verknüpft und sprachlich korrekt sind.
- Schreiben Sie mindestens 100 Wörter.

小贴士　答题攻略

该部分建议完成时间为25分钟。

Sehr geehrte/r …,

2 Ein Sprachkurs [schriftlich um Informationen bitten]

telc

Sie werden ein Praktikum in Argentinien machen und wollen vorher noch einen Intensivkurs für Fortgeschrittene besuchen. Lesen Sie die Kleinanzeige in einer Sprachenzeitschrift. Schreiben Sie an die Sprachenschule und bitten Sie um Informationen. Behandeln Sie entweder mindestens drei der folgenden Punkte oder zwei der folgenden Punkte und einen weiteren Aspekt Ihrer Wahl.

Escuela de Lenguas Porteña (ELP)
Spanisch intensiv in Buenos Aires
Mit unseren muttersprachlichen Dozenten tauchen Sie ein in Sprache und Kultur Argentiniens.
Alle Stufen von A1–C2, Kleingruppen, Freizeitangebote, Unterkunft in Familien möglich.
Dauer und Preise auf Anfrage.
Informationen unter: info@elp.xpu.com

小贴士　答题攻略

该项考题完成时间为30分钟。请注意在歌德学院 B2 和 telc B2 等考试中要求的邮件格式：称呼、引言、正文、结论、问候语和署名。

- Beschreiben Sie, auf welchem Niveau Ihr Spanisch ist.
- Beschreiben Sie, warum Sie den Sprachkurs besuchen wollen.
- Fragen Sie nach, wie hoch die Kosten für Unterkunft mit Verpflegung sind.
- Stellen Sie weitere Fragen zu den Leistungen.

Überlegen Sie sich vor dem Schreiben eine passende Reihenfolge der Punkte, eine passende Anrede, eine Einleitung und einen Schluss. Schreiben Sie mindestens 150 Wörter.

Film 3

Duale Ausbildung oder Studium?

1 Tischler oder Schreiner

Lesen Sie den Informationstext über den Beruf Tischler bzw. Schreiner und beantworten Sie die Fragen.

Der Tischler in Norddeutschland oder der Schreiner in Süddeutschland arbeitet traditionell mit Holz. Er verarbeitet aber auch eine Reihe anderer Materialien, z. B. Kunststoffe, Glas, Metall oder Stein. Und so verschieden wie die Materialien sind die Produkte, die man in diesem Beruf herstellt. In vielen Tischler- und Schreinerbetrieben werden Möbel, Küchen und ganze Inneneinrichtungen gebaut. Andere Betriebe haben sich auf die Fertigung von Fenstern, Türen, Treppen oder sogar Wintergärten spezialisiert. Als Tischler oder Schreiner kann man also fast alles fertigen und bauen, was sich der Kunde für seine Wohnung oder sein Haus wünscht. Und obwohl man in diesem Beruf inzwischen auch mit hochmoderner Technik arbeitet, sind nach wie vor hohe handwerkliche Qualität und Kreativität ein Muss.

1. Mit welchen Materialien arbeitet ein Tischler bzw. Schreiner?
2. Welche Produkte stellt ein Tischler bzw. Schreiner her?
3. Welche Voraussetzungen muss ein Tischler bzw. Schreiner mitbringen?

2 Vom Studium zur dualen Ausbildung

a ▶ Film 3 Sehen Sie den ersten Teil des Films (00:00 – 00:36) und beantworten Sie die Fragen.

1. Was hat Torben Dziura in seinem Studium vermisst?
2. Warum hat er nach seinem Abitur ein Studium angefangen?
3. Wie viele Studierende brechen ihr Studium ab?
4. Was macht Torben Dziura stattdessen?

b Überlegen Sie sich, welche Vorteile es haben könnte, einen handwerklichen Beruf zu erlernen. Sammeln Sie im Kurs. Decken Sie die rechte Seite mit einem Blatt ab.

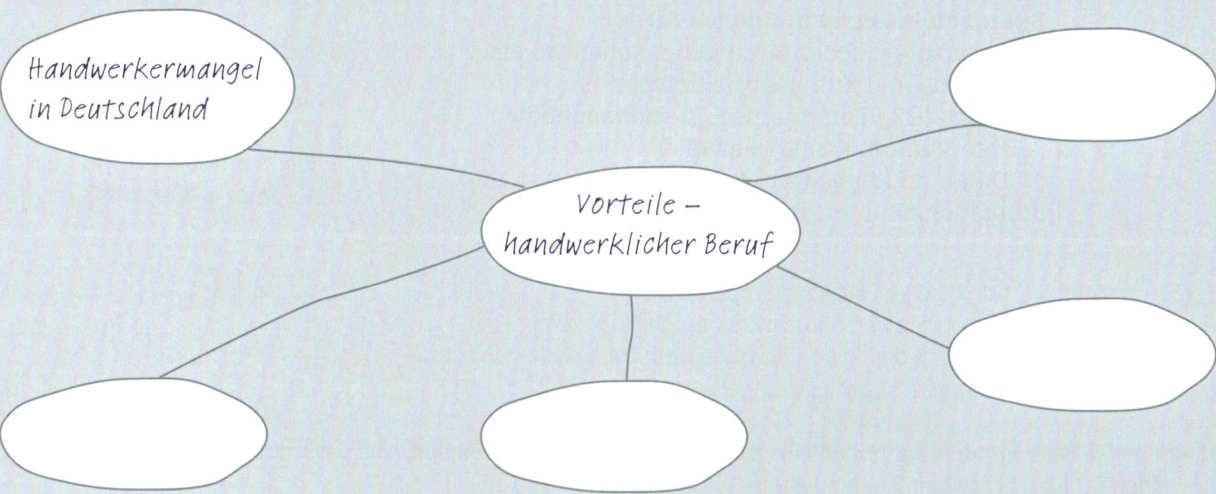

c ▶ Film 3 Sehen Sie den zweiten Teil des Films (00:37 – 01:01) und ergänzen Sie die Argumente von Torben Dziuras Chef, die für einen handwerklichen Beruf sprechen.

| händeringend | gefragt | am Markt | ~~zukunftssicheren Job~~ | zu wenig ausgebildet |

1. Das Handwerk garantiert einen *zukunftssicheren Job* .
2. Handwerker werden überall _____ gesucht.
3. Das Handwerk ist sehr stark _____ .
4. Man findet nur wenige Handwerker _____ .
5. Es gibt einen Mangel an Handwerkern, weil in den letzten Jahren _____ wurde.

d Vergleichen Sie die Argumente in 2c mit Ihren Ergebnissen in 2b.

e ▶ Film 3 Sehen Sie den dritten Teil des Films (01:02 – 01:41). Welche Information passt zu der Grafik rechts? Kreuzen Sie an.

a. ☐ Ausbilder: Das Handwerk ist im Moment stark gefragt.
b. ☐ Moderatorin: Die OECD hat das Studium lange als Königsweg beworben.
c. ☐ Experte: Die Arbeitslosigkeitsgefahr ist bei beiden Wegen gleich gering.

Beschäftigungsquote
Hochschulstudium: 87%
Ausbildung: 83%

f Schauen Sie sich die Gehaltstabelle unten an und beantworten Sie folgende Fragen.

1. Was ist die Hauptinformation?
2. Wie viel wird Torben Dziura während seines Erwerbslebens (von 20 bis 65 Jahre) ungefähr insgesamt verdienen, wenn er seinen Meister macht?

Jahresbruttogehälter im Handwerk nach Ausbildungshintergrund

Berufe	Mit Ausbildung	Mit Meistertitel	Gehaltssprung in %
Elektroniker/-in	36.043 €	44.799 €	24,3 %
Maurer/-in	34.844 €	40.256 €	15,5 %
Dachdecker/-in	33.695 €	40.324 €	19,7 %
Tischler/-in	30.270 €	34.285 €	13,3 %
Lackierer/-in	30.169 €	35.665 €	18,2 %
Kfz-Mechatroniker/-in	29.836 €	34.998 €	17,3 %

© GEHALT.de, 2019

g ▶ Film 3 Sehen Sie den letzten Teil des Films (01:42 – 02:10). Vergleichen Sie die Aussagen im Film zum Gehaltsunterschied zwischen Personen, die einen Hochschulabschluss haben, und Personen, die eine Ausbildung haben, mit der Gehaltstabelle in 1f. Was denken Sie in diesem Zusammenhang über die Einstellung von Torben Dziura, wie sie am Ende des Films beschrieben wird?

7

A Aspekte unserer Ernährung

1 Ernährung: Viel mehr als Essen

a Betrachten Sie die Fotos oben und die Mindmap. Welches Foto passt zu welchem Begriff in der Mindmap? Sprechen Sie im Kurs.

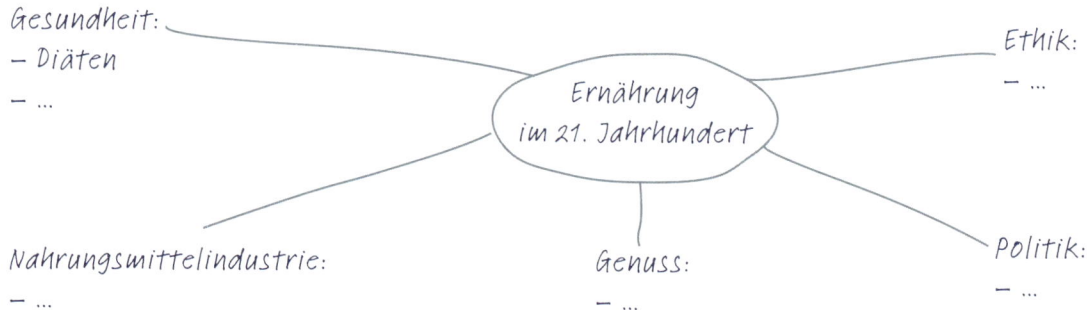

Gesundheit:
– Diäten
– …

Ethik:
– …

Ernährung im 21. Jahrhundert

Nahrungsmittelindustrie:
– …

Genuss:
– …

Politik:
– …

b Ordnen Sie die Wörter den Hauptbegriffen in der Mindmap in 1a zu. Es kann mehr als eine Zuordnung geben. Recherchieren Sie ggf. die Bedeutung und vergleichen Sie Ihre Zuordnung im Kurs. ▶ ÜB A1

Agrarsubventionen | Billigfleisch | ~~Diäten~~ | Esskultur | Nahrungsmittelgerechtigkeit | Gentechnik | Kochkunst | nachhaltiger Konsum | Mangelernährung | Massentierhaltung | Nahrungsmittelspekulation | Nährwert | Qualität | Übergewicht | Welthungerproblem

c Welcher der Aspekte in der Mindmap ist für Sie besonders wichtig? Sprechen Sie im Kurs.

2 Kochen und Essen in Deutschland [Informationen vergleichen und kommentieren]

a Arbeiten Sie zu zweit. Jeder wählt eine Grafik. Welche Informationen erhalten Sie aus Ihrer Grafik und dem zusätzlichen Text? Jeder macht sich Notizen für seinen Teil. Orientieren Sie sich dabei an folgenden Fragen.

- Um welchen konkreten Aspekt geht es in Ihrer Grafik?
- Welche Informationen finden Sie besonders interessant?

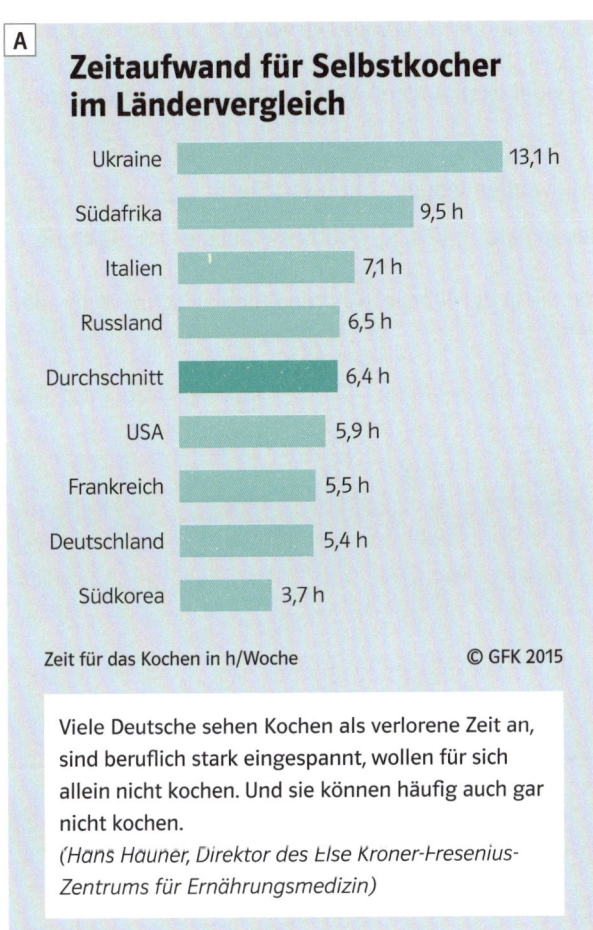

A

Zeitaufwand für Selbstkocher im Ländervergleich

- Ukraine 13,1 h
- Südafrika 9,5 h
- Italien 7,1 h
- Russland 6,5 h
- Durchschnitt 6,4 h
- USA 5,9 h
- Frankreich 5,5 h
- Deutschland 5,4 h
- Südkorea 3,7 h

Zeit für das Kochen in h/Woche © GFK 2015

Viele Deutsche sehen Kochen als verlorene Zeit an, sind beruflich stark eingespannt, wollen für sich allein nicht kochen. Und sie können häufig auch gar nicht kochen.
(Hans Hauner, Direktor des Else Kröner-Fresenius-Zentrums für Ernährungsmedizin)

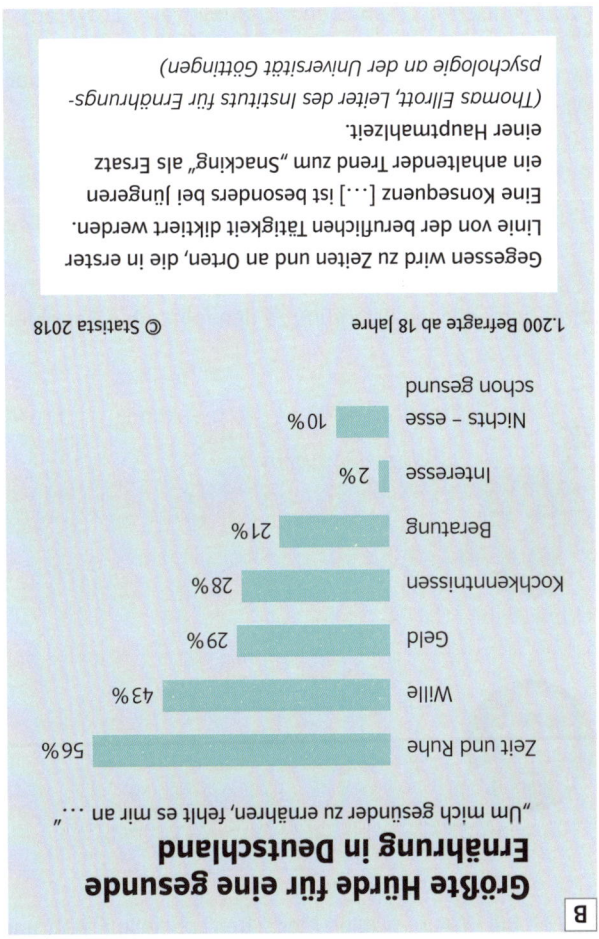

B

Größte Hürde für eine gesunde Ernährung in Deutschland

„Um mich gesünder zu ernähren, fehlt es mir an …"

- Zeit und Ruhe 56%
- Wille 43%
- Geld 29%
- Kochkenntnissen 28%
- Beratung 21%
- Interesse 2%
- Nichts – esse schon gesund 10%

1.200 Befragte ab 18 Jahre © Statista 2018

Gegessen wird zu Zeiten und an Orten, die in erster Linie von der beruflichen Tätigkeit diktiert werden. Eine Konsequenz […] ist besonders bei jüngeren ein anhaltender Trend zum „Snacking" als Ersatz einer Hauptmahlzeit.
(Thomas Ellrott, Leiter des Instituts für Ernährungspsychologie an der Universität Göttingen)

b Stellen Sie Ihrem Partner / Ihrer Partnerin Fragen zu seinem / ihrem Teil. Orientieren Sie sich dabei auch an den Fragen in 2a.

c Tauschen Sie sich über die Informationen aus den Teilen A und B aus und führen Sie die Informationen zusammen. Überlegen Sie sich dabei auch, zu welchen Aspekten Sie gerne noch mehr Informationen hätten.

d Welchen Eindruck haben Sie nun von der Koch- und Esskultur in Deutschland? Notieren Sie mit Ihrem Partner / Ihrer Partnerin Stichpunkte für einen kurzen Kommentar.

e Tragen Sie Ihren Kommentar im Kurs vor. Die Redemittel können helfen. ▶ ÜB A2

> Wir fanden es interessant, dass … | Uns ist besonders aufgefallen, dass … | Man kann einen Zusammenhang zwischen … und … erkennen. | Das Bild, das wir von … bekommen haben, ist … | Wir haben den Eindruck, dass … | Es erscheint uns verständlich / seltsam / problematisch, dass … | Wir vermuten, dass … | Wir fragen uns, ob … | Zuletzt würde uns noch interessieren, warum / wie …

f Vergleichen Sie im Kurs die Kommentare und sammeln Sie die offenen Fragen, die in den Kommentaren genannt werden. Versuchen Sie dann, gemeinsam Antworten zu finden.

g Wie sieht es mit der Ess- und Kochkultur in Ihrem Land aus? Berichten Sie im Kurs.

7 Fokus: Hören

B Ernährungsindividualisten

1 Besondere Ernährungskonzepte [Positionen in Radiofeature verstehen]

a Welche dieser Ernährungskonzepte kennen Sie? Recherchieren Sie ggf. im Internet. Welches Ernährungskonzept würden Sie ausprobieren? ▶ ÜB B1

| ayurvedisch | Clean Eating | glutenfrei | Low Carb | Paleo-Ernährung | Rohkost | vegan | Intervallfasten

b Das Radiofeature hat den Titel „Ernährungsindividualisten – jeder is(s)t anders". Was könnte damit gemeint sein? Was erwarten Sie von der Sendung?

c ▶ 3 | 6–7 Hören Sie Teil 1 des Radiofeatures. Welche Aspekte werden genannt? Kreuzen Sie an.

a. ☐ Motive für spezielle Ernährung   b. ☐ Kritik von der Familie   c. ☐ Probleme bei dieser Ernährung

d Hören Sie Teil 1 des Radiofeatures noch einmal und notieren Sie in der Tabelle, was Nina Biehl und Tim Wolff aus ihrer persönlichen Erfahrung zu den folgenden Aspekten sagen.

	bevorzugter Ernährungsstil	Gründe für bevorzugte Ernährung	positiver Effekt dieser Ernährung	grundsätzlicher Nachteil dieser Ernährung
 Nina Biehl	*Paleo-Ernährung*			
 Tim Wolff				

e ▶ 3 | 8 Warum wählen Menschen spezielle Ernährungsformen? Hören Sie Teil 2 des Radiofeatures und notieren Sie in Stichpunkten die Gründe, die die Expertin Almut Hagen nennt. Hören Sie dann Teil 2 noch einmal, um Ihre Notizen zu überprüfen. ▶ ÜB D2

Gründe, die die Menschen selbst nennen: _____

Gründe, die die Expertin sieht: *moderner Lebensstil,* _____

f Lesen Sie die zwei Kurzfassungen des Radiofeatures und prüfen Sie mit Hilfe Ihrer Notizen in 1d und 1e, welcher Text inhaltlich korrekt ist: A oder B?

A Zwei Anhänger von speziellen Ernährungsformen erklären, was ihre Gründe für die Ernährungsumstellung waren. Während Nina Biehl, eine Paleo-Anhängerin, körperliche Beschwerden nennt, waren es für den Veganer Tim Wolff ethische Überzeugungen. Beide finden, dass ihre Ernährung im Alltag jetzt mehr Mühe macht. Die Ernährungsexpertin Almut Hagen vertritt die Ansicht, dass hinter solchen Ernährungsentscheidungen oft tiefere Bedürfnisse stehen.

B Nina Biehl, eine Paleo-Anhängerin, berichtet von ihren körperlichen Beschwerden vor der Ernährungsumstellung. Heute fühlt sie sich besser und gesünder. Auch für den Veganer Tim Wolff war der gesundheitliche Aspekt die Hauptmotivation. Dazu erklärt die Ernährungsexpertin Almut Hagen, dass sich viele Menschen wegen einer medizinischen Diagnose für eine neue Ernährungsform entscheiden. Außerdem leiden sie unter dem modernen Lebensstil.

Fokus: Hören + Grammatik

g Welche der Aussagen im Radiofeature fanden Sie überzeugend, welche nicht? Warum? Sprechen Sie im Kurs.

> Ich kann nicht verstehen, warum … | Ich fand die Aussage von … überzeugend, dass … |
> Ich kann nachvollziehen, dass … | Für mich ist es ganz unverständlich, warum … |
> Es gab in der Sendung eine interessante These, nämlich … | Was … gesagt hat, finde ich richtig, weil …

2 Grammatik: Was andere behaupten – „sollen" zum Ausdruck der Distanzierung ▶ G 3.3.3

a Lesen Sie die Aussagen aus dem Radiofeature. Welche Bedeutung haben sie: a oder b? Kreuzen Sie an.

1. Durch Paleo soll man mehr Energie bekommen.
   a. ☐ Ich habe gehört, dass man durch Paleo mehr Energie bekommt. Ich weiß aber nicht, ob das stimmt.
   b. ☐ Durch Paleo bekommt man mehr Energie.

2. Getreide und Zucker sollen zum Beispiel wichtig für das Gehirn sein.
   a. ☐ Getreide und Zucker müssen wichtige Aufgaben im Gehirn übernehmen.
   b. ☐ Getreide und Zucker sind angeblich wichtig für das Gehirn.

3. Eine kohlenhydratarme Ernährung wie Paleo soll Depressionen auslösen.
   a. ☐ Eine kohlenhydratarme Ernährung wie Paleo löst Depressionen aus.
   b. ☐ Jemand behauptet, dass eine kohlenhydratarme Ernährung Depressionen auslöst.

b Lesen Sie die Sätze in 2a noch einmal und kreuzen Sie in der Regel an.

> **G**
> Das Modalverb „sollen" bedeutet hier:
> a. ☐ Andere sagen, dass es so ist, doch ob das stimmt, ist für den Sprecher nicht sicher.
> b. ☐ Andere sagen, wie etwas sein muss oder gemacht werden muss.

c Formulieren Sie folgende Sätze mit „sollen" um. ▶ ÜB B3

1. Man sagt, dass Paleo bei manchen Personen zu hohem Blutdruck führt.
2. Ich habe gehört, dass die Veganer einen Vitamin-B12-Mangel haben.
3. Angeblich ist die vegane Ernährung die gesündeste Ernährungsform von allen.
4. Ein Blogger behauptet, dass die Paleo-Bewegung von der Fleischindustrie unterstützt wird.

Paleo soll bei manchen Personen zu hohem Blutdruck führen.

d Sammeln Sie in Gruppen nicht-wissenschaftliche Behauptungen über Nahrungsmittel oder Ernährungsstile, die Sie schon einmal gehört haben. Formulieren Sie dann diese Behauptungen in Sätzen mit „soll" / „sollen".

> Ich habe mal gehört, dass Vegetarismus Haarausfall verursachen soll.

> Mein Großvater hat immer gesagt: Rotwein soll …

e Wählen Sie gemeinsam die erstaunlichste Behauptung.

3 Essen zwischen physischen und psychischen Bedürfnissen

Sprechen Sie im Kurs über das folgende Zitat. Was könnte damit gemeint sein? Fallen Ihnen Beispiele und Beobachtungen aus unserer Zeit ein, die dazu passen?

„Sorge für deinen Leib, doch nicht so, als wenn er deine Seele wäre."

(*Matthias Claudius*, deutscher Dichter und Journalist, 1740–1815)

C Ernährung – nur Privatsache?

1 Ernährung als Gefahr für die Gesundheit

a Lesen Sie die Überschrift und Unterüberschrift eines Artikels aus einer Zeitschrift für Gesellschaftsfragen und tauschen Sie sich im Kurs aus: Haben Sie schon einmal von solchen Sondersteuern gehört? Kennen Sie Beispiele dafür?

Der Staat als Ernährungserzieher?

Nutzen und Grenzen von Sondersteuern auf ungesunde Lebensmittel

Durch die Medien und staatliche Gesundheitskampagnen wissen wir heute mehr über gesunde Ernährung als je zuvor. Dennoch verbreiten sich weltweit Übergewicht, Diabetes und andere Krankheiten, die ihre Ursache in der Ernährung haben. Information allein reicht also nicht aus, um Menschen zu einem gesünderen Ernährungsverhalten zu bewegen. Als eine wirkungsvollere Maßnahme gelten dagegen erhöhte Steuern auf ungesunde Lebensmittel. Die Weltgesundheitsorganisation WHO empfiehlt beispielsweise eine Sondersteuer auf zuckerreiche Getränke, um sie für die Konsumenten unattraktiver zu machen. Die Frage, ob solche politischen Maßnahmen sinnvoll und berechtigt sind, wird in Deutschland jedoch kontrovers diskutiert. Die Befürworter einer Sondersteuer sagen, dass das Verhalten der Lebensmittelindustrie verantwortungslos sei. Stephanie Gerlach, Sprecherin der Deutschen Adipositas Gesellschaft, kritisiert konkret, dass viele Unternehmen Milliarden am Überkonsum verdienen. Gleichzeitig müsse aber die Behandlung der gesundheitlichen Folgen von der Gemeinschaft bezahlt werden. Frau Gerlach meint, dass es in anderen Ländern messbare Erfolge einer Zuckersteuer gebe, zum Beispiel in Mexiko. Der Gesundheitsökonom Renke Schmacker hält die Steuer für hilfreich, um vor allem Kinder und Jugendliche zu schützen, denn sie sind die Hauptkonsumenten von süßen Getränken. Laut Herrn Schmacker entwickelt sich ihr Geschmack noch. Es könne daher positive Wirkungen auf ihr zukünftiges Ernährungsverhalten haben, wenn sie sich an weniger süße Produkte gewöhnen würden. Ein konkreter Fall einer Sondersteuer mit positiven Effekten ist in Deutschland die sogenannte „Alkopop-Steuer" aus dem Jahr 2004. Alkopops, alkoholhaltige Limonaden, hatten damals zu einem alarmierenden Anstieg des Alkoholkonsums bei 12–17-Jährigen geführt. Mit niedrigen Preisen und süßem Geschmack hatten die Produzenten bewusst Jugendliche als Zielgruppe angesprochen. Durch die Sondersteuer verdoppelte sich der Preis jedoch fast und die Getränke wurden so für die Jugendlichen unattraktiv. Statistiken zeigen, dass der Alkoholkonsum in dieser Altersgruppe seither wieder gesunken ist. Allerdings gibt es auch Beispiele für misslungene Versuche, die Ernährung der Bürger zu beeinflussen. So hatte sich vor der Bundestagswahl im Jahr 2013 die Partei Bündnis 90/Die GRÜNEN für einen Tag ohne Fleisch in öffentlichen Kantinen ausgesprochen. Es war als eine Initiative für mehr Nachhaltigkeit und Tierschutz geplant, doch die öffentliche Reaktion war teilweise sehr negativ: Man kritisierte die GRÜNEN als Spaßverderber. Politische Gegner behaupteten sogar, die GRÜNEN hätten eine Tendenz zur „Ökodiktatur". Kein Wunder, dass der fleischlose Tag bald wieder aus dem Parteiprogramm verschwand. Den Kritikern von Sondersteuern geht es vor allem – das zeigt dieser Fall – um die Entscheidungsfreiheit des Individuums. Sie finden, der Staat habe kein Recht, in den privaten Konsum der Bürger einzugreifen. Ihnen ist es wichtiger, dass die Zusammensetzung der Lebensmittel transparenter wird. Als Vorschlag wird oft eine Kennzeichnung von Produkten mit einem grünen, gelben oder roten Punkt genannt, abhängig vom Gehalt an Fett, Zucker und Salz. Sogar für Kinder wäre dieses Ampelsystem klar verständlich.

Laut den Steuergegnern könnte das auch dazu führen, dass die Hersteller ihre Rezepte verändern. Grundsätzlich zeigt uns diese Diskussion, dass es bei der Zuckersteuer um mehr geht als um reine Ernährungsfragen. Hier spielen auch unsere Vorstellungen vom Verhältnis zwischen Individuum und Staat eine Rolle. Essen ist zwar Ausdruck unseres individuellen Geschmacks und Lebensstils. Aber in Zeiten der industriellen Lebensmittelproduktion kann es hilfreich sein, wenn der Staat eine aktive Rolle übernimmt – besonders, wenn es um Kinder und Jugendliche geht.

b Überfliegen Sie den Text. Um was für eine Art Text handelt es sich hier? Begründen Sie Ihre Lösung. ▶ ÜB C1

a. ☐ Erfahrungsbericht b. ☐ Argumentation c. ☐ Analyse eines Problems

Fokus: Lesen **7**

2 Pro und contra Sondersteuer [Argumentationsaufbau erkennen]

a Lesen Sie den Artikel in 1a noch einmal. Wie ist die Argumentation aufgebaut? Markieren Sie im Text, an welcher Stelle jeweils ein neuer logischer Abschnitt beginnt. Notieren Sie dann die passende Bezeichnung und die Zeilennummern im Textbauplan.

Pro-Argument | Contra-Argument | ~~Einleitung~~ | ~~Fazit~~ | Contra-Beispiel | Pro-Beispiel

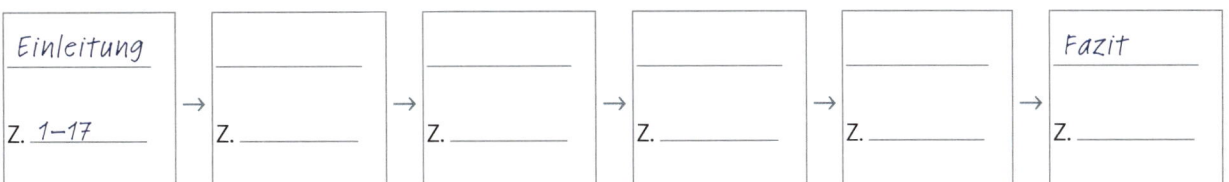

Einleitung
Z. 1–17 → Z. ___ → Z. ___ → Z. ___ → Z. ___ → Fazit Z. ___

b Markieren Sie im Artikel in 1a die Ausdrücke und Wörter, an denen Sie erkannt haben, dass ein neuer logischer Abschnitt beginnt.

c Erstellen Sie einen Textbauplan. Ergänzen Sie dazu links die Bezeichnungen der Textteile aus 2a. Notieren Sie bei jedem Textteil die wichtigsten Informationen in Stichpunkten, jeweils maximal zwei Informationen.

> 小贴士　文章的结构
>
> 文章的结构对阅读和写作非常有用，因为它有助于展示文章段落之间的逻辑并据此整理信息。

1. Einleitung
   - globale Verbreitung von Übergewicht, Krankheiten
   - kontroverse Frage: …

↓

2.
   -
   -

↓

3.
   -
   -

↓

4.
   -
   -

↓

5.
   -
   -

↓

6. Fazit
   -
   -

d Geben Sie mithilfe des Textbauplans in 2c die Argumentation des Textes in eigenen Worten wieder. Schreiben Sie einen Text von 150 bis 180 Wörtern Länge. ▸ ÜB C2

e Hängen Sie Ihre Texte im Kursraum auf und lesen Sie sie. Tauschen Sie sich darüber aus, welche Sie besonders gelungen finden und warum.

7 Fokus: Lesen + Grammatik

3 Grammatik: Was andere behaupten – indirekte Rede und Konjunktiv I ▶ G 3.3.1, 3.3.2

a Lesen Sie die Sätze. In welchem Satz bekommt man die Information direkt? In welchem Satz steht die Information in indirekter Rede, d. h., wo gibt der Autor wieder, was eine andere Person sagt?

1. Stephanie Gerlach: „Viele Unternehmen verdienen Milliarden am Überkonsum."
2. Stephanie Gerlach kritisiert, dass viele Unternehmen Milliarden am Überkonsum verdienen.

b Lesen Sie die Sätze in der indirekten Rede. In welchem Satz zeigt der Sprecher eine Distanz zu dem, was Frau Gerlach sagt: a oder b? Kreuzen Sie an.

a. ☐ Frau Gerlach sagt, dass die Einführung der Sondersteuer in Mexiko ein großer Erfolg ist.
b. ☐ Frau Gerlach sagt, dass die Einführung der Sondersteuer in Mexiko ein großer Erfolg sei.

c Suchen Sie zu den Sätzen in indirekter Rede die passenden Formulierungen im Artikel in 1a und ergänzen Sie die Lücken mit den passenden Formen im Konjunktiv I.

1. Die Befürworter sagen, dass das Verhalten der Lebensmittelindustrie verantwortungslos ist. (Z. 17-20)
   Die Befürworter sagen, dass das Verhalten der Lebensmittelindustrie verantwortungslos _sei_.
2. Frau Gerlach kritisiert, dass die Behandlung der Folgen von der Gemeinschaft bezahlt werden muss. (Z. 23-25)
   Frau Gerlach kritisiert, dass die Behandlung der Folgen von der Gemeinschaft bezahlt werden _____.
3. Frau Gerlach meint, dass es messbare Erfolge einer Zuckersteuer gibt. (Z. 25/26)
   Frau Gerlach meint, es _____ messbare Erfolge einer Zuckersteuer.
4. Herr Schmacker ist der Ansicht, dass eine Sondersteuer eine positive Wirkung haben kann. (Z. 31-33)
   Herr Schmacker ist der Ansicht, eine Sondersteuer _____ eine positive Wirkung haben.
5. Kritiker finden, dass der Staat kein Recht hat, in den privaten Konsum einzugreifen. (Z. 60/61)
   Kritiker finden, dass der Staat kein Recht _____, in den privaten Konsum einzugreifen.

d Lesen Sie die Sätze in 3c und notieren Sie die Formen des Konjunktivs I.

	sein	haben	müssen	können	geben
er/sie/es	_sei_				

e Lesen Sie die Sätze und achten Sie auf die markierten Verben.

1. Frau Gerlach ist der Meinung, dass die Unternehmen verantwortungslos **seien**.
2. Herr Schmacker meint, dass Steuern eine positive Wirkung **hätten**.
3. Frau Gerlach kritisiert, dass alle Bürger für die gesundheitlichen Folgen zahlen **müssten**.
4. Viele finden, die Lebensmittelhersteller **würden** zu viel am Überkonsum **verdienen**.

f Schauen Sie sich die Verbformen in 3d und 3e an und ergänzen Sie die Regeln. ▶ ÜB C3-4

> 1. Man verwendet den Konjunktiv I in der formellen Sprache, wenn man die Information von einer anderen Person wiedergibt und man sich von der Information distanziert.
> 2. Der Konjunktiv I wird hauptsächlich in der 3. Pers. Sg. verwendet. Man bildet ihn so: Verbstamm + Endung „-e", z. B. haben → er/sie/es _habe_, müssen → er/sie/es _müsse_, geben → er/sie/es _____.
> 3. Bei den anderen Personen ersetzt man die Formen des Konjunktivs I in der Regel durch den Konjunktiv II oder „würde" + Infinitiv, z. B. haben → sie _hätten_, müssen → sie _____, verdienen → sie _____ verdienen.
> 4. Eine Ausnahme ist „sein". Hier verwendet man den Konjunktiv I auch in der 1. Pers. Sg. und Pl. und in der 3. Pers. Pl.: ich sei, wir seien, sie _____.

g Welche Meinung haben Sie zum Thema „Sondersteuer auf ungesunde Lebensmittel"? Notieren Sie jeder einen Satz auf einem Zettel mit Ihrem Namen. Tauschen Sie dann die Zettel und geben Sie die Meinung Ihres Partners/Ihrer Partnerin in der indirekten Rede wieder.

> David ist der Meinung, es sei …

Fokus: Schreiben

D Das Problem mit den Resten

1 Essen in die Mülltonne? [Grafiken interpretieren]

a Betrachten Sie die Grafik. Haben Sie selbst schon einmal Lebensmittel weggeworfen? In welchen Situationen?

b Diskutieren Sie, welche Folgen die Lebensmittelverschwendung für die folgenden Bereiche hat. Notieren Sie sich wichtige Informationen und Aspekte aus Ihrer Diskussion.

- Ressourcenverbrauch
- Umwelt
- globale Wirtschaftszusammenhänge
- Esskultur

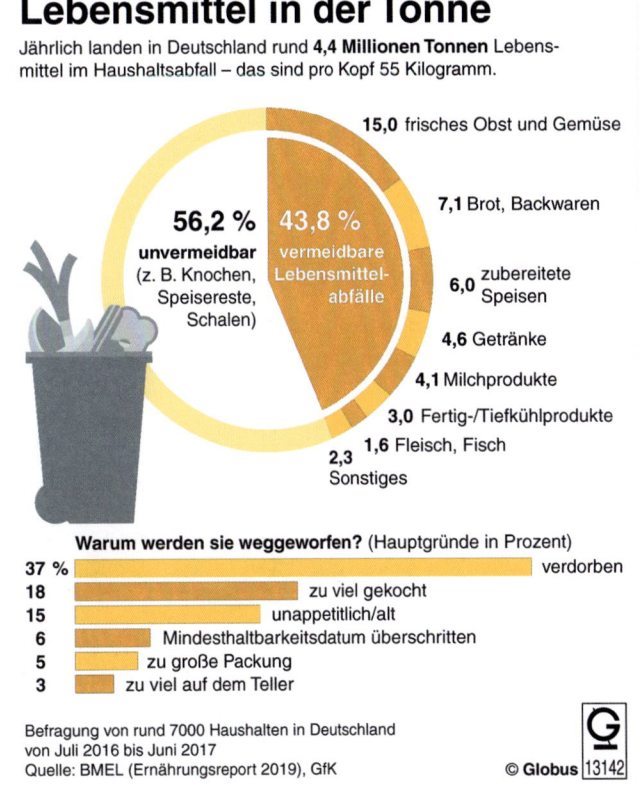

c Schreiben Sie die Informationen aus der Grafik und Ihre Notizen zu Aufgabe 1b in das Schema.

```
1. Problembeschreibung:       vermeidbare Lebensmittel: über 40 %
 - die größte Zahl:           Anteil von Obst und Gemüse am Lebensmittelabfall: 15 %
 - die kleinste Zahl:         _____
 - weitere interessante Zahl: _____

2. Ursachen
 - die größte Zahl:           _____

3. Folgen
 - ein Bereich aus 1b:        _____
 - Beispiel:                  _____
 - weiterer Bereich aus 1b:   _____
 - Beispiel:                  _____
```

d Schreiben Sie mithilfe des Schemas in 1c eine Grafikinterpretation. Ergänzen Sie dazu einen Einleitungs- und einen Schlusssatz. Die Übungen und Redemittel im Übungsbuch helfen. ▶ ÜB D1–2

e Korrigieren bzw. ergänzen Sie nun Ihren Text unter den folgenden Gesichtspunkten.

- Einleitung und Schlusssatz vorhanden
- Textaufbau: Strukturelemente aus 1c deutlich erkennbar und in klarer Reihenfolge
- Textzusammenhang: logisch gut verbundene Sätze, Vor- und Rückverweise

Ernährung in der Zukunft

1 Globale Ernährung [Vorwissen aktivieren]

Lesen Sie die Überschrift des Magazinartikels unten und überlegen Sie kurz: Was wissen Sie über das Thema?

2 Globale Ernährung [Argumentationsstruktur erkennen]

Lesen Sie nun den Artikel und die Aussagen A bis H. Entscheiden Sie, welche Aussagen stimmen. Ordnen Sie dann die richtigen Aussagen den passenden Aspekten in der Tabelle zu. Es müssen vier Aussagen zugeordnet werden.

Auf der Suche nach der globalen Ernährung der Zukunft

Die Weltbevölkerung wächst kontinuierlich. Laut Prognosen der UN wird es im Jahr 2040 neun Milliarden Menschen auf der Erde geben, weitere zwanzig Jahre später könnten es bereits zehn Milliarden sein. Doch gleichzeitig wird die landwirtschaftlich nutzbare Fläche weltweit kleiner: Jedes Jahr gehen enorme Flächen durch Erosion und Austrocknung verloren, oft eine Folge von zu intensiver oder ungeeigneter Bewirtschaftung. In Zukunft werden daher dringend neue Ideen für die globale Nahrungsmittelproduktion nötig sein. Die Förderung einer nachhaltigeren Landwirtschaft wäre ein wichtiger Schritt in die richtige Richtung. Eine Rückkehr zu kleineren Feldern und eine weniger starke Bearbeitung des Bodens durch Agrarmaschinen würden den Anbau arbeitsintensiver machen, aber auf lange Sicht wertvolle Agrarflächen erhalten.

Einen anderen Weg gehen Nahrungsmittelforscher und -techniker, die an der Entwicklung innovativer Lebensmittel arbeiten. So ist in den letzten Jahren z. B. das Forschungsinteresse an Insekten als Proteinquelle gestiegen. Das ist eine Reaktion auf die weltweit steigende Nachfrage nach Fleisch, die eine große Herausforderung darstellt. In vielen Teilen der Welt gilt Fleisch als Symbol für ein gutes Leben. Doch die dafür nötige intensive Tierhaltung zeigt deutliche Nachteile: So werden z. B. in Deutschland 50–75 % des Getreides nur als Tierfutter benötigt. Dazu kommen zahlreiche Belastungen für die Umwelt.

Im Vergleich dazu braucht die Insektenzucht deutlich weniger Bodenflächen und Futtermengen. Ein anderes Beispiel sind Algen. Die Pflanzen aus dem Meer haben in der traditionellen asiatischen Küche schon seit Langem einen festen Platz. Lebensmitteltechniker stellen nun fest, dass man aus Algen auch gesunde Öle und sogar Nudeln oder Brot herstellen kann.

Interessant sind Algen für die globale Ernährung besonders deshalb, weil sie in Wassertanks wachsen können. So wäre die Algenproduktion auch in solchen Regionen denkbar, wo die Böden für die Landwirtschaft nicht brauchbar sind.

Noch ist allerdings nicht klar, wie viele Konsumenten diese neuen Produkte als Ersatz für Fleisch akzeptieren werden. Hier ist die Kreativität der Lebensmittelentwickler nötig, um attraktive Produkte bereitstellen zu können. Es wird sicher auch Anstrengungen brauchen, um möglichst viele Menschen vom Nutzen dieser Produkte für die Welternährung zu überzeugen.

A. Bedarf an großen Feldern	**E.** Veränderungen in der Agrarproduktion
B. Nahrungsmittel werden aus ungewohnten Rohstoffen hergestellt	**F.** Neue Landmaschinen vereinfachen die Landwirtschaft
C. Getreide wird für die Tierhaltung verwendet	**G.** Stetiges Wachstum der Bevölkerung
D. Traditionelle Produktion von Ölen aus Algen	**H.** Konsumenten lehnen Produkte ab

Ernährung der Zukunft

Problem	Lösung

3 Argumentationsstruktur erkennen [Vorgehen reflektieren]

Markieren Sie im Artikel in 2 die Ausdrücke, die Ihnen gezeigt haben, welche Punkte zu den Aspekten „Problem" oder „Lösung" gehören.

小贴士   答题攻略

在德福考试中该项的答题时间为7分钟。首先你必须区分正确的和错误的细节描述，然后根据文章的内容把这些描述归类到"问题解决""原因"或者"作用"等方面。

4 Globale Ernährung
DSH [passende Textstellen identifizieren, um Fragen zu beantworten]

a Ergänzen Sie den Satz mit der passenden Information aus dem Artikel in 2.

Um die globale Ernährungssituation zu verbessern, versuchen Nahrungsmittelforscher und -techniker,

_____.

b Haben Algen in der Ernährung der Zukunft eine Perspektive? Lesen Sie den Artikel in 2 und erklären Sie, was dafür, was dagegen spricht.

dafür:

- _____

- _____

dagegen:

- _____

5 Globale Ernährung [Ausdrücke im Kontext verstehen]
DSH

Formulieren Sie die Sätze aus dem Artikel in 2 um, ersetzen Sie dabei die markierten Ausdrücke.

1. Laut Prognosen der UN wird es im Jahr 2040 neun Milliarden Menschen auf der Erde geben. (Z. 3–7)

_____

2. Die Pflanzen aus dem Meer haben in der traditionellen asiatischen Küche schon seit Langem einen festen Platz. (Z. 34–36)

_____

6 Globale Ernährung [Aussagen im Detail verstehen]
DSH

Lesen Sie den Artikel in 2 noch einmal. Kreuzen Sie an, ob die folgenden Sätze richtig (r) oder falsch (f) sind.

		r	f
1.	Die Bodenfläche, auf der Agraranbau möglich ist, sinkt weltweit.	☐	☐
2.	Trockenheit und Erosion der Böden führt zu intensiverer und ungeeigneter Landwirtschaft.	☐	☐
3.	Eine Teillösung könnte die Wiederaufnahme traditionellerer Produktionsweisen in der Landwirtschaft sein.	☐	☐
4.	Global gesehen steigt die Beliebtheit von Insektenfleisch.	☐	☐
5.	Massentierhaltung ist ein Problem für die Ressourcen und die Umwelt.	☐	☐
6.	Die Züchtung von Insekten und Algen benötigt weniger Agrarfläche und Nährstoffe.	☐	☐
7.	Algen wachsen auf Böden, die man landwirtschaftlich nur schlecht nutzen kann.	☐	☐

Landwirtschaft unter Druck

1 Milchbauern diskutieren über ihre Lage
[Vorwissen aktivieren]

Sie hören eine Diskussion zum Thema „Die Situation von Milchbauern in Deutschland". Betrachten Sie zuerst die Tabelle mit den Argumentationspunkten, auf die Sie achten müssen, und überlegen Sie sich, worum es in der Diskussion gehen könnte.

> 小贴士　答题攻略
>
> 在考试时，你要利用准备时间通读题目，以激活已有的基本知识。在考试中一直是两个人相互讨论。他们总是就两个方面进行论述，比如问题/要求、论点/事例、问题/解决方法、原因/结果。

Johann Dehmel
Problem _____

Forderung _____

Michaela Arnold:
Problem _____

Forderung _____

2 Milchbauern diskutieren über ihre Lage (TestDaF)
[Zusammenhang von Aussagen erkennen]

▶ 3 | 9 Hören Sie nun die Diskussion und notieren Sie für jede Person, was diese Person als Problem nennt und eine dazugehörige Forderung. Notieren Sie Stichpunkte. Sie können auch zuerst Notizen machen und danach die Lösung in die Tabelle in 1 übertragen.

> 小贴士　答题攻略
>
> 你只需要记录一个观点，比如每个人一个问题、一个要求。讨论只听一遍。听完以后你有3分钟时间把你的记录抄写到表格中并检查内容。请记住，你必须把答案输入电脑。这很费时间，所以最好把答案直接输入到电脑里。

3 Milchbauern diskutieren über ihre Lage [Diskussion im Detail verstehen] (DSH)

▶ 3 | 9 Hören Sie die Diskussion in 2 noch einmal und beantworten Sie die Fragen.

1. Maximale Milchpreis-Schwankung in den letzten 12 Jahren? _____
2. Preis, den ein Biolandwirt für Milch bekommt? _____
3. Anteil von Biomilch an der Gesamtmilchmenge? _____
4. Verursacher des starken Preisdrucks auf Milchbauern? _____

Ich muss mich beschweren!

1 Unzufrieden mit der Dienstleistung [Beschwerden schriftlich äußern]

a Lesen Sie die Werbeanzeige einer Cateringfirma. Sie hatten dieser Cateringfirma den Auftrag für ein großes Geburtstagsfest gegeben. Leider waren Sie überhaupt nicht zufrieden, denn vieles war anders als in der Anzeige versprochen. Sammeln Sie kurz Ideen, was beim Catering nicht gut war, und machen Sie sich Notizen.

Geschmackswelten – das besondere Catering zum besonderen Anlass
Geburtstag? Hochzeit? Jubiläum?

Sie planen ein Fest und wollen Ihren Gästen ein Buffet anbieten, das für Begeisterung sorgt? *Geschmackswelten* bietet Ihnen ein perfekt organisiertes Catering mit einer vielfältigen Auswahl an Speisen und Getränken. Passend zum Thema des Buffets gestalten wir eine spektakuläre Dekoration mit tollen Überraschungen – lassen Sie sich verzaubern!
Qualität und Service auf höchstem Niveau zu bezahlbaren Preisen!

Testen Sie eine unserer Geschmackswelten, z. B. zu den beliebten Themen
„Frühling", „Karibik" oder „Romantik".

Sprechern Sie mit uns – wir beraten Sie gern.
Geschmackswelten Catering-Service, Inhaber: Birgit und Tobias Inghoff
geschmackswelten-inghof@versatel.de

---

b Schreiben Sie eine E-Mail an die Cateringfirma und beschweren Sie sich. Behandeln Sie entweder drei der folgenden Punkte oder zwei der folgenden Punkte und einen weiteren Aspekt Ihrer Wahl.

- Erklären Sie, was Sie nun vom Anbieter erwarten.
- Beschreiben Sie Ihre Erwartungen nach der Lektüre der Werbeanzeige.
- Beschreiben Sie, was Sie beim Catering nicht gut fanden und warum Sie enttäuscht sind.
- Beschreiben Sie, was Sie tun, falls Sie keine Reaktion bekommen.

Überlegen Sie sich eine passende Reihenfolge der Punkte, eine Anrede, Einleitung und einen Schluss. Schreiben Sie mindestens 150 Wörter.

> **小贴士 答题攻略**
>
> 内容点的完整性非常重要。请注意，内容点的顺序不一定总是你邮件中的最好顺序。该考题完成时间为30分钟。

2 Beschwerden schriftlich äußern [Vorgehen reflektieren]

Lesen Sie zum Abschluss Ihre E-Mail in 1b noch einmal durch und überprüfen Sie sie anhand der Punkte unten. Ein Modell für einen Beschwerdebrief finden Sie in Lektion 3C. Überarbeiten Sie ggf. Ihren Text.

- Sind alle drei Punkte behandelt worden?
- Haben Sie in der E-Mail passende Redemittel verwendet?
- Ist der Stil angemessen: formell, dabei kurz und klar?

A Trends im Sport

1 Alte und neue Sportarten

a Welche Sportarten sind in den Piktogrammen abgebildet? Sammeln Sie im Kurs und notieren Sie die Namen der Sportarten unter die Bilder. Arbeiten Sie ggf. mit einem Wörterbuch.

b Welche Sportarten gehören zu traditionellen Disziplinen und welche sind Trendsportarten? Arbeiten Sie mit einem Partner / einer Partnerin und vergleichen Sie im Kurs.

Traditionelle Sportarten: _Laufen,_ _____

Trendsportarten: _____

c Recherchieren Sie Informationen zu einer der oben abgebildeten Sportarten im Internet. Orientieren Sie sich dabei auch an folgenden Fragen. Notieren Sie die Informationen in Stichpunkten. ▸ ÜB A1–2

1. Wie übt man diesen Sport aus? Was braucht man dafür?
2. Übt man diesen Sport überwiegend als Einzel- oder als Mannschaftssport aus?
3. Welche Möglichkeiten gibt es, diesen Sport in der Freizeit auszuüben?
4. Welche Formen des Wettkampfes gibt es in dieser Sportart?

Neues Sportangebot
- Ort?
- Was braucht man dafür?
- Wie anbieten?
- …

d Ihre Hochschule möchte ihr Sportprogramm für Studierende erweitern. Machen Sie einen Vorschlag und stellen Sie dafür Ihre Sportart aus 1c in einer kurzen Präsentation (2 Min.) vor. Sie können sich dabei an Ihren Notizen in 1c und den Punkten rechts orientieren. ▸ ÜB A3

e Führen Sie im Kurs eine Punkteabstimmung durch, welche Sportart neu aufgenommen werden soll.

2 Leistungssport für alle [Verbindung zwischen Textabschnitten erkennen]

Die Reihenfolge der Textabschnitte ist vertauscht. Sehen Sie sich die markierten Textstellen in den Abschnitten A bis F an. Welche Wörter in den ersten Sätzen der Abschnitte beziehen sich auf diese Textstellen? Markieren Sie sie und bringen Sie die Abschnitte in die richtige Reihenfolge.

Der Sprung nach vorn

[1] **A** Von Weitem sehen die weißen Zelte aus wie die Boxen beim Formel-1-Rennen. Wer hier einen Zwischenstopp einlegt, braucht jedoch keine neuen Reifen, sondern eine ganz andere technische Unterstützung. Es sind die Teilnehmer der Paralympics, der olympischen Wettkämpfe von Sportlern mit körperlichen Einschränkungen, die hier vom Hersteller für Laufprothesen betreut werden.

[ ] **B** Im Mittelpunkt der kontroversen Diskussion stand die Lauffeder, wie die Beinprothese auch genannt wird. Sie gibt beim Abspringen die Energie wieder zurück, die der Sportler in den Sprung gelegt hat. Obwohl sie technisch weniger kompliziert ist als z. B. Prothesen mit künstlichem Knie, verhalf sie Markus Rehm zu einem Sprung von über 8 Metern. Ohne die ständige Weiterentwicklung auf dem Gebiet der Orthopädietechnik kann man sich solche Erfolge der behinderten Leichtathleten bei sportlichen Wettbewerben nur schwer vorstellen.

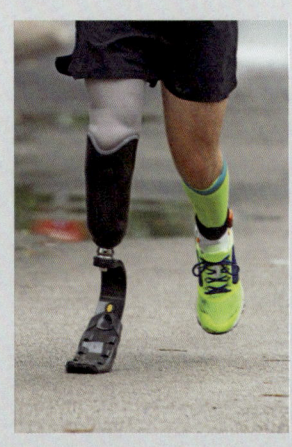

[ ] **C** Er wollte sich mit dieser Trennung von Spitzen- und Behindertensport nicht abfinden. 2016 organisierte er eine wissenschaftliche Studie, die die Frage nach dem Vorteil durch die Beinprothese beantworten sollte. Ihr Ergebnis: Insgesamt heben sich die Vor- und Nachteile gegenseitig auf. Erklärt wird dies folgendermaßen: Der Weitsprung hat zwei Phasen: den Anlauf und den Absprung. In der ersten Phase hat der behinderte Sportler Nachteile, weil es schwierig ist, mit der Prothese das Gleichgewicht zu halten. Beim Absprung verliert er dagegen kaum Energie, anders als bei Sportlern, die mit ihrem natürlichen Bein abspringen.

[ ] **D** Nun muss der Weltverband für Leichtathletik entscheiden, ob er die Erkenntnisse aus dieser Studie anerkennt und welche Folgen dies für den Inklusionsgedanken im Sport hat. Eine Teilnahme paralympischer Athleten an internationalen Sportevents würde einerseits vielleicht dazu beitragen, den paralympischen Sport noch bekannter zu machen. Andererseits sind gemeinsame Wertungen fragwürdig und gefährden das Prinzip der sportlichen Fairness.

[ ] **E** Doch gemeinsame Meisterschaften von Sportlern mit und ohne Prothesen sind bis heute umstritten. Im Jahre 2006 haben die UN einen Vertrag über die Rechte von Behinderten abgeschlossen. Dieser ruft alle Staaten dazu auf, das Miteinander von Behinderten und Nichtbehinderten zu ermöglichen.

In Deutschland spricht man dabei von „Inklusion". Aber kann man das Prinzip auch auf sportliche Wettkämpfe übertragen? Im Jahr 2014 hatte der Deutsche Leichtathletikverband eine nachvollziehbare Entscheidung getroffen. Trotz des Sieges im nationalen Wettbewerb durfte Markus Rehm nicht an den Europameisterschaften in Zürich teilnehmen. Für Rehm war die Entscheidung ein Tiefpunkt in seiner bisher so erfolgreichen Karriere.

[2] **F** Seit 2012 müssen Städte, die sich um die Olympischen Spiele bewerben, gleichzeitig auch die Paralympics veranstalten. Dies und die Berichte großer Fernsehsender haben den Leistungssport behinderter Athleten weltweit bekannt gemacht. So wurde z. B. überall über den großes Erfolg des Leichtathleten Markus Rehm bei den Deutschen Leichtathletik-Meisterschaften 2014 berichtet: Er belegte vor seinen nicht behinderten Konkurrenten den ersten Platz im Weitsprung. Vor dem Wettkampf hatte es eine intensive Auseinandersetzung darüber gegeben, ob behinderte und nicht behinderte Leistungssportler gemeinsam an den Start gehen sollen. Es ging darum, ob der Sportler durch die elastische Beinprothese einen unerlaubten Vorteil erhalten würde.

1. [A]   2. [F]   3. [ ]   4. [ ]   5. [ ]   6. [ ]

8 Fokus: Lesen

3 Das ist wichtig [Hauptinformationen in Texten erkennen]

a Lesen Sie den Artikel in 2 noch einmal in der richtigen Reihenfolge und beantworten Sie die Fragen. Notieren Sie die Antworten in Stichpunkten in Ihr Heft. ▶ ÜB A4

1. Wodurch wurde der Sportler Markus Rehm bei den Leichtathletik-Meisterschaften 2014 bekannt? (Abschnitt F)
2. Welche Eigenschaft der Prothese wurde damals kontrovers diskutiert? (Abschnitt B)
3. Wie reagierte der Leichtathletikverband auf die Diskussion? (Abschnitt E)
4. Welchen Nachteil hat die Beinprothese für den Sportler? (Abschnitt C)
5. Welche Entscheidung muss der Weltverband für Leichtathletik treffen? (Abschnitt D)

b Vergleichen Sie Ihre Antworten im Kurs. Handelt es sich bei den Informationen um Meinungen oder Tatsachen? Begründen Sie Ihre Antwort.

4 Ist das fair? [in Texten Haltungen erkennen]

a Lesen Sie die Sätze aus dem Artikel. Welche Haltung hat der Verfasser zu den Aspekten: a oder b? Kreuzen Sie an.

1. In Deutschland spricht man dabei von „Inklusion". Aber kann man das Prinzip auch auf sportliche Wettkämpfe übertragen?
   a. ☐ Der Verfasser erläutert „Inklusion" im Zusammenhang mit sportlichen Wettkämpfen.
   b. ☐ Der Verfasser fragt sich, ob gemeinsame Wettkämpfe von Sportlern mit und ohne Einschränkungen möglich sind.

2. Im Jahr 2014 hatte der Deutsche Leichtathletikverband eine nachvollziehbare Entscheidung getroffen. Trotz des Sieges durfte Markus Rehm nicht an den Europameisterschaften in Zürich teilnehmen.
   a. ☐ Der Verfasser hat Verständnis für die Entscheidung des Sportverbands.
   b. ☐ Der Verfasser berichtet sachlich über die Entscheidung des Sportverbands.

3. Andererseits sind gemeinsame Wertungen fragwürdig und gefährden das Prinzip der sportlichen Fairness.
   a. ☐ Der Verfasser analysiert das Problem bei gemeinsamen Wertungen.
   b. ☐ Der Verfasser sieht gemeinsame Wertungen kritisch.

b Woran haben Sie die Haltung des Autors in den Sätzen in 4a erkannt? Kreuzen Sie an. ▶ ÜB A5

Satz 1: Der Autor   a. ☐ erklärt ein Prinzip.   b. ☐ stellt eine Frage.
Satz 2: Er   a. ☐ nennt die Entscheidung „nachvollziehbar".   b. ☐ berichtet neutral über die Entscheidung.
Satz 3: Er verwendet   a. ☐ wertende Adjektive und Verben.   b. ☐ beschreibende Adjektive und Verben.

c Lesen Sie vier Kommentare aus dem Leserforum einer Onlinezeitung. Welche Meinung haben die Verfasser zur Inklusion im Leistungssport? Notieren Sie die Buchstaben A bis D.

pro: ☐   contra: ☐   keine von beiden: ☐

A   Uwe L.   Gemeinsame Spiele könnten zwar zur Akzeptanz des Behindertensports beitragen. Aber solche Wettkämpfe wären total unfair. Denn eine Hochleistungsprothese ist nichts anderes als Doping!
B   sportmuffel   Ich finde, der Sport hängt immer mehr von der technischen Ausstattung ab. Mit dem ewigen „Höher, Schneller, Weiter" kann es schneller vorbei sein, als viele glauben.
C   hamburgerin2   Das Ergebnis der Studie ist doch eindeutig. Daher dürfen Sportler wie Rehm nicht von den Wettkämpfen ausgeschlossen werden. Das müsste nun allen ganz klar sein!
D   vielfalt-im-sport   Jetzt muss es allen Verbänden einleuchten, dass es wichtig ist, mehr für die Inklusion zu tun. Für Markus Rehm tut es mir leid. Es dürfte unter „gesunden" Sportlern wenige geben, die sich so für „ihren" Sport einsetzen. Einfach toll!

Fokus: Lesen + Grammatik

5 Grammatik: Mit Modalverben Vermutungen ausdrücken ▶ G 3.1

a Lesen Sie die Sätze und markieren Sie die Adverbien, mit denen eine Vermutung ausgedrückt wird.

1. Gemeinsame Spiele tragen <mark>möglicherweise</mark> zur Akzeptanz des Behindertensports bei.

   Gemeinsame Spiele _könnten_ zur Akzeptanz des Behindertensports _beitragen_.

2. Mit dem ewigen „Höher, Schneller, Weiter" ist es vielleicht schneller vorbei, als viele glauben.

   Mit dem ewigen „Höher, Schneller, Weiter" _____ es schneller vorbei _____, als viele glauben.

3. Das ist nun allen sehr wahrscheinlich ganz klar!

   Das _____ allen nun ganz klar _____!

4. Jetzt leuchtet es sicher allen Verbänden ein, dass es wichtig ist, mehr für die Inklusion zu tun.

   Jetzt _____ es allen Verbänden _____, dass es wichtig ist, mehr für die Inklusion zu tun.

5. Unter „gesunden" Sportlern gibt es wahrscheinlich nur wenige, die sich so für „ihren" Sport einsetzen.

   Es _____ unter „gesunden" Sportlern nur wenige _____, die sich so für „ihren" Sport einsetzen.

b Suchen Sie zu den Vermutungen in 5a die passenden Formulierungen in den Kommentaren in 4c und ergänzen Sie die Lücken in 5a.

c Lesen Sie die Sätze in 5a und tragen Sie die Modalverben für die Vermutung in das Schema ein. Das Schema zeigt, für wie wahrscheinlich man eine Vermutung hält.

> 小贴士　表达猜测
>
> 情态动词在它们的基本语义以外还可以表达其他的、主观的语义。说话者可以通过情态动词来表达自己认为一种说法的可能性有多大。

müssen	müsste	_____	kann,
sicher	sehr wahrscheinlich	wahrscheinlich	möglicherweise
_____	_sicherlich,_	_____	_____

d Lesen Sie die Aussagen und markieren Sie die Adverbien. Ordnen Sie die Adverbien in das Schema in 5c ein.

1. Die Nachteile beim Anlauf und die Vorteile beim Absprung gleichen sich <mark>sicherlich</mark> aus.
2. Es ist für die Sportler wohl nicht leicht, mit Beinprothesen zu laufen.
3. Eventuell fällt es ihnen schwer, das Gleichgewicht zu halten.
4. Mit Beinprothesen zu laufen, ist für die Sportler mit Sicherheit sehr schwierig.
5. Beim Laufen verursacht die Prothese vermutlich auch Schmerzen im gesunden Teil des Beins.

e Formulieren Sie die Sätze in 5d mit dem passenden Modalverb um. Das Schema in 5c hilft. ▶ ÜB A6–7

1. Die Nachteile beim Anlauf und die Vorteile beim Absprung müssten sich ausgleichen.

6 Diskutieren Sie im Forum mit

a Sollen nicht behinderte und behinderte Leistungssportler an gemeinsamen Wettkämpfen teilnehmen? Schreiben Sie Ihre Meinung dazu. Beziehen Sie Informationen aus dem Artikel in 2 in Ihre Argumentation mit ein.

b Tauschen Sie Ihren Kommentar mit dem eines Partners / einer Partnerin und geben Sie den Standpunkt und die Argumentation Ihres Partners / Ihrer Partnerin mit eigenen Worten wieder.

B Fünf Ringe für Skaten und Surfen

1 Ein Lifestyle wird olympisch [in Diskussion Tatsachen, Meinungen und Argumentation erkennen]

a Worum wird es wohl in einer Talkshow zum Thema „Fünf Ringe für Skaten und Surfen" gehen? Betrachten Sie dazu auch die Fotos oben. Sprechen Sie mit einem Partner / einer Partnerin.

b ▶ 3 | 10 Hören Sie Teil 1 der Talkshow. Was ist das Thema genau? Stimmt das Thema mit Ihren Vermutungen in 1a überein? Sprechen Sie im Kurs.

c ▶ 3 | 11 Hören Sie Teil 2 der Talkshow. Wie erklärt der Professor für Sportmanagement, Georg Reinke, die Veränderung bei den olympischen Disziplinen? Notieren Sie Stichpunkte.

1. Die Ziele waren: *mehr Jugendlichkeit, …*

2. Hauptgrund für Veränderungen: _____

3. Bei der Entscheidung für eine Sportart ist wichtig: _____

d Vergleichen Sie Ihre Notizen in 1c mit einem Partner / einer Partnerin. Hören Sie ggf. noch einmal.

e ▶ 3 | 12 Hören Sie nun Teil 3 der Talkshow. Welche Meinung hat der Skater, Sebastian Gräf, zu der Entscheidung des Olympischen Komitees? Kreuzen Sie an.

a. ☐ Er findet die Entscheidung gut.　　b. ☐ Er kritisiert die Entscheidung.

f Lesen Sie die Aussagen. Hören Sie dann Teil 3 der Talkshow noch einmal und ordnen Sie die Schritte der Argumentation den Aussagen 1 bis 5 zu.

~~Tatsache~~ | Beispiele | ~~Folge~~ | Behauptung | Fazit

1. Für die Teilnahme an Olympischen Spielen müssen sich Sportler qualifizieren.　　*Tatsache*
2. Das führt dazu, dass nur noch die sportliche Höchstleistung zählt.　　*Folge*
3. Skateboardfahren ist nicht nur ein Sport, sondern auch ein Lebensgefühl.　　_____
4. Im Internet findet man viele kreative Videos, die Skater von ihren Sprüngen machen.　　_____
5. Bei Olympia gelten klare Vorgaben. Das ist für die Kreativität in der Szene nicht gut.　　_____

g ▶ 3 | 13 Hören Sie Teil 4 der Talkshow. Wie argumentiert Sebastian Gräf? Notieren Sie auf einem Zettel die Argumentationsschritte in der richtigen Reihenfolge. ▶ ÜB B1

Begründung | ~~Tatsache 1~~ | ~~Tatsache 2~~ | Meinung | Fazit

> – Tatsache 1: hohe Kosten für Skateranlagen
> – Tatsache 2: …
> – …
> – …
> – …

Fokus: Hören + Grammatik **8**

h ▶ 3 | 13 Hören Sie Teil 4 noch einmal und notieren Sie zu den einzelnen Argumentationsschritten in 1g Stichpunkte. Vergleichen Sie sie mit einem Partner / einer Partnerin.

2 Was meint Herr Gräf? [Argumentation wiedergeben]

Arbeiten Sie zu zweit. Partner/in A gibt die Argumentation aus 1f und Partner/in B die Argumentation aus 1g wieder. Die Redemittel helfen. Hat Ihr Partner / Ihre Partnerin die Argumentation gut wiedergegeben? ▶ ÜB B2

> **Redemittel für 1f:** … ist dagegen, dass … | Denn er findet es problematisch, dass … | Er befürchtet, dass dann … | Aus seiner Perspektive ist … | Das erkennt man zum Beispiel an … | Er ist davon überzeugt, dass …, weil …

> **Redemittel für 1g:** … sagt, dass … | Er fügt hinzu, dass … | Seiner Meinung nach … | Er begründet die Aussage damit, dass … | Sein Fazit lautet: …

3 Grammatik: Modale Sätze – erklären, wie etwas geschieht ▶ G 1.4.9

a Lesen Sie die Sätze und verbinden Sie sie. Schreiben Sie dann die Sätze in Ihr Heft.

1. Die Städte fördern den Sport **dadurch**,
2. Die jungen Skater können ihr Hobby finanzieren,
3. Dadurch, dass sie ihre besten Sprünge filmen,

A. indem sie Geld von Sponsoren erhalten.
B. dokumentieren Profis ihr Können.
C. **dass** sie attraktive Skaterparks bauen.

1. C
2. ⌴
3. ⌴

b Markieren Sie alle Konnektoren in den Sätzen in 3a. Schreiben Sie Varianten für die Sätze 2 und 3. Verwenden Sie dabei andere Konnektoren. Schreiben Sie in Ihr Heft.

1. Die Städte fördern den Sport, indem sie attraktive Skaterparks bauen. / Dadurch, dass die Städte attraktive Skaterparks bauen, fördern sie den Sport.

c Lesen Sie die Sätze. Auf welches Nomen bzw. welchen Ausdruck bezieht sich „dadurch" oder „damit"? Markieren Sie.

1. In den offiziellen Verbänden gelten für den Sport **feste Regeln**. **Dadurch** geht die Kreativität verloren.
2. Die Skater erfinden immer neue Tricks. **Damit** beweisen sie ihren individuellen Stil.
3. Für Werbung in den Hallen erhält man **Sponsorengelder**. Nur **damit** kann der Skaterbetrieb finanziert werden.
4. Die Olympischen Spiele sind im Fernsehen präsent. **Dadurch** erhalten Sponsoren mehr Aufmerksamkeit.

d Formulieren Sie die Sätze in 3c neu. Bilden Sie mit den markierten Wörtern Ausdrücke mit den Präpositionen „durch" und „mit". ▶ ÜB B3

1. *Durch feste Regeln* geht die Kreativität verloren.
2. _____ beweisen die Skater ihren individuellen Stil.
3. Nur _____ kann der Skaterbetrieb finanziert werden.
4. _____ der Olympischen Spiele im Fernsehen erhalten die Sponsoren mehr Aufmerksamkeit.

4 Nicht nur für Olympia fit

Wie kann man fitter werden? Notieren Sie Tipps und sammeln Sie sie im Kurs.

> – jeden Tag eine halbe Stunde schnell gehen
> – einen Trainingsplan machen
> – …

> Man kann fitter werden, indem man täglich eine halbe Stunde schnell geht.

einhundertdrei **103**

C Fit genug? Check deine Werte!

1 Gesünder mit Smartwatch und Apps?

Tauschen Sie sich im Kurs über folgende Fragen aus.

- Benutzen Sie beim Sport eine Smartwatch, mit der man Schritte zählen oder messen kann, wie viele Kalorien man beim Sport verbraucht? Wenn ja, warum?
- Haben Sie schon einmal eine Smartphone-App für Ernährung und Gesundheit ausprobiert? Wenn ja, welche?

2 Fitness und Gesundheit digital [strukturierte Stellungnahme schreiben]

a Betrachten Sie die Bilder und Unterthemen. Welches Thema gehört zu welchem Bild? Sprechen Sie im Kurs über Ihre Zuordnung.

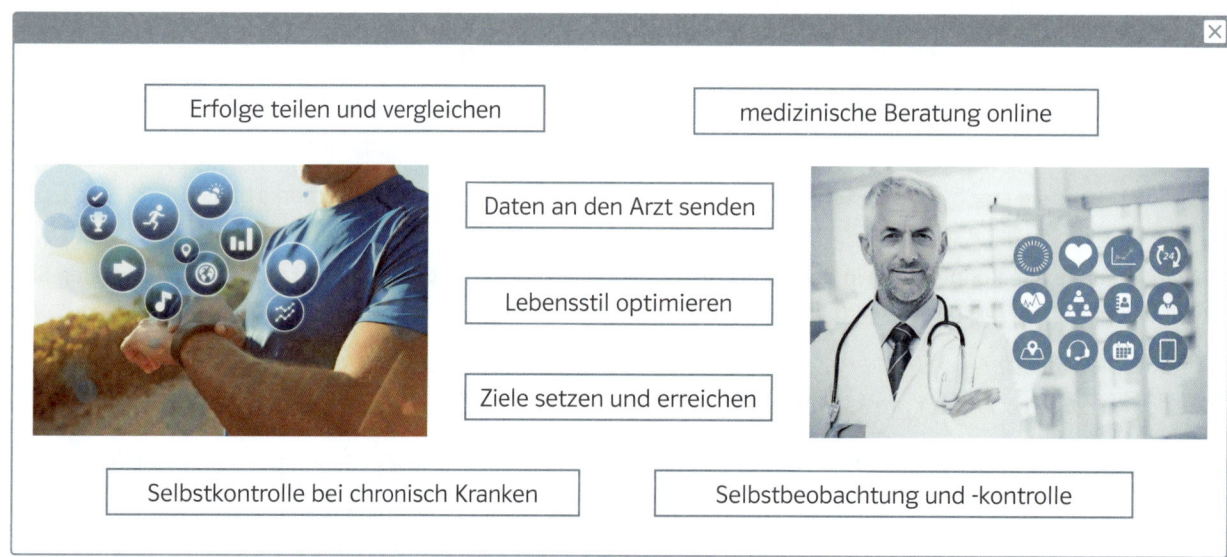

b Sie wollen einen Beitrag für eine Lernplattform schreiben. Dort diskutieren Sie mit anderen über das Thema „Digitale Fitness und Gesundheit". Lesen Sie die Fragen und machen Sie Notizen. ▶ ÜB C1

- Wie ist Ihre Meinung zu Fitness-Apps, Smartwatch und anderen tragbaren digitalen Messgeräten?
- Wie wirkt es sich aus, wenn man digitale Apps oder Messgeräte benutzt: Wählen Sie zwei Unterthemen aus 2a und nennen Sie positive und negative Aspekte. Begründen Sie Ihre Meinung.

c Tragen Sie im Kurs alle Aspekte zu den gewählten Unterthemen zusammen.

d Schreiben Sie nun Ihren Beitrag. Die Leitpunkte und Redemittel helfen.

- Schreiben Sie eine kurze Einleitung und formulieren Sie Ihre Meinung.
- Begründen Sie diese mit einem Vor- oder Nachteil aus den in 2b gewählten Unterthemen.
- Gehen Sie auch auf einen Aspekt ein, der nicht Ihrer Meinung entspricht.
- Schließen Sie Ihren Text ab, indem sie ein Fazit ziehen.

In etwas einen Vorteil / Nachteil sehen: Ich denke, dass … viele Vorteile / Nachteile hat. | Mit diesen positiven / negativen Auswirkungen kann / muss man rechnen: … | Der Hauptvorteil/-nachteil liegt für mich darin, dass … | Ein weiterer Vorteil / Nachteil ist …

Einen fremden Standpunkt anführen und reagieren: Oft wird argumentiert, dass … | Es gibt jedoch das Gegenargument, dass … | Für andere ist dieser Aspekt weniger wichtig: Sie meinen, dass … | Dem kann man entgegenhalten, dass …

e Tauschen Sie Ihren Beitrag mit einem Partner / einer Partnerin und geben Sie eine kurze Rückmeldung: Ist der Aufbau logisch? Sind die Sätze gut miteinander verbunden?

D Krankenversicherung individuell?

1 Wie stehen Sie dazu? [in Diskussionen auf Redebeiträge eingehen]

a Lesen Sie den Auszug aus der Webseite einer Versicherung und beantworten Sie die Fragen.

- Wofür wirbt die Webseite? Was sollen die Teilnehmer/Teilnehmerinnen machen?
- Welche weiteren Vergünstigungen gibt es?

HASA VITAL

Wir belohnen Sie für jeden Schritt in ein gesünderes Leben.
Bei Teilnahme am Programm HASA VITAL verringert sich Ihr monatlicher Beitrag für Ihre Krankenversicherung. Und so funktioniert es:

- Für jeden Besuch eines Fitnessstudios erhalten Sie Bonuspunkte.
- Trainieren Sie lieber draußen? Messen Sie Ihre Trainingserfolge mit einer Smartwatch und senden Sie uns die Anzahl der Schritte.

Mit den gesammelten Punkten erhöhen Sie Ihren individuellen Status und Ihr monatlicher Versicherungsbeitrag sinkt. Außerdem erhalten Sie bei unseren Partnerunternehmen mit jedem neuen Status höhere Rabatte: z. B. bis zu 40 % beim Kauf einer Smartwatch oder bei der Buchung Ihres nächsten Urlaubs.

Aktivität (pro Tag)	Punkte
7.500 Schritte	50
10.000 Schritte	100
Fitnesstraining	100

b Arbeiten Sie in Kleingruppen und notieren Sie jeweils zwei Argumente für und gegen das Angebot der Versicherung. Sammeln Sie dann die Argumente im Kurs.

> + ich treibe viel Sport → Belohnung von Versicherung
> − Versicherung kontrolliert Verhalten

c ▶ 3 | 14 Sie hören einen Gesprächsbeitrag aus einer Diskussion über Bonusprogramme bei Krankenversicherungen. Machen Sie sich zu dem Gesagten Notizen.

> − Angebot interessant: digitale Anwendungen = Alltag
> −

d Geben Sie die Aussage aus 1c mit eigenen Worten wieder und gehen Sie darauf ein. Tragen Sie Ihren Redebeitrag einem Partner / einer Partnerin vor. Die Redemittel helfen.

Aussagen wiedergeben: Der Sprecher / Die Sprecherin ist für / gegen … | Ich habe den Sprecher / die Sprecherin so verstanden, dass … | Der Grund für den Sprecher / die Sprecherin ist, dass …

auf Aussagen anderer eingehen: Das sehe ich ähnlich / anders. | Aus meiner Sicht ist entscheidend, … | Ich stelle mir dieselbe / eine andere Frage: …

e ▶ 3 | 15 Hören Sie nun eine Gegenrede zu dem Beitrag aus 1c. Wie argumentiert die Sprecherin? Machen Sie sich Notizen zum Inhalt. Finden Sie das Argument überzeugend? Tauschen Sie sich mit einem Partner / einer Partnerin aus.

2 Belohnung für gesunden Lebensstil? [Diskussion führen]

Diskutieren Sie zu viert über folgende Frage: Sollen Krankenversicherungen einen gesunden Lebensstil mit günstigeren Beiträgen belohnen? Verteilen Sie folgende Rollen. Die Redemittel in 1d helfen. ▶ ÜB D1–2

- Die erste Person eröffnet die Diskussion und erklärt die Fragestellung.
- Die zweite Person formuliert ihren Standpunkt und begründet ihn.
- Die dritte Person gibt den Standpunkt von Person zwei wieder und reagiert darauf.
- Die vierte Person macht Notizen zu allen Argumenten und fasst die Diskussion zusammen.

Auf dem Weg zur Prüfung: Lesen

Und der Datenschutz?

1 Was geschieht mit den Gesundheitsdaten? [Vorwissen aktivieren]

a Lesen Sie die Überschrift eines Kommentars zum Umgang mit Gesundheitsdaten. Was vermuten Sie: Wie wird der Autor die Frage nach dem Datenschutz bewerten? Kreuzen Sie an.

a. ☐ Er findet es gut, wenn alle Gesundheitsdaten verfügbar sind.
b. ☐ Er ist optimistisch, dass der Datenschutz streng eingehalten wird.
c. ☐ Er ist skeptisch, was die weitere Nutzung der gesammelten Gesundheitsdaten betrifft.

b Überfliegen Sie den Kommentar. War Ihre Vermutung in 1a richtig?

Expertenkommentar: Umgang mit Gesundheitsdaten

[1] Nun ist es sogar im Freizeitsport so weit: Schon bisher teilen wir Fotos auf unserem Smartphone oder Kurznachrichten mit einer Gedankenlosigkeit, an der nicht nur Datenschützer verzweifeln! Wer beim Sport und in der Freizeit digitale Messgeräte nutzt, der zögert in der Regel noch nicht einmal, auch diese Daten zu veröffentlichen. [2] Das könnte damit zu tun haben, dass die Punkteskalen und bunten Balken den Ehrgeiz der Nutzer wecken, ihren persönlichen Punktestand mit anderen zu vergleichen oder mit dem nächsthöheren Status belohnt zu werden. Bei einem Computerspiel mag dieses Verhalten harmlos sein, doch auf dem Gebiet der intimsten Informationen ist es das keineswegs. Denn der digitale Schatten, der dadurch erzeugt wird, ist schon längst zu einer wirtschaftlichen Ressource geworden, der Handel mit den Nutzerdaten zu einem guten Geschäft. Eine Forderung lautet zwar, dass jede Person das Recht haben muss, selbst über ihre Daten zu bestimmen. Doch wie kann das umgesetzt werden, wenn das digitale Messgerät nicht offline genutzt werden kann oder das Display zu klein ist, um die Datenschutzerklärung gut lesen zu können? [3] Aus Sicht des Datenschutzes gilt noch etwas viel Wichtigeres: Es darf nicht passieren, dass persönlichste Informationen über körperliche und seelische Schwächen auf dem Markt der Nutzerdaten gehandelt werden. Denn eines Tages wird es möglich sein, aus all diesen Informationen den „gesellschaftlichen Wert" eines Menschen zu ermitteln. [4] Das Vertrauen, dass jeder Mensch auf seine Weise einen wertvollen Beitrag zu dieser Gesellschaft leistet, wäre dann bedroht – eine alarmierende Vorstellung! Es würde durch ein soziales Ranking ersetzt, in dem die höchsten Plätze von denen eingenommen werden, die ständig an ihrem digitalen Leistungsprofil arbeiten. Und wenn auch nur bei ihrem täglichen Fitnessprogramm.

Sven Berthold

2 Umgang mit Gesundheitsdaten [Haltungen in Texten erkennen]

TestDaF

Lesen Sie den Kommentar in 1b noch einmal. Welche Mitteilungsabsichten des Autors können Sie an den nummerierten Textstellen erkennen? Ordnen Sie die Textstellen 1 bis 4 den Sprechabsichten A bis H zu und schreiben Sie die Nummer in die Kästchen. Die Zahlen im Text beziehen sich immer auf den nachfolgenden Satz.

A. Der Autor bedauert etwas. ☐
B. Der Autor begrüßt etwas. ☐
C. Der Autor empfiehlt etwas. ☐
D. Der Autor fordert etwas. ☐
E. Der Autor kritisiert etwas. ☐
F. Der Autor vermutet etwas. ☐
G. Der Autor warnt vor etwas. ☐
H. Der Autor zweifelt an etwas. ☐

> 小贴士　答题攻略
>
> 在德福考试中，该项共有包含作者态度和意图的8个陈述。你必须把其中4个归到文章中的正确位置，时间为6分钟。

3 Haltungen in Texten erkennen [Vorgehen reflektieren]

Formulieren Sie die Haltungen in 1 bis 4 noch einmal in einem Satz. Verwenden Sie dazu die Verben in 2. Vergleichen Sie dann mit einem Partner / einer Partnerin. Wenn Sie allein arbeiten, schauen Sie im Lösungsschlüssel nach.

Der Autor ...

Auf dem Weg zur Prüfung: Schreiben **8**

Gesundheitsdaten teilen

1 Weitergabe von Gesundheitsdaten [Grafiken für Textproduktion auswerten]

a Betrachten Sie die Grafik und vergleichen Sie die Zahlenwerte im linken und rechten Teil.

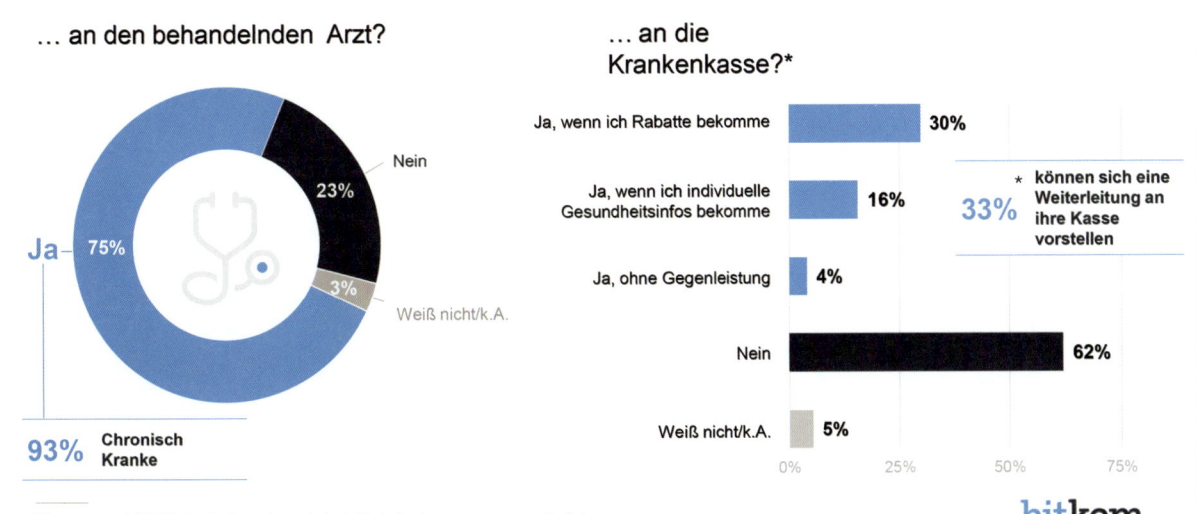

b Fassen Sie den linken Teil der Grafik in 1a in einem Satz schriftlich zusammen.

Unter den Nutzern von digitalen Messgeräten befürworten _____

_____

c Betrachten Sie den rechten Teil der Grafik in 1a und geben Sie die Hauptinformation wieder.

Auf die Frage, ob die Nutzer _____,

antwortetet nur _____ mit „Ja".

d Welche zusätzlichen Informationen enthält die Grafik? Orientieren Sie sich dabei an den zwei folgenden Fragen.

- Für welche Gruppe ist die Weiterleitung von Gesundheitsdaten besonders wichtig?
- Welche Gegenleistung erwarten die Nutzer für ihre Daten?

2 Weitergabe von Gesundheitsdaten [Thema nach Vorgaben schriftlich bearbeiten]

DSH

Schreiben Sie einen Text zum Thema „Wer profitiert von Gesundheitsdaten?" von ca. 250 Wörtern Länge. Gehen Sie dabei auf folgende Vorgaben ein.

1. Fassen Sie kurz die wichtigsten Informationen aus der Grafik in 1a zusammen.
2. Kommentieren Sie die Gründe, die in der Grafik für eine Weiterleitung an die Krankenkasse angegeben werden.
3. Nehmen Sie Stellung zu der Frage, ob selbst gesammelte Gesundheitsdaten einen Nutzen für die Patienten darstellen, und nennen Sie konkrete Beispiele.

小贴士 答题攻略

与其重复图表中的百分数，不如用数词来复述效果更好。比如用drei Viertel替代75%，用ein Drittel替代33%，用ein Viertel替代25%，等等。

小贴士 答题攻略

请注意，单纯的图表描述要短于阐述。你的阐述（发表意见、评论、比较等）更重要，因此要做到更全面。别忘了写一段合适的引言以及再次明确观点的结论。在考试中该项完成时间为70分钟。

8 Auf dem Weg zur Prüfung: Hören

Videogames als Sport?

1 E-Sport, was ist das? [Vorwissen aktivieren]

a Sie werden eine Podiumsdiskussion zum Thema „E-Sport" sehen. Was wissen Sie über das Thema?

b Zu Computer- und Videospielen gibt es unterschiedliche Standpunkte. Welche kennen Sie? Notieren Sie Stichpunkte und vergleichen Sie sie mit einem Partner / einer Partnerin.

2 Vom Videogame zum Sportevent [Aussagen inhaltlich passend zuordnen]

▶ Film P8 Sie sehen eine Podiumsdiskussion zum Thema „E-Sport". Kreuzen Sie an, zu wem die Aussagen 1 bis 6 passen. Für jede Aussage gibt es immer nur eine richtige Lösung. Hier können Sie die Diskussion auch nur hören: ▶ 3 | 16

TestDaF

> 小贴士　答题攻略
> 在这项考试中你要完成6道题。
> 视频只看一遍。

	Herr Sauer	Frau Galli	beide	keiner
1. Der E-Sport erfüllt die allgemeine Definition von Sport.	☐	☐	☐	☐
2. Spiele mit brutalen Gewaltszenen sollten vom Staat verboten werden.	☐	☐	☐	☐
3. Im Sportverein dürfen nur Computerspiele eingesetzt werden, die Jugendliche nicht gefährden.	☐	☐	☐	☐
4. Die Computerspiel-Branche braucht keine staatliche Förderung.	☐	☐	☐	☐
5. Die Person betont, dass E-Sport Menschen mit Behinderung einbezieht.	☐	☐	☐	☐
6. Die Entscheidung, ob E-Sport als Sport anerkannt wird, liegt beim deutschen Sportverband.	☐	☐	☐	☐

3 Vom Videogame zum Sportevent [Diskussion selektiv und detailliert hören]

▶ 3 | 16 Hören Sie nun die Podiumsdiskussion in 2 noch einmal. Entscheiden Sie beim Hören, ob die Aussagen 1 bis 10 richtig (r) oder falsch (f) sind. Kreuzen Sie an.

telc

> 小贴士　答题攻略
> 在这项考试中你要完成10道题。
> 对话只听一遍。

	r	f
1. E-Sport wird erst seit Kurzem auch professionell betrieben.	☐	☐
2. In einigen Ländern können Computer- und Videospieler vom Spielen leben.	☐	☐
3. Nur Aktivitäten, bei denen man trainiert, kann man als Sport bezeichnen.	☐	☐
4. Computerspielen kann süchtig machen.	☐	☐
5. In Deutschland darf jedes Videospiel an Jugendliche verkauft werden.	☐	☐
6. Für Herrn Sauer schließt der kommerzielle Erfolg eine staatliche Unterstützung aus.	☐	☐
7. Große Sportvereine erhalten vom Staat kein Geld, weil sie sich anders finanzieren.	☐	☐
8. Für E-Sport braucht man nicht in bester körperlicher Verfassung zu sein.	☐	☐
9. In der Regierung beschäftigt sich eine Arbeitsgruppe mit dem Thema.	☐	☐
10. Frau Galli rechnet nicht mit einer kurzfristigen Entscheidung des Sportverbandes.	☐	☐

telc · Auf dem Weg zur Prüfung: Sprechen

Jugend und Sport

1 Leistungssport für Jugendliche? [in Diskussion Standpunkte und Argumente austauschen]

a Lesen Sie die Diskussionsfrage und betrachten Sie die Bilder. Was wissen Sie über das Thema?

Sollen Jugendliche Leistungssport machen?

b Sie sollen mit einem Partner/einer Partnerin über die Frage oben diskutieren. Lesen Sie dafür zuerst die Aufgabe und die Stichpunkte auf dem Notizzettel rechts.

- Tauschen Sie Ihren Standpunkt und Ihre Argumente aus.
- Reagieren Sie auf die Argumente Ihrer Partnerin/Ihres Partners.
- Fassen Sie am Ende zusammen: Sind Sie dafür oder dagegen?

> – Freundeskreis wird größer/kleiner?
> – mit Anforderungen der Schule vereinbar?
> – andere Berufswahl möglich/ eingeschränkt?
> – Gefahren für die Gesundheit?

c Machen Sie nun Notizen zu Ihren Argumenten. Überlegen Sie sich auch, welche Einwände Ihr Partner/Ihre Partnerin haben könnte und notieren Sie Ihre mögliche Antworten. Schreiben Sie keine ganzen Sätze. Sie müssen in der Diskussion frei sprechen.

小贴士 答题攻略

在考试中你有时间准备和记录观点。但是你不能像作报告一样阐述你的观点，而是要紧扣你的同伴所说的内容。你也可以追问、请求举例或解释。

d Führen Sie nun die Diskussion durch.

2 Sportinternate für Jugendliche? [auf Diskussionsbeitrag reagieren]

a Lesen Sie die Prüfungsaufgabe und unterstreichen sie, was Sie konkret tun müssen.

In Ihrem pädagogischen Seminar diskutieren Sie heute über das Thema „Sportinternate für Jugendliche?". Ein Kommilitone äußert sich zu dem Thema. Ihre Dozentin bittet Sie, zu der Äußerung Stellung zu nehmen. Geben Sie die Argumente Ihres Kommilitonen wieder und nehmen Sie Stellung zu seinen Argumenten. Begründen Sie Ihren eigenen Standpunkt zum Thema.

小贴士 答题攻略

该项考试中你有1分30秒的时间准备和做笔记。你可以用标题组织你的笔记，比如"观点1""观点2"等，以及"事例""结论""概括"。你只要复述重要的内容点并对此表达意见。注意不要一字一句地复述，而是用自己的话语来描述。为此你有2分钟时间。

b 3 | 18* Hören Sie nun die Äußerung Ihres Kommilitonen und machen Sie dazu Notizen.

c Nehmen Sie nun Stellung zu den Argumenten Ihres Kommilitonen. Nehmen Sie Ihre Stellungnahme mit einem Smartphone auf. Besprechen Sie Ihre Aufnahme dann mit Ihrem Kursleiter/Ihrer Kursleiterin oder mit einem Partner/einer Partnerin.

*3|17对应练习在网站下载。

Film 4

Das Geschäft mit dem Sport

1 Sport als Wirtschaftsfaktor

a Was fällt Ihnen zu der Aussage des Moderators „Mit Sport wird jede Menge Geld gemacht" ein? Sehen Sie sich dafür auch die Fotos an. Sammeln Sie im Kurs.

b ▶ Film 4 Sehen Sie den ersten Teil des Films (00:00–02:13) und notieren Sie die fehlenden Informationen.

Sportart	Aktive	Wo aktiv?	Einnahmen durch
Fitness	ca. _____ Menschen in Deutschland	in ca. _____ Fitnessstudios	*Mitglieder*
Tennis	fast _____ Deutsche	über 1,4 Mio. in _____ des Deutschen Tennisbunds	jeder zahlt einen _____
Trendsport	—	—	1. _____, der mit Sportart verbunden ist 2. Verkauf von _____

Jahresumsatz der gesamten Sportbranche in Deutschland: fast _____

c Was bedeutet die Aussage „Sport ist ein bedeutender Wirtschaftsfaktor" und wie wird sie im Film belegt?

Film 4

d ▶ Film 4 Lesen Sie die Fragen und sehen Sie sich Sie einen Ausschnitt aus dem Interview mit dem Sportsoziologen an (02:14–03:29). Welche Antwort passt: a, b, oder c? Kreuzen Sie an.

1. Wodurch werden besonders gute Geschäfte gemacht?
   a. ☐ Durch einzelne große Sportereignisse.
   b. ☐ Durch Verkauf von Senderechten für das Fernsehen.
   c. ☐ Durch Handel mit Sportartikeln und Equipment.

2. Was ist das Besondere bei den Trendsportarten?
   a. ☐ Es gibt keine genauen Verkaufszahlen.
   b. ☐ Ein großer Teil des Umsatzes ist nicht mit der Ausübung des Sports verbunden.
   c. ☐ Die Sportler geben viel Geld für Bekleidung und Ausstattung aus.

3. Was versteht der Sportsoziologe unter „Sportivität"?
   a. ☐ Er meint damit eine besondere Form der Sportlichkeit, die es nur bei Trendsportarten gibt.
   b. ☐ Er hat beobachtet, dass Freizeitsportler besonders teure Sportbekleidung tragen.
   c. ☐ Er versteht darunter eine „Versportung" der Alltagskultur. Das bedeutet, dass auch Personen, die nicht sportlich sind, sportlich wirken wollen.

2 Die Kommerzialisierung des Sports

a Lesen Sie den Artikel und beantworten Sie die Fragen. Sprechen Sie im Kurs.

1. Was versteht man unter „Kommerzialisierung"?
2. Was sind Übertragungsrechte?

Die Kommerzialisierung des Sports ist eng mit dem Interesse der Medien am Sport verbunden. Denn erst die öffentliche Aufmerksamkeit macht den Sport in kommerzieller Hinsicht interessant. Erst indem Sport zu einem Massenereignis mit vielen Zuschauern und hohen Einschaltquoten wurde, bietet es sich an, in Sportsendungen Werbung zu platzieren oder als Sponsor für Sportveranstaltungen aufzutreten. Daneben spielen bei der Kommerzialisierung des Sports die Sportartikelhersteller eine große Rolle. Sie rüsten Verbände, Vereine, aber auch einzelne Sportler mit Sportbekleidung aus, und nutzen sie so als Werbeträger.

Mittlerweile sind zahlreiche Sportarten von der Kommerzialisierung beeinflusst, was man nicht nur an den enormen Spielergehältern erkennen kann, sondern auch an den steigenden Preisen, die die Fernsehsender für das Recht bezahlen müssen, ein Sportereignis zu senden. Am Beispiel der Fußballweltmeisterschaft wird deutlich, wie stark die Preise für die Übertragungsrechte angestiegen sind. Bei der WM 1998 brachten sie der FIFA noch nicht einmal hundert Millionen Dollar ein, 2018 in Russland waren es ca. 3 Milliarden Dollar, ein Rekordpreis, der bei zukünftigen Weltmeisterschaften sicher noch übertroffen wird.

b ▶ Film 4 Sehen Sie den letzten Teil des Interviews (03:30 – 04:31) und ergänzen Sie die Tabelle. Formulieren Sie in Stichpunkten. Weitere Beispiele für die Kommerzialisierung finden Sie im Artikel in 2a.

	Klassische Sportarten	Trendsportarten
Kommerzialisierung durch		
Beispiele		Sportbekleidung wird zum Lifestyleprodukt

c Wie ist Ihre Meinung zur Kommerzialisierung im Sport? Diskutieren Sie im Kurs und berichten Sie auch über die Situation in Ihren Ländern.

Es gibt verschiedene Arten, Menschen zu motivieren.
Sie unter Druck zu setzen und niederzumachen, ist die schlechteste.
*Elvira Lauscher (*1965, Schriftstellerin und Künstlerin)*

Geld interessiert mich nicht. Ich will wundervoll sein.
Marilyn Monroe (1926 – 1962, Filmschauspielerin, Sängerin und Fotomodell)

Gibt es etwa eine bessere Motivation als den Erfolg?
*Iron Tiriac (*1939, Sportmanager)*

Nichts spornt mich mehr an als die drei Worte: Das geht nicht.
Wenn ich das höre, tue ich alles, um das Unmögliche möglich zu machen.
*Harald Zindler (*1944, Gründungsmitglied von Greenpeace Deutschland)*

Was wir am nötigsten brauchen, ist ein Mensch,
der uns zwingt, das zu tun, was wir können.
Ralph Waldo Emerson (1803 – 1882, Philosoph)

A Das motiviert mich!

1 Motivation

a Was könnte Sie motivieren, einen Sprung von Felsen zu Felsen zu machen?

b Welche Motivation wird in den Zitaten oben ausgedrückt? Ordnen Sie die Ausdrücke den Zitaten zu. Sie können nicht alle Aspekte zuordnen. ▶ ÜB A1

bewundert werden | (keinen) Druck von anderen | jemanden wertschätzen |
sich (von Problemen) herausgefordert fühlen | (keine) materielle(n) Interessen | loben |
eine Herausforderung annehmen | positive Erfahrungen als Ansporn | Probleme als Anreiz |
ein Ziel erreichen (wollen) | Leistungen (nicht) würdigen | Anerkennung gewinnen

c ▶ 4 | 1 Hören Sie eine Stellungnahme zum Thema „Das motiviert mich!" Welches Zitat von oben hat die Studentin wahrscheinlich ausgewählt?

d Wählen Sie ein Zitat von oben aus und bereiten Sie eine kurze Stellungnahme mit einem Beispiel aus Ihrer eigenen Erfahrung vor. Sagen Sie nicht, welches Zitat Sie gewählt haben. Aber geben Sie einen abschließenden Tipp.

e Berichten Sie im Kurs. Die anderen raten das Zitat, das Sie ausgewählt haben.

2 Motivation am Arbeitsplatz [Text mithilfe von Fragen verstehen]

a Welche Formen von Motivationsförderung in Unternehmen zeigen die Fotos? Kennen Sie andere Formen? Sammeln Sie.

 1
 2
 3
 4

b Lesen Sie den Bericht über eine Untersuchung zum Thema „Motivation bei der Arbeit". Formulieren Sie dann zu jedem Abschnitt eine W-Frage.

A: *Was sind wichtige Faktoren für den Erfolg eines Unternehmens? / Warum sollten Unternehmen darauf achten, dass die Mitarbeiterinnen und Mitarbeiter zufrieden und motiviert sind?*

小贴士　用W-问题提问
W-问题有助于获取文章中的重要信息。

Pizza oder Geld?

A Zufriedene, motivierte Mitarbeiterinnen und Mitarbeiter sind wichtig für den Erfolg eines Unternehmens. Sie arbeiten mehr und ihre Arbeitsergebnisse sind besser. Deshalb hat jedes Unternehmen ein großes Interesse daran, die Mitarbeiter „bei Laune" zu halten. Aber welche Faktoren führen dazu, dass Mitarbeiter motiviert sind, ihre Arbeit engagiert zu erledigen und sich für den Erfolg der Firma einzusetzen? Der Psychologe Dan Ariely, Professor an der Duke University in North Carolina, hat dazu eine Untersuchung durchgeführt, in der er verschiedene Faktoren miteinander verglichen hat. Die Studie wurde in einer Fabrik für Computerchips durchgeführt. Das Engagement bei der Arbeit wurde anhand der Anzahl der fertiggestellten Computerchips gemessen.

B Die Belegschaft wurde in vier Gruppen geteilt. Die Teilnehmer der ersten Gruppe bekamen am Anfang der Woche eine Mitteilung, dass sie als Belohnung Pizzagutscheine bekommen sollten, wenn sie produktiver arbeiten würden. Der zweiten Gruppe wurden Lob und Anerkennung vom Chef in Aussicht gestellt und der dritten Gruppe wurde ein finanzieller Bonus von ca. 30 Dollar pro Tag versprochen. Die vierte Gruppe bekam keinen motivierenden Anreiz, sie diente als Kontrollgruppe.

C Nach dem ersten Tag hatten die ersten drei Gruppen ihre Produktivität im Vergleich zur Kontrollgruppe erhöht. Das zusätzliche Engagement fiel allerdings unterschiedlich hoch aus. Als effektivster Anreiz erwies sich der Pizzagutschein, das Lob des Chefs lag an zweiter Stelle, während der finanzielle Bonus der schwächste Anreiz war.

D Noch eindeutiger zeigte sich der Effekt der verschiedenen Motivationsmittel, wenn man die Produktivität bis Ende der Woche betrachtete. Die Produktivität in der „Pizza-Gruppe" und der „Lob-Gruppe" sank im Laufe der Woche leicht ab, sie blieb aber deutlich über der der Kontrollgruppe. Im Gegensatz dazu führte der finanzielle Bonus zu sinkender Produktivität. Die Leistungen der „Bonus-Gruppe" fielen sogar unter die Produktivität der Kontrollgruppe, der kein zusätzlicher Anreiz gegeben worden war. Am Ende der Woche stellte sich heraus, dass das Lob vom Chef die am stärksten wirkende Motivation war.

E Dass Geld überhaupt keine Rolle bei der Motivation von Arbeitnehmern spielt, sollte man allerdings aus diesem Experiment nicht schließen. Die von Ariely durchgeführte Studie überrascht jedoch mit neuen Erkenntnissen darüber, welchen großen Einfluss auch kleine Dinge auf die Einstellung zur Arbeit haben können.

c Arbeiten Sie in Gruppen. Stellen Sie sich gegenseitig Ihre Fragen aus 2b und beantworten Sie sie. ▶ ÜB A2

A: *Wichtige Faktoren für den Erfolg eines Unternehmens sind die Zufriedenheit und die Motivation der Mitarbeiterinnen und Mitarbeiter. / Menschen, die zufrieden und motiviert sind, arbeiten besser.*

d Lesen Sie die beiden Zusammenfassungen und finden Sie in jeder Zusammenfassung einen inhaltlichen Fehler.

Zusammenfassung 1

In dem Bericht werden die Ergebnisse einer Studie von Ariely vorgestellt.

Die Studie kommt zum Ergebnis, dass der Pizzagutschein den besten Anreiz darstellt. Sowohl nach einem Tag als auch am Ende der Woche war die Produktivität der Mitarbeiter, denen ein Pizzagutschein in Aussicht gestellt worden war, am höchsten. An zweiter Stelle steht das Lob des Chefs und an dritter Stelle der finanzielle Bonus. Dieses Ergebnis ist für mich sehr überraschend.

Für die Studie wurden den Mitarbeitern einer Fabrik für Computerchips verschiedene Anreize geboten, die die Motivation der Mitarbeiter verstärken sollten.

Zusammenfassung 2

Im Bericht geht es darum, dass jedes Unternehmen ein großes Interesse daran hat, die Mitarbeiter „bei Laune" zu halten. Er stellt eine Studie von Ariely vor, der durch seine TED-Talks weltweit bekannt geworden ist.

Den Mitarbeitern einer Fabrik für Computerchips wurden unterschiedliche Anreize gegeben, die ihre Motivation und damit die Produktivität erhöhen sollten. Das Ergebnis war, dass das Lob des Chefs den größten Einfluss auf die Motivation hatte, gefolgt von Pizzagutscheinen. Die Gruppe mit dem finanziellen Anreiz zeigte am Ende der Woche sogar schlechtere Leistungen als die Kontrollgruppe, die keinen Anreiz bekommen hatte.

Man kann daher aus der Studie schließen, dass finanzielle Anreize keine Rolle für die Motivation spielen.

3 Die gute Zusammenfassung [Regeln für Zusammenfassung kennen und anwenden]

a Lesen Sie die Regeln für eine Zusammenfassung und ordnen Sie jeder Regel 1 bis 7 einen passenden Satz aus A bis G zu.

Regeln für eine Zusammenfassung

1. Geben Sie nur die zentralen Informationen wieder. [C]
2. Fassen Sie nur die Informationen aus dem Text zusammen. [ ]
3. Strukturieren Sie die wichtigen Informationen sinnvoll. [ ]
4. Geben Sie den Inhalt des Textes sachlich / objektiv wieder. [ ]
5. Schreiben Sie einen zusammenhängenden Fließtext. [ ]
6. Schreiben Sie einfache Sätze. [ ]
7. Übernehmen Sie keine Sätze oder längeren Satzteile aus dem Ausgangstext. [ ]

> **小贴士　总结**
> 总结时，在进入核心信息之前，要先说明文章的主题以及作者和发表日期。

A. Ergänzen Sie nicht weitere – Ihnen bekannte – Informationen.
B. Ihre eigene Meinung gehört nicht in eine Zusammenfassung.
C. Lassen Sie unwichtige Details und Beispiele weg.
D. Einzelne Wörter oder Ausdrücke aus dem Text dürfen Sie verwenden.
E. Sie müssen die Reihenfolge im Ausgangstext nicht einhalten.
F. Schreiben Sie keine zu komplizierten, ineinander verschachtelten Sätze.
G. Reihen Sie nicht einzelne, voneinander unabhängige Sätze aneinander.

b Lesen Sie die beiden Zusammenfassungen in 2d noch einmal und beurteilen Sie sie anhand der Regeln in 3a. In beiden Zusammenfassungen werden je zwei Regeln nicht beachtet. Geben Sie Beispiele aus den Texten für Ihre Beurteilung.

c Schreiben Sie die Zusammenfassung 1 in 2d neu, indem Sie die Regeln aus 3a anwenden und den inhaltlichen Fehler korrigieren. ▶ ÜB A3

d Was halten Sie von den Ergebnissen der Studie? Würden diese auf Sie persönlich zutreffen? Was wären andere „kleine Dinge", die die Motivation steigern könnten? Diskutieren Sie in Kleingruppen.

Fokus: Lesen + Grammatik

4 Grammatik: Partizipien als Adjektive ▶ G 3.6.1

a Ergänzen Sie die Partizipien aus dem Bericht in 2b.

1. Das Engagement wurde anhand der _fertiggestellten_ Computerchips gemessen. (Z. 13–15)
2. Die vierte Gruppe bekam keinen _____ Anreiz. (Z. 23/24)
3. Das Lob vom Chef war die am stärksten _____ Motivation. (Z. 43/44)
4. Die _____ Studie überrascht mit neuen Erkenntnissen. (Z. 47–49)

b Lesen Sie die Sätze in 4a noch einmal. Welche Funktion haben die Partizipien? Kreuzen Sie an.

a. ☐ Sie beschreiben ein Nomen.   b. ☐ Sie ergänzen das Verb.

c Ergänzen Sie die Partizipien aus 4a und markieren Sie wie in den Beispielen.

Partizip I (= Infinitiv + d) + Adjektivendung

- _führt zu sinkender Produktivität_
- _____
- _____

Partizip II + Adjektivendung

- _wegen der gesunkenen Produktivität_
- _anhand der fertiggestellten Computerchips_
- _____

d Lesen Sie die Grammatikregel und formen Sie die Partizipien aus 4a in Relativsätze um. Notieren Sie auch, was das Partizip jeweils bedeutet. ▶ ÜB A4

> **Partizip I** Bedeutung: Aktiv + gleichzeitig
> - führt zu sinkender Produktivität → führt zu Produktivität, die sinkt (Aktiv, gleichzeitig)
>
> **Partizip II** Bedeutung 1: Passiv (meist Vergangenheit)
> Bedeutung 2: Aktiv bei Verben mit „sein" und Vorgang abgeschlossen
> - das genehmigte Projekt → das Projekt, das genehmigt wurde (Passiv)
> - die gesunkene Produktivität → die Produktivität, die gesunken ist (Aktiv, abgeschlossener Vorgang)

1. Das Engagement wurde anhand der Computerchips, die _fertiggestellt wurden_, gemessen. (_Passiv_)
2. Die vierte Gruppe bekam keinen Anreiz, der _motivierte_. (_Aktiv, gleichzeitig_)
3. Das Lob vom Chef war die Motivation, die am stärksten _____. (_____)
4. Die Studie, die _____, überrascht mit neuen Erkenntnissen. (_____)

5 Eine motivierende Chefin – Partizipien und Relativsätze

a Formen Sie die Partizipien in Relativsätze um.

1. ein geschriebener Text
2. der schreibende Studierende
3. die produzierten Waren
4. das produzierende Unternehmen
5. der abfahrende Bus
6. der abgefahrene Bus

1. ein Text, der geschrieben wurde

b Formen Sie die Relativsätze in Partizipien um. ▶ ÜB A5–6

1. Eine Chefin, die motiviert,
2. Das Projekt, das gelungen ist,
3. Die Kollegin, die nervt,
4. Ein Ergebnis, das überrascht,
5. Der Kollege, der beneidet wird,
6. Ein Computer, der abstürzt,

1. Eine motivierende Chefin

c Ergänzen Sie die Satzanfänge in 5b und tauschen Sie sich in Gruppen über die Sätze aus. Welcher Satz ist Ihr Favorit?

1. Eine motivierende Chefin geht mit gutem Beispiel voran.

Fokus: Schreiben

B Lob ist nicht gleich Lob

1 Richtig loben [Artikel schriftlich zusammenfassen]

a Wann werden Sie gelobt? Über welches Lob freuen Sie sich besonders?

b Lesen Sie den Artikel aus einer Zeitschrift für Psychologie und fassen Sie das Thema in einem Satz zusammen.

Ständiges Kritisieren, das Hervorheben von Fehlern und das Nichtbeachten von den Leistungen anderer führen nicht zu höherer Motivation. Das ist allgemein bekannt. Interessant ist aber die Frage, ob Lob in jedem Fall die Motivation des Gelobten erhöht. Dazu gibt es eine Reihe von Erkenntnissen aus der Psychologie, die das Loben differenzierter sehen.

Da Lob in ganz unterschiedlichen Formen ausgesprochen werden kann, wurde untersucht, welche Formen des Lobs zu mehr Motivation führen. Dabei stellte sich heraus, dass es besser ist, eine aktuelle Leistung zu loben als eine unveränderbare Eigenschaft einer Person. So ist zum Beispiel das Lob „Du bist ein Mathe-Genie" weniger motivierend als die lobende Äußerung „Du hast dich gut konzentriert und die Aufgabe schnell gelöst." Das erste Lob kann sogar demotivieren, da die Person keinen Einfluss auf diese Eigenschaft hat. Im zweiten Fall wird beim Lob gezeigt, was man – auch in Zukunft – tun kann, um das gewünschte Ziel zu erreichen. Das ist motivierend.

Ein weiteres Ergebnis psychologischer Studien ist, dass das Lob auch zu der Situation und der gezeigten Leistung passen muss. Wenn man eine offensichtlich einfache Aufgabe erledigt hat und dafür überschwänglich gelobt wird, dann kann dieses Lob zu Verunsicherung führen. Man fragt sich, ob nicht eine andere Absicht hinter dieser Lobesäußerung stecken könnte. Vielleicht will mir der Lobende schmeicheln, um ein anderes Ziel zu erreichen? Das verunsichert und führt nicht zu höherer Motivation.

Richtig zu loben ist also nicht so einfach und die Lobenden müssen eine Reihe von Dingen beachten, damit ihr Lob den gewünschten Erfolg hat. Ein Lob muss als ehrlich empfunden werden können. Darüber hinaus spielen die Form und die Situationsangemessenheit eine wichtige Rolle.

In dem Artikel geht es darum, ...

c Erstellen Sie zu zweit einen Textbauplan und notieren Sie die Informationen aus dem Artikel in 1b. ▸ ÜB B1

Einleitung: Fragestellung: Fördert Lob in jedem Fall die Motivation?
Ergebnis 1:
Beispiel:
Erklärung:
Ergebnis 2:
...

d Planen Sie zu zweit anhand der folgenden Punkte eine Zusammenfassung des Artikels in 1b. Schreiben Sie dann jeder / jede alleine eine Zusammenfassung. Folgende Fragen und die Redemittel im Übungsbuch helfen. ▸ ÜB B2

1. Was sind die wichtigen Informationen? Was können Sie in der Zusammenfassung weglassen?
2. Welche logischen Zusammenhänge gibt es zwischen den Informationen? Orientieren Sie sich dafür am Textbauplan in 1c.

e Tauschen Sie die Zusammenfassungen und beurteilen Sie sie anhand der Kriterien für eine Zusammenfassung in A, Aufgabe 3a.

Fokus: Sprechen

C Lob – pro und contra

1 Was halten Sie vom Loben?

a Lesen Sie die Sätze 1 bis 4 und die Aussagen der vier Personen. Welcher Satz passt zu welcher Person? Notieren Sie die Namen der Personen.

1. Loben ist unangenehm. _____
2. Positive Rückmeldung ist besser als negative. _____
3. Regelmäßiges Loben ist notwendig. _____
4. Loben ist überflüssig. _____

Wenn mich zum Beispiel ein Kollege lobt, dann ärgert mich das. Meint der, dass er es besser weiß als ich, dass er meine Arbeit bewerten kann und darf? Beim Loben stellt man sich als Lobender über den Gelobten. Deshalb habe ich bei Lob immer ein ungutes Gefühl.
(Klaus Böhler, 57)

Wenn ich länger an einer Aufgabe sitze und keiner sieht, wie ich vorankomme und wie gut ich es mache, dann bin ich verunsichert. Vielleicht mache ich es ja ganz falsch? Vielleicht bin ich auf dem falschen Weg? Ich brauche die positive Rückmeldung. Sie gibt mir die Motivation weiterzuarbeiten.
(Anna Kunz, 29)

Wenn man kritisiert, dann entsteht oft eine unangenehme Atmosphäre. Der Kritisierte fühlt sich schlecht. Wenn man aber positiv formuliert und das Verhalten lobt, das man verstärken möchte, dann erreicht man dasselbe Ziel und gleichzeitig bleibt die Stimmung bei allen Beteiligten gut.
(Sandra Geiger, 46)

Wir haben eine sachorientierte Kommunikation in der Firma. Ich als Chef erwarte, dass alle ihre Aufgaben gut erledigen, und ich kontrolliere die Fortschritte sehr genau. Wenn ich nichts kritisiere, dann ist alles in Ordnung. Warum sollte ich noch extra loben? Meine Mitarbeiter werden ja für ihre Arbeit bezahlt.
(Dominic Terz, 42)

b Welche Begründung geben die vier Personen für ihre Position? Notieren Sie. ▶ ÜB C1

2 Loben oder nicht? [Diskussion führen]

a Wählen Sie in 4er-Gruppen je eine Aussage aus 1a. Ein Paar sammelt Argumente für die Aussage zum Lob und ein Paar Argumente gegen die Aussage zum Lob. Notieren Sie sie auf Kärtchen. ▶ ÜB C2

b Überlegen Sie sich in Ihrem Paar auch, welche Einwände Ihre Diskussionspartner bringen könnten und wie Sie darauf reagieren könnten. Notieren Sie die Reaktionen auf Kärtchen. ▶ ÜB C3

c Notieren Sie zwei bis drei Redemittel zur Meinungsäußerung, die Sie verwenden möchten.

d Diskutieren Sie nun zu viert.

e Berichten Sie im Kurs über Ihre Diskussion.

> Wir haben über die Aussage von … diskutiert. | … ist / sind der Meinung, dass … | … hat ein / zwei /
> … Argument(e) genannt: erstens …, zweitens … | … ist / sind anderer Meinung. |
> … ist / sind überzeugt, dass … | … hat seine / ihre Meinung folgendermaßen begründet: … |
> Zum Schluss konnten wir … überzeugen / haben uns … überzeugt, dass … |
> In der Diskussion sind alle bei ihrer Meinung geblieben. Wir konnten uns gegenseitig nicht überzeugen.

einhundertsiebzehn

D Gute Chefs und Chefinnen

1 Führungskräfte und ihre Mitarbeiter [anhand von Leitfragen Informationen beim Hören notieren]

a Sehen Sie die beiden Fotos an, schlagen Sie die Bedeutung der Adjektive im Wörterbuch nach und sammeln Sie Vermutungen zu den Fragen. ▶ ÜB D1

1. Wer ist der Chef / die Chefin auf den beiden Fotos? Begründen Sie.
2. Wie motiviert der Chef / die Chefin möglicherweise die Mitarbeiter und Mitarbeiterinnen?
3. Welches Adjektiv passt vielleicht zum Chef / zur Chefin und seiner Art, das Team zu führen?

autoritär | demokratisch | hierarchieorientiert | kooperativ | laissez-faire

Frau Schlütter, 45

Herr Jordan, 29

b ▶ 4 | 2 Hören Sie die Einleitung eines Radiointerviews. Was ist das Thema der Sendung? Wer sind die Interviewpartner? Machen Sie Notizen und berichten Sie im Kurs.

c ▶ 4 | 3–4 Hören Sie in zwei Gruppen die Aussagen der beiden Arbeitgeber zum Führungsstil. Gruppe A hört den Interviewteil mit Herrn Jordan, Gruppe B hört den Interviewteil mit Frau Schlütter. Notieren Sie für Ihre Person die Informationen auf folgende Fragen.

1. Wie sind die beiden Interviewpartner Chef geworden?
2. Wie ist ihr Führungsstil? Mit welchem Arbeitsstil haben sie vorher Erfahrungen gesammelt?
3. Wer trifft wichtige Entscheidungen im Unternehmen? Welche Gründe gibt die Person für ihren Führungsstil?

> 小贴士　分组听课文
> 在"布谷德语课"（class.tongjideyu.com）或Klett Augmented可以分组同时收听不同的课文。

d Hören Sie die Aussagen Ihrer Person noch einmal und machen Sie Notizen zu der Frage, wie die Führungskraft ihre Mitarbeiter / Mitarbeiterinnen motiviert.

2 Verschiedene Führungsstile [hören und Inhalte zusammenfassen]

a Bilden Sie Vierergruppen mit je zwei Personen aus Gruppe A und Gruppe B. Informieren Sie sich gegenseitig anhand Ihrer Notizen aus 1c und 1d über Ihre Person. Wer zuhört, macht Notizen.

b Schreiben Sie gemeinsam eine Zusammenfassung des gesamten Interviews.

> In der Sendung geht es um die Frage, …
> Zu Gast sind zwei Führungskräfte.

3 Grammatik: Ersatzformen für das Passiv ▶ G 3.5

a Lesen Sie die Sätze aus der Radiosendung. Welche Bedeutung passt: a oder b? Kreuzen Sie an.

1. Die Aufgabe lässt sich nicht in der vereinbarten Zeit erledigen.
    a. ☐ Die Aufgabe muss nicht in der vereinbarten Zeit erledigt werden.
    b. ☒ Die Aufgabe kann nicht in der vereinbarten Zeit erledigt werden.
2. Wenn eine schwierige Entscheidung zu treffen ist, kommen die Mitarbeiter zu mir.
    a. ☐ Wenn eine schwierige Entscheidung getroffen werden muss, kommen die Mitarbeiter zu mir.
    b. ☐ Wenn eine schwierige Entscheidung getroffen werden kann, kommen die Mitarbeiter zu mir.
3. Was können Führungskräfte tun? Wie ist ein Unternehmen erfolgreich zu führen?
    a. ☐ Was können Führungskräfte tun? Wie kann ein Unternehmen erfolgreich geführt werden?
    b. ☐ Was können Führungskräfte tun? Wie muss ein Unternehmen erfolgreich geführt werden?
4. Dieser Führungsstil war in der neuen Situation nicht mehr anwendbar.
    a. ☐ Dieser Führungsstil musste in der neuen Situation nicht mehr angewandt werden.
    b. ☐ Dieser Führungsstil konnte in der neuen Situation nicht mehr angewandt werden.

b Lesen Sie die Sätze in 3a noch einmal und ergänzen Sie die Tabelle.

Passiversatzform	Beispiel	Bedeutung
1. sich lassen + Infinitiv	*Die Aufgabe lässt sich nicht erledigen.*	Passiv mit „*können*"
2. sein + zu + Infinitiv	1. _____ 2. _____	1. Passiv mit „_____" 2. Passiv mit „_____"
3. sein + Adjektiv (Verbstamm + „-bar")	_____	Passiv mit „_____"

c Formen Sie die Sätze mit der Struktur „sein + zu" + Infinitiv um. ▶ ÜB D2

1. In der kurzen Zeit kann das nicht gemacht werden.
2. Wie können Mitarbeiter motiviert werden?
3. Damit alle merken, dass ihre Arbeit gewürdigt wird, müssen regelmäßig Zielgespräche geführt werden.
4. Wegen des hohen Krankenstandes kann die Arbeit nicht im vereinbarten Zeitraum geschafft werden.
5. Die Probleme können nur mithilfe eines externen Beraters gelöst werden.
6. Um die Kollegen nicht zu stören, müssen Handygespräche außerhalb des Büros geführt werden.

1. In der kurzen Zeit ist das nicht zu machen.

d Markieren Sie in den Sätzen in 3c die Modalverben. Welche Sätze kann man mit „sich lassen" + Infinitiv formulieren? Formulieren Sie um. ▶ ÜB D3

1. In der kurzen Zeit lässt sich das nicht machen.

e Formulieren Sie die Sätze 1, 4 und 5 mit der Konstruktion „sein" + Adjektiv (Verbstamm + „-bar") um. ▶ ÜB D4–5

4 Was für ein Chef / eine Chefin wären Sie?

a Überlegen Sie sich ein Unternehmen, in dem Sie Chef bzw. Chefin sind, und machen Sie zu folgenden Fragen Notizen. ▶ ÜB D6

1. In welchem Bereich arbeitet Ihr Unternehmen? Wie viele Mitarbeiter / Mitarbeiterinnen haben Sie?
2. Welchen Führungsstil bevorzugen Sie? Wie werden in Ihrem Unternehmen Entscheidungen gefällt?
3. Wie motivieren Sie Ihre Mitarbeiter? Wie loben bzw. kritisieren Sie Ihre Mitarbeiter / Mitarbeiterinnen?

b Machen Sie nun einen Klassenspaziergang und sprechen Sie über die Fragen in 4a. Berichten Sie dann im Kurs: Bei welchem „Chef" / welcher „Chefin" würden Sie gerne arbeiten? Warum?

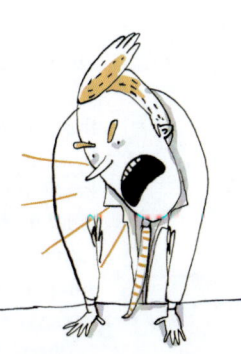

Zufrieden bei der Arbeit?

1 Zufriedenheit am Arbeitsplatz [Hauptaussagen erkennen, notieren und vergleichen]

Lesen Sie den Artikel und beachten Sie die Informationen aus der Grafik. Unten sehen Sie eine Zusammenfassung. Die Zusammenfassung folgt nicht dem Textverlauf. Markieren Sie die Sätze in der Zusammenfassung, die falsche Informationen enthalten. Es gibt 3 inhaltlich falsche Sätze.

小贴士 答题攻略
这段概述中有3处错误，两处来自文章，一处来自图表中，或者相反。该项考题完成时间为7分钟。

Zufriedenheit am Arbeitsplatz

Was führt dazu, dass Mitarbeiter und Mitarbeiterinnen sich in ihrem Unternehmen wohlfühlen? Es gibt zahlreiche Studien, die sich mit der Frage beschäftigen, was zur Zufriedenheit am Arbeitsplatz beiträgt. Die Ergebnisse dieser Befragungen unterscheiden sich sehr: Während bei einigen Studien die Höhe des Gehalts der wichtigste Faktor für die Zufriedenheit der Mitarbeiter ist, steht laut anderen Befragungen das Arbeitsklima an erster Stelle der Faktoren, die die Zufriedenheit beeinflussen.

Einfluss auf die Ergebnisse der Befragung haben verschiedene Faktoren: die Branche, in der die Befragung durchgeführt wurde, die Höhe des Verdienstes, das Alter sowie das Geschlecht der Befragten.

Unternehmen sind aus mehreren Gründen darauf angewiesen, dass ihre Belegschaft mit der Arbeitssituation zufrieden ist: Zum einen arbeiten zufriedene Mitarbeiter engagierter für den Erfolg des Unternehmens und haben weniger krankheitsbedingte Fehlzeiten. Zum anderen bleiben zufriedene Mitarbeiter häufiger dem eigenen Betrieb treu und wechseln seltener zu anderen Unternehmen. Das ist ein wichtiger Vorteil, denn in Zeiten des zunehmenden Fachkräftemangels stehen die Unternehmen im Wettbewerb um qualifizierte Arbeitskräfte.

Hinweise auf Kriterien für Arbeitsplatzzufriedenheit zeigen sich auch in Studien, die untersucht haben, was sich Menschen von einem potenziellen zukünftigen Arbeitgeber wünschen. In diesen Listen steht die Sicherheit des Arbeitsplatzes und der Verdienst meist ganz oben. Aber noch vor einem guten Lohn steht laut mehreren Untersuchungen ein angenehmes Arbeitsklima. Viele Unternehmen reagieren darauf und achten bei der Suche nach neuen Mitarbeitern nicht nur auf die fachliche Kompetenz, sondern auch darauf, dass ein Bewerber/eine Bewerberin in das bestehende Team passt, damit sich alle Beteiligten wohlfühlen.

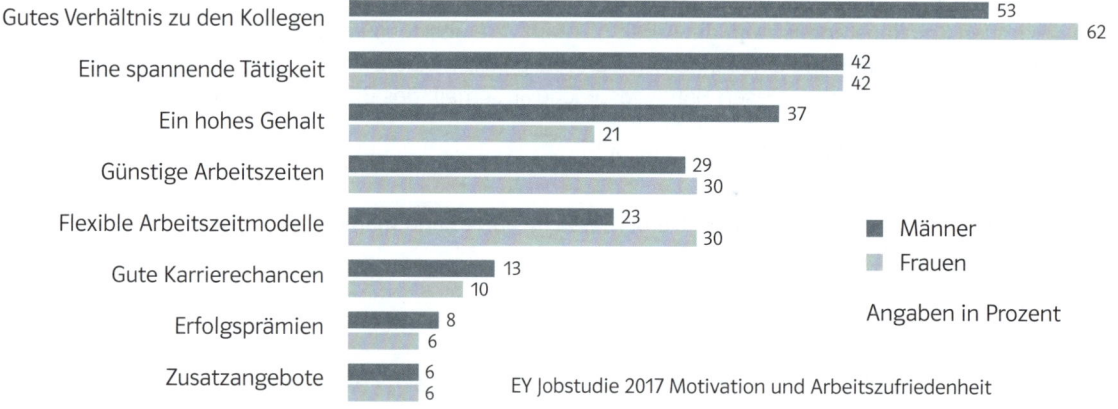

Was motiviert Sie persönlich bei der Arbeit?

	Männer	Frauen
Gutes Verhältnis zu den Kollegen	53	62
Eine spannende Tätigkeit	42	42
Ein hohes Gehalt	37	21
Günstige Arbeitszeiten	29	30
Flexible Arbeitszeitmodelle	23	30
Gute Karrierechancen	13	10
Erfolgsprämien	8	6
Zusatzangebote	6	6

Angaben in Prozent
EY Jobstudie 2017 Motivation und Arbeitszufriedenheit

Zusammenfassung

Die Zufriedenheit der Mitarbeiter hat einen großen Einfluss auf den Erfolg eines Unternehmens. Vor allem gut bezahlte Mitarbeiter arbeiten engagierter, sind seltener krank und weniger wechselbereit. Ein wichtiger Faktor bei der Mitarbeiterzufriedenheit ist zudem das Arbeitsklima. Deshalb achten Unternehmen bei Neueinstellung auch darauf, dass zukünftige Mitarbeiter sich harmonisch in das Kollegium einfügen. Welche Faktoren zur Zufriedenheit der Mitarbeiter führen, ist in allen Branchen ähnlich. Für Männer und Frauen sind die Faktoren, die sie zur Arbeit motivieren, zum Teil unterschiedlich. Männern ist es besonders wichtig, dass sie beruflich aufsteigen können. Frauen hingegen motiviert am meisten der gute Kontakt zu den Kollegen.

Motivationsforschung

1 Motivationsforschung – Vorbereitung

Der Chef spricht mit einem Angestellten. Lesen Sie die Definitionen und kreuzen Sie an, welche Bedeutung die Sätze des Chefs haben: explizit oder implizit?

explizit: ausdrücklich deutlich, direkt gesagt

implizit: mit gemeint, aber nicht direkt ausgedrückt

	explizit	implizit
1. Wir haben für den ersten Meilenstein fünf Tage.	☐	☐
2. Wissen Sie, wir alle bemühen uns hier, so schnell wie möglich zu arbeiten.	☐	☐
3. Es wäre gut, wenn wir das vielleicht bis Ende der Woche schaffen würden.	☐	☐
4. Das Ergebnis muss am Freitag vorliegen.	☐	☐

2 Motivationsforschung
DSH [anhand von Leitfragen Informationen heraushören]

a ▶ 4 | 5–7 Decken Sie die Aufgaben 2b und 2c mit einem Blatt Papier ab. Sie hören nun im Studiengang „Psychologie" eine Vorlesung zum Thema „Motivationsforschung – Welche Motive steuern unsere Handlungen?" Machen Sie während des Hörens Notizen.

b Sie erhalten jetzt die Aufgaben 1 bis 3 in 2c. Sie haben nun vor dem zweiten Hören Zeit, sich diese Aufgaben anzusehen und Ihre Notizen aus 2a mit den Aufgaben abzugleichen.

小贴士　答题攻略

在有些大学的DSH考试中，这个报告在听第一遍的时候是没有题目的。这时，你必须直接记录最重要的信息。听完第一遍以后，你才会拿到题目，然后你有10分钟时间把题目和你的笔记进行比对。这样你就能检查出是否还缺关键信息。在题目中标出关键词，以便在听第二遍的时候有针对性地注意信息。在听的时候要注意信号词，如 "erstens …, zweitens …, drittens …" "ziehen die Forscher die Schlussfolgerung, dass …" "die Studie kommt zu folgendem Ergebnis: …"。

c ▶ 4 | 5–7* Hören Sie die Vorlesung nun ein zweites Mal und machen Sie Notizen zu den folgenden Aufgaben.

1. Es gibt zwei verschiedene Motivationssysteme. Was sind deren zentrale Charakteristika?

explizite Motive:
- _____
- _____

implizite Motive:
- _____
- _____

2. Welche Informationen gibt es in der Vorlesung zu den impliziten Motiven? Ergänzen Sie die Tabelle.

implizite Motive	damit verbundene Gefühle
1.	– *Stärke*
2.	–
3.	– – *von Menschen geliebt zu werden*

3. In der Vorlesung wird der Thematische Apperzeptionstest (TAT) beschrieben. Fassen Sie zusammen, wie der Test abläuft. Schreiben Sie in Ihr Heft.

小贴士　答题攻略

在新的DSH考试规定中，听力理解部分的回答没有语言形式分，只对内容的正确性和可理解性评分。

*▶4|8对应练习在网站下载。

9 Auf dem Weg zur Prüfung: Schreiben

In den Flow kommen

1 Wann arbeiten Sie gut und erfolgreich? [Vorwissen aktivieren]

Sammeln Sie Bedingungen, unter denen sie gut und effektiv arbeiten können, und beschreiben Sie Situationen, in denen Sie besonders angenehm und erfolgreich gearbeitet haben. Tauschen Sie sich ggf. mit einem Partner/einer Partnerin aus.

> Um gut arbeiten zu können, brauche ich …

> Ich kann immer dann besonders effektiv arbeiten, wenn …

2 Im Flow arbeiten [Informationen aus Text und Grafik abgleichen und zusammenfassen]

In einem Seminar zur Motivationspsychologie schreiben Sie eine Hausarbeit zum Thema „Der Flow-Zustand und seine Wirkungen". Fassen Sie zu dieser Frage Informationen aus dem Artikel und der Grafik mit eigenen Worten zusammen. Schreiben Sie ca. 100 bis 150 Wörter.

> 小贴士　答题攻略
>
> 在总结时，你必须思考文章和图表中的信息并且把它们关联起来。在总结中你只能使用自己的表达，也就是说不能用文中的句子和部分。如果需要，只能借用一些单个的表述。在考试中该部分的答题时间为30分钟。

Im Flow arbeiten

Bei kleinen Kindern kann man es besonders gut beobachten: Wenn sie spielen, sind sie oft ganz in das Spiel vertieft, nehmen die Umwelt kaum noch wahr und spielen konzentriert und glücklich. In der Psychologie beschreibt man diesen Zustand mit dem englischen Wort „Flow". Auch Erwachsene können in diesen Zustand kommen, wenn sie mit positiven Gefühlen intensiv und konzentriert bei einer Tätigkeit sind. Jeder kennt dieses Gefühl bei Tätigkeiten, die man besonders gerne macht, beispielsweise beim Joggen, beim Musikhören und -machen, aber auch im beruflichen Kontext, bei einer Aufgabe, die man besonders spannend findet. In diesem Flow-Zustand fühlt man sich gut und man hat das Gefühl, dass alles ganz leicht geht, und man ist tatsächlich in der Lage, ganz besonders gute Leistungen zu erbringen. So haben laut einer Studie Studenten, die bei der Vorbereitung einer Statistik-Klausur in den Flow kamen, bei der Prüfung bessere Resultate erzielt.

Den Flow-Zustand kann man auch an körperlichen Veränderungen messen. So verändert sich z. B. die Herzfrequenz und es kommt zu einer vermehrten Ausschüttung von Cortisol. Cortisol ist das Hormon, das auch bei Stress ausgeschüttet wird. Beim Flow-Zustand wird Cortisol nur in so geringer Menge ausgeschüttet, dass die Aufmerksamkeit und die Lernbereitschaft gestärkt werden, ohne den Körper mit Stressreaktionen zu belasten. Dadurch empfindet man den Flow-Zustand als sehr angenehm und er hat auch Auswirkungen auf die allgemeine Lebenszufriedenheit. So haben Studien ergeben, dass Menschen nach einem Flow-Erlebnis bei der Arbeit auch danach in ihrer Freizeit länger positiv gestimmt sind.

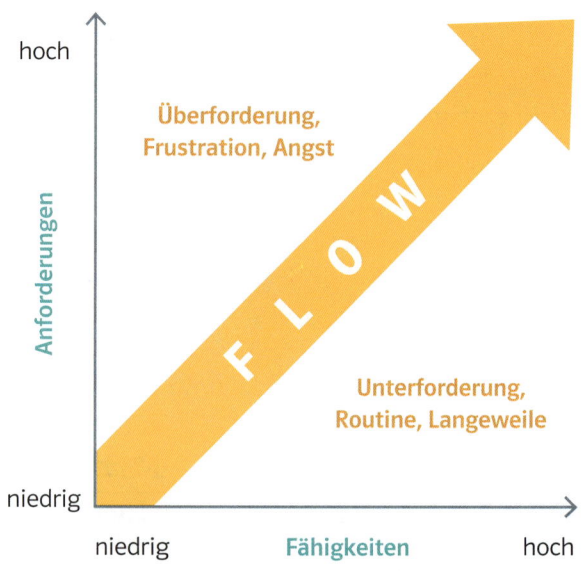

Auf dem Weg zur Prüfung: Sprechen **9**

Sind Hausaufgaben ein Problem?

1 Hausaufgaben [Text mündlich zusammenfassen und Stellung beziehen]

DSH

a Lesen Sie den Kommentar unten und notieren Sie die zentralen Punkte. Überlegen Sie sich außerdem, wie Ihre Meinung ist, und machen Sie dazu Notizen.

b Fassen Sie nun den Kommentar mit eigenen Worten zusammen und nehmen Sie zum Thema Stellung. Verwenden Sie dafür Ihre Notizen in 1a.

> 小贴士　答题攻略
>
> 在考试中你有时间准备和做笔记，不要写完整的句子。你必须自由表达，而且只允许用自己的话进行概述。报告时长大约5分钟。

Hausaufgaben – ein Problem?

Hausaufgaben kommen immer wieder in die Diskussion. Auf der einen Seite gibt es entschiedene Befürworter von Hausaufgaben. Auf der anderen Seite gibt es engagierte Eltern und Lehrer, die sich dafür einsetzen, dass alle Aufgaben eines Schülers oder einer Schülerin in der Schule erledigt werden sollten.

Hausaufgaben geben Lehrer/innen, damit die Schüler/innen den gelernten Stoff zu Hause in Ruhe noch einmal wiederholen. Die Befürworter von Hausaufgaben sagen, dass die Zeit im Unterricht zu knapp ist, damit alle genug Zeit zum Üben haben. Denn einige Schüler/innen beherrschen den Stoff sehr schnell, andere dagegen brauchen mehr Zeit und mehr Übung. Wenn man in der Schule so lange üben würde, bis alle genug geübt haben, würden die Lehrenden es aus Zeitgründen nicht schaffen, den ganzen Unterrichtsstoff zu vermitteln. Außerdem würden sich die schnellen Schüler/innen langweilen. Wenn man dagegen im Unterricht nur wenig übt und keine Hausaufgaben gibt, würden die Schüler/innen benachteiligt, die mehr Übungsangebote benötigen.

Die Gegner von Hausaufgaben betonen, dass viele Kinder nicht in der Lage sind, die Hausaufgaben in einer angemessenen Zeit selbstständig zu erledigen. Wenn die Kinder in der Schule etwas verpasst oder nicht verstanden haben, sitzen sie zu Hause frustriert vor den Hausaufgaben und können sie nicht lösen. Am nächsten Tag bekommen sie in der Schule Ärger, weil sie keine Hausaufgaben haben. Viele Eltern wollen das vermeiden und versuchen, dem Kind die Aufgaben zu erklären. Das ist aber nicht immer einfach, denn Eltern sind keine Lehrer und können das Problem oft nicht gut erklären. Dadurch kann die Frustration bei den Kindern noch weiter steigen. Hinzu kommt, dass in den höheren Klassen die Kinder auch Hausaufgaben bekommen, die viele Eltern gar nicht lösen können, weil sie den Stoff in der Schule nicht gelernt haben oder weil sie ihn wieder vergessen haben.

Viele Pädagogen sind auch aus einem anderen Grund dagegen, dass die Eltern bei den Hausaufgaben helfen. Denn aus Sicht der Pädagogen ist es wichtig, dass Kinder lernen, selbstständig zu lernen. Wenn sie sich aber darauf verlassen können, dass sich ihre Eltern für ihre Hausaufgaben verantwortlich fühlen, passen sie vielleicht schon in der Schule weniger auf und geben sich keine Mühe, ihre Aufgaben selbstständig zu lösen. Das kann wiederum dazu führen, dass die Leistungen und die Motivation der Schüler/innen sinken.

2 Hausaufgaben [über strittiges Thema diskutieren]

telc

a Sie sollen mit einem Partner / einer Partnerin über den Inhalt des Kommentars in 1a diskutieren. Machen Sie sich dafür Notizen. Schreiben Sie keine ganzen Sätze. Sie müssen in der Diskussion frei sprechen.

b Diskutieren Sie nun mit Ihrem Partner / Ihrer Partnerin über den Inhalt des Kommentars in 1a, bringen Sie Ihre Erfahrungen ein und äußern Sie Ihre Meinung. Begründen Sie Ihre Argumente und sprechen Sie über mögliche Lösungen.

> 小贴士　答题攻略
>
> 在考试中你有时间准备和做笔记。请就下列问题写要点：
> — 你觉得文中哪些或者哪个观点有趣？
> — 你自己对该主题有什么想法？
> — 对此你有过什么经验？
> — 可能如何解决这个问题？
> 不要自顾自地阐述自己的观点，而是要紧扣你的同伴所说的内容。你也可以追问、请求举例或解释。

A Kommunikation – aber wie?

1 Angemessen mündlich kommunizieren

a Schauen Sie sich zu zweit die Abbildungen an und lesen Sie die Dialoge. Beschreiben Sie das jeweilige Problem bei der Kommunikation.

- Was ist in den Situationen jeweils problematisch?
- Was sollte man in dieser Situation sagen, damit das Gespräch gelingt?

b Spielen Sie mit einem Partner / einer Partnerin vor, wie Sie in einer der Situationen handeln würden.

c Haben Sie selbst Situationen erlebt, in denen die Kommunikation nicht funktionierte? Haben Sie eine Vermutung, woran das lag? Berichten Sie im Kurs.

2 Erfolgreich schriftlich kommunizieren [formelle E-Mails verfassen]

a Nennen Sie Situationen, in denen Sie formelle E-Mails schreiben, und überlegen Sie, was formelle E-Mails von privaten E-Mails oder Nachrichten über Messenger-Dienste unterscheidet.

b Lesen Sie zuerst den Ratgeber für formelle E-Mails und danach die E-Mails A und B. Markieren Sie in den E-Mails die Punkte, die nicht angemessen sind. Welche Tipps wurden nicht befolgt? ▶ ÜB A1a–c

Kleiner Ratgeber zur Erhöhung der Antwortwahrscheinlichkeit an der Universität

- Schreiben Sie Ihren Professoren bzw. Dozenten nur, wenn Sie spezielle Fragen haben und/oder keine Informationen auf der Homepage gefunden bzw. von Assistenten erhalten haben.
- Stellen Sie keine Forderungen oder unangemessene Bitten und geben Sie dem Professor/der Professorin bzw. dem Dozenten/der Dozentin genügend Zeit für eine Antwort.
- Schreiben Sie angemessen, d. h. weder zu vertraut noch zu übertrieben höflich.
- Achten Sie darauf, dass Sie eine seriöse Absenderadresse benutzen.
- Verwenden Sie keine Emojis und keine zu umgangssprachlichen Ausdrücke.
- Überprüfen Sie Rechtschreibung und Grammatik.

Betreff:
- Lassen Sie die Betreffzeile nicht frei.
- Formulieren Sie kurz und klar, worum es geht.

Anrede/Grußformel:
- Wenn Sie Ihren Professor/Ihre Professorin nicht persönlich kennen: Sehr geehrter Herr Professor (Nachname)/Sehr geehrte Frau Professorin (Nachname).
- Wenn Sie sich besser kennen: Lieber Herr (Nachname)/Liebe Frau (Nachname).
- Die Standardformel ist „Mit freundlichen Grüßen" (nicht abkürzen mit „MfG"!). Wenn Sie sich besser kennen: Viele Grüße. Mit „Liebe Grüße" sollten Sie vorsichtig sein.
- Unterschreiben Sie mit Vor- und Nachnamen.

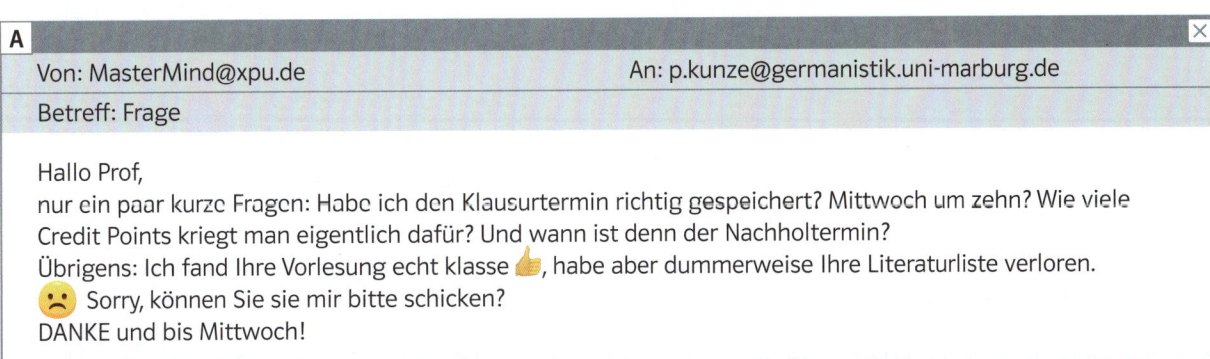

A
Von: MasterMind@xpu.de   An: p.kunze@germanistik.uni-marburg.de
Betreff: Frage

Hallo Prof,
nur ein paar kurze Fragen: Habe ich den Klausurtermin richtig gespeichert? Mittwoch um zehn? Wie viele Credit Points kriegt man eigentlich dafür? Und wann ist denn der Nachholtermin?
Übrigens: Ich fand Ihre Vorlesung echt klasse 👍, habe aber dummerweise Ihre Literaturliste verloren. ☹ Sorry, können Sie sie mir bitte schicken?
DANKE und bis Mittwoch!

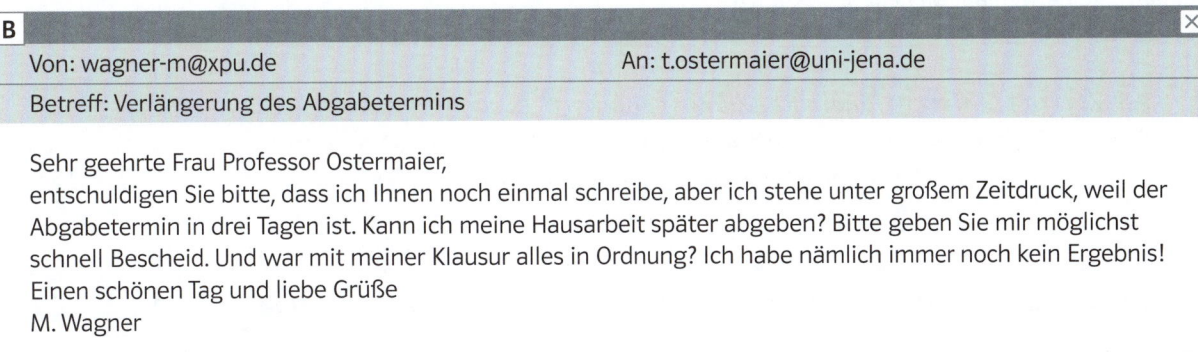

B
Von: wagner-m@xpu.de   An: t.ostermaier@uni-jena.de
Betreff: Verlängerung des Abgabetermins

Sehr geehrte Frau Professor Ostermaier,
entschuldigen Sie bitte, dass ich Ihnen noch einmal schreibe, aber ich stehe unter großem Zeitdruck, weil der Abgabetermin in drei Tagen ist. Kann ich meine Hausarbeit später abgeben? Bitte geben Sie mir möglichst schnell Bescheid. Und war mit meiner Klausur alles in Ordnung? Ich habe nämlich immer noch kein Ergebnis!
Einen schönen Tag und liebe Grüße
M. Wagner

c Schreiben Sie eine formelle E-Mail. Wählen Sie eine der Aufgaben unten. Der Ratgeber in 2b hilft. ▶ ÜB A1d

- E-Mail im universitären Bereich: Schreiben Sie an Ihren Professor/Ihre Professorin. Bitten Sie um einen Termin, um die Gliederung Ihrer Hausarbeit zu besprechen. Begründen Sie, warum Sie nicht in die reguläre Sprechstunde kommen können.
- E-Mail im Dienstleistungsbereich: Sie wollen sich in einem Fitnessstudio anmelden. Bitten Sie um einen Beratungstermin.

Fokus: Lesen

B Interkulturelle Kompetenz

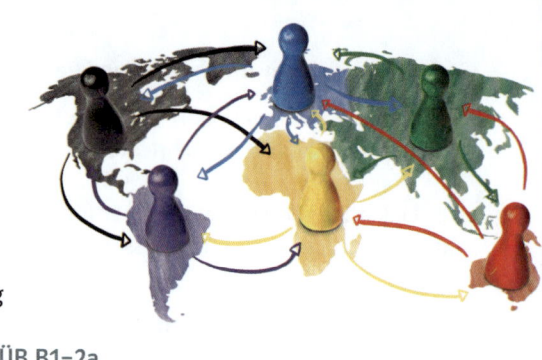

1 Wie kann interkulturelle Kommunikation gelingen?
[Zusammenfassung mithilfe von Textbauplan schreiben]

a Was verbinden Sie mit dem Begriff „interkulturelle Kompetenz"?

b Überfliegen Sie auf der rechten Seite das Vortragsskript von Frau Dr. Ilg zum Thema „Internationale Handlungsfähigkeit" und notieren Sie die Hauptaussage jedes Abschnitts in der linken Spalte des Textbauplans. ▶ ÜB B1–2a

Hauptaussage	wichtige Detailinformationen
A. interkulturelle Kompetenz – extr. wichtig	– Zeitalter d. intern. Vernetzung: Schlüsselqualifikation „interkulturelle Kompetenz" sehr wichtig, z. B. in intern. Geschäfts- + Wissenschaftskooperat.
↓	
B. …	
↓	
C. …	
↓	
D. …	
↓	
E. …	
↓	
F. …	

c Lesen Sie das Vortragsskript noch einmal abschnittsweise und notieren Sie wichtige Detailinformationen in der rechten Spalte des Textbauplans. ▶ ÜB B2b

d Verfassen Sie mithilfe Ihrer Notizen im Textbauplan eine Zusammenfassung des Vortrags. Die Tipps in Lektion 9, Teil A, Aufgabe 3a helfen. ▶ ÜB B2c–d

> Der Vortrag „Internationale Handlungsfähigkeit" beschäftigt sich mit der Bedeutung der interkulturellen Kompetenz. Frau Fr. Ilg geht davon aus, dass im Zeitalter der internationalen Vernetzung die Schlüsselqualifikation „interkulturelle Kommunikationskompetenz" sehr wichtig ist, so z. B. in den Bereichen „internationale Geschäftskooperation" und „internationale Wissenschaftskooperation". …

2 Critical Incidents – Was lief da schief?

Haben Sie eigene Erfahrungen mit „Critical Incidents"? Berichten Sie zuerst über eine Situation, in der es zu interkulturellen Missverständnissen gekommen ist. Die anderen Teilnehmer vermuten dann, was schiefgelaufen ist. Stimmen die Vermutungen der anderen mit Ihrer eigenen Interpretation überein?

Internationale Handlungsfähigkeit

A „Mit Menschen eines anderen kulturellen Hintergrunds erfolgreich interagieren", „sich auf die Perspektive des jeweils anderen einlassen" – diese und ähnliche Anforderungen finden sich heute, im Zeitalter der internationalen Vernetzung, überall: meist zusammengefasst unter dem Begriff „Schlüsselqualifikation interkulturelle Kompetenz". Warum ist diese Kompetenz so extrem wichtig? Betrachten wir dafür die Bereiche „internationale Geschäftskooperation" und „internationale Wissenschaftskooperation":

B Bei internationalen Geschäftsverbindungen passiert es z. B. immer wieder, dass Fusionen auch daran scheitern, dass die Führungskultur der Unternehmen zu unterschiedlich ist. So hat sich z. B. bei einer Studie zur Fusion eines US-amerikanischen und eines deutschen Unternehmens Folgendes herausgestellt: Die Amerikaner legten viel Wert auf persönliche Kontakte und gaben dem mittleren Management viel Freiheit, sehr ehrgeizige Ziele zu setzen und Entscheidungen zu fällen. Die Deutschen hingegen richteten ihren Fokus bei jedem Treffen direkt auf die konkreten Aufgaben. Dies war für sie viel wichtiger als langes „persönliches Hin- und Hergerede"; bei ihnen war die Organisation sehr hierarchisch, alles war detailliert geplant und die Ziele waren eher konservativer. Das führte dazu, dass die Deutschen bald als „steif und humorlos" angesehen wurden, während die Amerikaner als „wenig seriös und oberflächlich" beurteilt wurden.

C Wie lässt sich dies erklären? In der interkulturellen Kommunikationssituation gibt es zwei schwierige Aspekte: Erstens muss man eine gemeinsame Sprache finden. Allein dass sich mindestens einer der Kommunikationspartner nicht in seiner Muttersprache bewegt, kann leicht zu Missverständnissen führen. Zweitens muss man nicht-sprachliche Botschaften, wie Mimik, Gestik, Körpersprache, oder auch die Bedeutung von z. B. Objekten, Symbolen, Farben verstehen können. Dabei ergibt sich das Problem, dass die eine oder sogar beide Parteien unter Umständen nicht genug über die andere Kultur wissen und daher das, was sie nicht verstehen, durch Vermutungen und Interpretationen ersetzen.

D Zudem muss man sich grundsätzlich klar machen, dass die Einschätzung des Fremden immer auf Grundlage der eigenen Kultur erfolgt. Ganz unbewusst bezieht man sich dabei auf Verhaltensweisen, die man erlernt hat. Dies betrifft sowohl die Interpretation der Botschaften als auch die eigene Reaktion. Dabei spielen natürlich auch die ganz persönlichen Erfahrungen eine Rolle. Da man in der Kommunikation mit dem anderen alles beständig interpretiert, bemerkt man oft gar nicht, dass man das, was der Partner mit einem anderem kulturellen Hintergrund gesagt hat, gar nicht verstanden, sondern durch eine Vermutung ersetzt hat, die auf dem eigenen Hintergrund basiert.

E Sehr gut kann man solche Probleme mithilfe von „Critical Incidents", also Beispielen für interkulturelle Missverständnisse, veranschaulichen. Ich nenne Ihnen hier zwei Beispiele: Herr Jürgens, ein deutscher Professor für Technische Informatik, betreut einen Studenten aus Indien, der wegen seiner Hausarbeit fast wöchentlich in seine Sprechstunde kommt, um ihm zu zeigen, welche Fortschritte er gemacht hat. Prof. Jürgens findet dieses Verhalten eigenartig und auch belastend. Er bittet den Studenten, nur noch in die Sprechstunde zu kommen, wenn er formale Fragen hat, wie z. B. zur wissenschaftlichen Zitierweise, und ansonsten erst wiederzukommen, wenn er die fertige Arbeit abgeben will. Es sei nicht nötig, dass er über jeden Teilschritt informiert werde. Der Student schaut ihn verwirrt an und geht. Der Professor sieht ihn nicht wieder und erhält auch die fertige Arbeit nicht. Was ist hier geschehen? Während der Student von einem Professor Führung bis ins Detail erwartet, erwartet der Professor von seinen Studenten Selbstständigkeit und Eigenverantwortung. Hätte der Student mehr darüber gewusst, wie man bei Hausarbeiten in Deutschland vorgeht, wäre es wahrscheinlich nicht zu dieser Situation gekommen.

Das zweite Beispiel: Eine Gruppe von deutschen und französischen Wissenschaftlern soll an einem gemeinsamen Forschungsprojekt arbeiten. Dafür soll zunächst ein Konzept ausgearbeitet werden. Als bei einem ersten Treffen die beiden Konzepte vorgestellt werden, entsteht eine schlechte Stimmung. Die Deutschen sind nämlich von der Oberflächlichkeit des Konzepts der Franzosen enttäuscht und die Franzosen ärgern sich über die deutsche Gründlichkeit. Wie konnte es dazu kommen? Für Deutsche ist ein Konzept ein strukturiertes, ausgearbeitetes Schriftstück und in Frankreich bedeutet „concept", dass man einige Ideen relativ informell notiert, die dann in der Diskussion konkretisiert werden. Wenn man vorher geklärt hätte, was man jeweils unter „Konzept" versteht, hätte man dieses Problem vermeiden können.

F In unserem neuen Zusatzstudiengang „Internationale Handlungsfähigkeit" bieten gerade solche „Critical Incidents", wie die eben beschriebenen, die Gelegenheit, an praktischen Beispielen zu lernen, wie wichtig es ist, sich bewusst zu machen, dass Kommunikation auf Interpretation beruht und diese eben immer kulturell geprägt ist. Unser Austausch mit Universitäten im Ausland bietet zudem die Möglichkeit, praktische Kenntnisse über andere Kulturen zu erwerben.

3 Grammatik: Irreale Bedingungen mit dem Konjunktiv II ▶ G 1.4.7, 3.2

a Lesen Sie die irrealen Bedingungssätze in der Gegenwart (a) und der Vergangenheit (b) und schreiben Sie, wie es wirklich ist oder war.

1a. Wenn die Unternehmen eine ähnliche Führungskultur hätten, gäbe es weniger Probleme.
→ *Die Unternehmen haben keine ähnliche / eine unterschiedliche Führungskultur, also gibt es viele Probleme.*

1b. Wenn die Unternehmen eine ähnliche Führungskultur gehabt hätten, hätte es weniger Probleme gegeben.
→ *Die Unternehmen hatten keine ähnliche / eine unterschiedliche Führungskultur, also gab es viele Probleme.*

2a. Wenn der indische Student Bescheid wüsste, käme es nicht zu Missverständnissen.
→ *Der indische Student weiß nicht Bescheid, also ...*

2b. Wenn der indische Student Bescheid gewusst hätte, wäre es nicht zu Missverständnissen gekommen.
→ *Der indische Student wusste nicht Bescheid, also ...*

3a. Wenn der Begriff „Konzept" definiert würde, könnte man besser zusammenarbeiten.
→ *Der Begriff „Konzept" wird ...*   *Also ...*

3b. Wenn der Begriff „Konzept" definiert worden wäre, hätte man besser zusammenarbeiten können.
→ *Der Begriff „Konzept" wurde ...*   *Also konnte ...*

b Schauen Sie sich in den Sätzen b in 3a die markierten Verbformen an und ergänzen Sie die Regeln. ▶ ÜB B3

> **Irreale Bedingungssätze mit dem Konjunktiv II in der Vergangenheit**
> 1. Das Aktiv bildet man mit „*hätte*" oder „*wäre*" + Partizip Perfekt.
> 2. Das Aktiv mit Modalverben bildet man mit „*hätte*" + Infinitiv des Vollverbs + _____ des Modalverbs.
> 3. Das Passiv bildet man mit „*wäre*" + Partizip Perfekt + „_____".

c Formulieren Sie die Sätze in irreale Bedingungssätze in der Vergangenheit um.
1. Man hat den Begriff vorher nicht geklärt, folglich gab es Missverständnisse.
2. Der Student ist nicht über das Vorgehen bei Hausarbeiten informiert worden. Also hat er Probleme bekommen.
3. Die Mitarbeiter wussten zu wenig über die Kultur ihrer Partner. Also funktionierte die Zusammenarbeit nicht so gut.
4. Sie wurden nicht auf den Auslandseinsatz vorbereitet. Folglich konnten sie einige Reaktionen der Partner nicht verstehen.

1. *Wenn man den Begriff vorher geklärt hätte, hätte es keine Missverständnisse gegeben.*

d Schreiben Sie zwei Fragen auf eine Karte: Was würdest du machen / Was wäre, wenn ...? / Was hättest du gemacht, wenn ...? / Was wäre gewesen / geschehen, wenn ...? Tauschen Sie die Karten mit einem Partner / einer Partnerin und antworten Sie auf die Fragen.

- Was würdest du machen, wenn du einen Ausdruck nicht verstehen würdest?
- Ich würde auf jeden Fall nachfragen.
- Was wäre gewesen, wenn du dich nicht so gut auf deinen Auslandsaufenthalt vorbereitet hättest?
- Dann hätte ich mehr Probleme gehabt.

C Sich beschweren – wie geht das?

1 Sich erfolgreich beschweren [Hauptaussagen erkennen, notieren und vergleichen]

a Sie hören einen Vortrag einer Konfliktberaterin zum Thema „Wie beschwert man sich erfolgreich?"
Welche Tipps erwarten Sie? ▸ ÜB C1

b ▶ 4 | 9–10 Hören Sie jetzt den Vortrag der Konfliktberaterin und machen Sie Notizen. ▸ ÜB C2

> Beschwerden:
> – richtiger Ton: ...
> – Zeitpunkt: ...
> – ...

c Vergleichen Sie die Zusammenfassung mit Ihren Notizen in 1b. Welche zwei inhaltlichen Fehler gibt es in der Zusammenfassung? Markieren Sie sie.

Sich erfolgreich beschweren

Wenn man sich erfolgreich beschweren will, sollte man auf den richtigen Ton achten und höflich und freundlich bleiben. Es ist immer ratsam, auch dann, wenn man unter Zeitdruck steht, sich nicht sofort zu beschweren, da man dann häufig noch zu wütend und verärgert ist. Wenn man wartet, bis man ruhig ist, kann man sachlich, ohne Emotionen reagieren. Dadurch werden auch die Chancen größer, dass man eine Lösung des Konflikts finden kann. Beschwerden funktionieren dann am besten, wenn man mit Hilfe von „Ich-Botschaften" das Verhalten des anderen bewertet. Außerdem ist es sinnvoll, sein Gegenüber nach seinen Lösungsvorschlägen zu fragen. Bei Beschwerden und Kritik sollte man darauf achten, dass man sie konkret und nicht zu allgemein äußert. Dabei sollte man auf „nie" und „immer" verzichten.

d ▶ 4 | 11 Hören Sie ein Telefongespräch zwischen zwei Kollegen und beantworten Sie die Fragen.

1. Worum geht es in dem Gespräch?
2. Welche Tipps aus dem Vortrag in 1b werden nicht beachtet?

e Wie könnte das Gespräch erfolgreich verlaufen? Die Tipps der Konfliktberaterin in 1b helfen Ihnen. Spielen Sie die Situation mit einem Partner / einer Partnerin.

f ▶ 4 | 12 Hören Sie nun eine Variante der Beschwerde in 1d und vergleichen Sie sie mit Ihrer Version in 1e.

g Sie sind in einer Arbeitsgruppe. Ein Kommilitone / Eine Kommilitonin bzw. ein Kollege / eine Kollegin kommt häufig zu spät zu den gemeinsamen Treffen, hat letzte Woche einen wichtigen Termin vergessen und war bei der letzten Besprechung nicht gut vorbereitet. Wie könnten Sie sich erfolgreich beschweren?
Spielen Sie die Situation mit einem Partner / einer Partnerin.

h Was muss man beachten, wenn man sich in Ihrer Kultur beschwert oder Kritik äußert?
Berichten Sie im Kurs.

10 Fokus: Hören + Grammatik

2 Grammatik: Irreale Vergleichssätze mit dem Konjunktiv II ▶ G 1.4.10, 3.2

a Lesen Sie die Sätze und kreuzen Sie die Sätze an, in denen es irreale Vergleiche gibt.

1. Der Teamkollege tut so, als ob er alleine an dem Projekt arbeiten würde. [X]
2. Die neuen Vorschläge sind wesentlich besser als die alten. ☐
3. Die Chefin ist überzeugt, dass deine Ideen kreativer als meine sind. ☐
4. Die neue Kollegin verhält sich so, als wenn ihr die Kollegen völlig egal wären. ☐
5. Es sieht so aus, als hätte das Team jetzt weniger Probleme als früher. ☐

b Markieren Sie in den irrealen Vergleichssätzen in 2a die Verben und ergänzen Sie die Regeln.

> 1. Ein irrealer Vergleichssatz nennt einen Vergleich, der nicht den Tatsachen entspricht. Das Verb steht daher im _____.
> 2. Irreale Vergleichssätze kann man mit „als ob", „als wenn" oder „als" formulieren.
>   – Nach „als ob", „als wenn" steht das konjugierte Verb   a. ☐ auf Position 2.   b. ☐ am Satzende.
>   – Nach „als" steht das konjugierte Verb   a. ☐ auf Position 2.   b. ☐ am Satzende.

c Lesen Sie die Sätze. Wie ist / war es tatsächlich? Schreiben Sie.

1. Mein Kollege tut so, als ob er nichts wüsste. Aber *er weiß alles* _____.
2. Die Teamleiterin verhielt sich so, als wäre alles perfekt gewesen. Aber _____.
3. Es hörte sich so an, als wenn es bei dem Projekt viele Fehler gegeben hätte. Aber _____.
4. Unser Chef erweckt den Eindruck, als ob er immer eine Lösung finden könnte. Aber _____.

d Formulieren Sie irreale Vergleichssätze. ▶ ÜB C3

1. Sie sind nicht flexibel. → Sie tun nur so, als ob *sie flexibel wären* _____. (flexibel sein)
2. Die Arbeit gefällt euch nicht. → Ihr erweckt aber den Eindruck, als wenn _____. (die Arbeit Spaß machen)
3. Seine Ideen waren nicht kreativ. → Er tat aber immer so, als _____. (gute Ideen haben)
4. Die Leitung verträgt keine Kritik. → Sie hört sich aber immer so an, als ob _____. (Kritik gut vertragen können)
5. Das Ergebnis enttäuschte mich. → Ich verhielt mich aber so, als _____. (zufrieden sein)

e Was stört Sie am Verhalten Ihrer Kollegen oder Kommilitonen? Schreiben Sie fünf Aussagesätze. Tauschen Sie die Sätze mit einem Partner / einer Partnerin und formulieren Sie jeweils zu den Aussagesätzen Ihres Partners / Ihrer Partnerin irreale Vergleichssätze. Verwenden Sie dafür die Redemittel.

> so tun … | den Eindruck erwecken … | sich benehmen / sich verhalten …
>
> Es hört sich (so) an, … | Es sieht (so) aus, … | Es kommt mir vor, …

Der neue Teamkollege ist faul.

Aber er tut so, als ob er fleißig wäre.

D Aggressivität und Hass im Netz

1 Hasskommentare im Netz [Artikel mündlich zusammenfassen]

a Lesen Sie zunächst nur die Überschrift des Zeitungsartikel und tauschen Sie sich im Kurs aus: Was fällt Ihnen zu „Hate Speech" ein? Wie sehen Ihre eigenen Erfahrungen aus?

„Hate Speech" – Nutzer nehmen mehr Hass im Netz wahr

Im analogen Leben sind wir offenen Beleidigungen oder Hass eher selten ausgesetzt. Im Internet hingegen finden wir wesentlich häufiger wütende, hasserfüllte Kommentare. In einer aktuellen Forsa-Umfrage gaben 78% der Befragten an, schon einmal dem Phänomen „Hate Speech" (auf Deutsch „Hassrede") begegnet zu sein. Darunter versteht man Äußerungen, in denen einzelne Personen oder Personengruppen gezielt beleidigt, herabgesetzt bzw. bedroht werden.

Hassreden gibt es nicht erst, seitdem das Internet existiert. Das Netz ist jedoch eine ideale Plattform für „Hate Speech", da die Verfasser per Knopfdruck ihre Hasskommentare in kürzester Zeit verschicken können. Außerdem lassen sich wegen der großen Reichweite des Internets sehr viele Leser erreichen.

Durch die Anonymität im Netz fühlen sich viele Verfasser von Hassreden unsichtbar und schreiben unter falschem Namen oder einem Pseudonym wesentlich leichter Dinge, die sie im echten Leben in einem so aggressiven Ton nicht schreiben würden, weil sie Angst vor der Reaktion hätten. Andere Hasskommentatoren hingegen verstecken ihre wahre Identität gar nicht, sondern verfassen ihre verletzenden Kommentare unter ihrem richtigen Namen, um die Nutzer der sozialen Netzwerke leichter zu überzeugen und zu mobilisieren.

Einige große Nachrichtenseiten wie „Spiegel-Online" oder „Die Süddeutsche Zeitung" erlauben deshalb kaum noch Kommentare unter ihren Artikeln im Netz. Bei anderen Portalen lesen Community-Manager vorher jeden Beitrag und entscheiden, ob er im Forum zugelassen wird. Kommentare, in denen sich jemand beispielsweise rassistisch oder beleidigend äußert, werden gelöscht.

Beleidigungen und Beschimpfungen im Internet sollten auf keinen Fall ignoriert werden, weil ansonsten ein solches Verhalten als normal empfunden werden könnte und sich die Hasskommentatoren durch das Schweigen der anderen Nutzer bestätigt fühlen. Konfliktforscher raten daher, in einer Gegenrede („Counter Speech") direkt, eindeutig, aber sachlich und nicht aggressiv zu reagieren. Hassreden auf Internetplattformen sollte man dem Betreiber melden, damit sie gelöscht werden und nicht der Hass im Netz dominiert.

b Lesen Sie nun den Artikel in 1a und notieren Sie die zentralen Inhalte des Artikels.

> – Thema: Hate Speech (dt. Hassrede)
> – analoges Leben: Beleidigung, Hass selten
> – Internet: …

> 小贴士　做笔记
> 在做笔记时，要保证之后阅读时依然能读懂。

c Schließen Sie das Buch und fassen den Artikel anhand Ihrer Notizen mündlich zusammen. Ein Partner / Eine Partnerin kontrolliert mithilfe seiner / ihrer Notizen, ob die Zusammenfassung alle wichtigen Informationen enthält. ▶ ÜB D1

d Haben Sie oder eine Person, die Sie kennen, schon einmal Erfahrung mit Hasskommentaren gemacht? Wie haben Sie oder die andere Person darauf reagiert?

e Wie sollte man Ihrer Meinung nach am besten auf Hasskommentare im Netz reagieren: antworten, ignorieren, melden, …? Sprechen Sie im Kurs. ▶ ÜB D2–3

10 Auf dem Weg zur Prüfung: Lesen — DSH

Kommunizieren im Ausland

1 Studium im Ausland [Hauptaussagen schriftlich zusammenfassen]

a Lesen Sie den Bericht über eine Studie und notieren Sie die Hauptaussagen jedes Abschnitts.

b Fassen Sie in eigenen Worten die Schwierigkeiten zusammen, die laut Studie während eines Studiums im Ausland auftreten können. Ihre Notizen in 1a helfen.

> 小贴士 答题攻略
> 在概述中你必须用自己的表达方式。这意味着，你不能使用文章中的句子和段落。只有在必要情况下才能借用文章中的个别表达。

Studium im Ausland – Vorteile und Herausforderungen

A Ein Auslandsstudium bietet häufig nicht nur neue Einblicke in ein anderes Land und dessen Kultur, sondern verändert auch den Blick auf das eigene Studienfach. Durch andere Lehrmethoden, unterschiedliche Studienschwerpunkte und besonders auch den anderen kulturellen Hintergrund lässt sich das eigene Fach mit anderen Augen betrachten. Es trägt zudem zur Persönlichkeitsentwicklung bei, denn es erfordert unter anderem Selbstständigkeit, Flexibilität und Offenheit, also genau die Soft Skills, die später auch im Berufsleben sehr gefragt sind. Außerdem erwirbt man während eines Studiums im Ausland interkulturelle Kompetenz und verbessert seine Sprachkenntnisse sozusagen nebenbei. Allerdings ist ein Auslandsstudium auch mit Herausforderungen und Belastungen verbunden. Dies wurde in einer Studie untersucht, in der Studierende, die ein Auslandsstudium absolviert hatten, nach ihren Schwierigkeiten dabei befragt wurden.

B Eine Vielzahl der befragten Studierenden sah die Doppelbelastung durch Studium und Fremdsprache als größte Schwierigkeit. So hatten die Studierenden häufig dann in den Seminaren Verständnisprobleme, wenn die Dozenten sehr schnell sprachen oder Kommilitonen in einer regionalen Variante redeten. Auch bei der fachlichen Zusammenarbeit mit den einheimischen Mitstudierenden kam es nach Angaben der Befragten zu Situationen, die sie als unangenehm empfanden. Denn wenn sie sich eher alltagssprachlich ausdrückten, da sie die Ausdrücke nicht in der Wissenschaftssprache kannten, hatten sie oftmals den Eindruck, dass ihre Kommilitonen oder Dozenten sie nicht ernst nahmen.

C Aber auch Befragte, die ihre Kenntnisse in der Fremdsprache als sehr gut oder fast muttersprachlich bezeichneten, gaben an, dass auch sie Probleme gehabt hätten: So berichteten sie, dass sie im Gespräch mit Mitstudierenden öfter das Gefühl hatten, nicht „auf gleicher Augenhöhe" kommunizieren zu können. Es fehlte ihnen beispielsweise das Verständnis für bestimmte idiomatische Ausdrücke oder umgangssprachliche Wendungen, sodass die einheimischen Gesprächspartner manchmal erstaunt schienen oder enttäuscht waren, dass eine bestimmte Reaktionsweise, die sie erwartet hatten, nicht erfolgte. Die Studierenden wiederum fühlten sich unwohl, weil ihnen sprachliche Mittel fehlten, um einen Witz oder Anspielungen zu verstehen oder zu machen, Humor zu zeigen und Gefühle auszudrücken. Sie fühlten sich dadurch in ihrer Persönlichkeit eingeschränkt, manche bezeichneten das sogar als „Rückkehr auf das Niveau eines Kleinkindes".

D Als arbeitsintensiv und manchmal auch etwas schwierig betrachteten die Befragten die Klärung von Fragen im Zusammenhang mit der Finanzierung des Studiums. Der finanzielle Aspekt zählte aber eher zu den Herausforderungen, die sich leichter bewältigen ließen, da es in diesem Bereich viele Unterstützungsangebote gibt.

E Einige Befragte betonten, dass es immer wieder vorkam, dass Credit Points, d. h. Leistungspunkte, die man an ausländischen Hochschulen – vor allem außerhalb Europas – für den Besuch von Vorlesungen und Seminaren erhalten hatte, nicht von der Heimatuniversität anerkannt wurden – ein grundsätzliches Problem, weil sich so die Studienzeit verlängern kann.

F Eine der Schlussfolgerungen der Studie ist, dass man sich möglichst eingehend mit den möglichen Problemen auseinandersetzen sollte, bevor man ein Studium im Ausland antritt. Diejenigen Studierenden, die ein zweites Auslandssemester absolviert hatten, empfanden es vor allem deshalb als weniger schwierig und noch bereichender, weil sie die Probleme schon kannten und sie sich beim zweiten Auslandsaufenthalt bereits im Vorfeld intensiv mit der Sprache und der Kultur beschäftigt hatten, indem sie beispielsweise an interkulturellen Trainings teilnahmen. Insgesamt beurteilten die meisten der befragten Studierenden ihr Auslandsstudium trotz der Schwierigkeiten, positiv. Als Vorteile nannten sie in erster Linie die Verbesserung ihrer Sprachkenntnisse, die Erweiterung ihres Horizonts und den Ausbau ihrer interkulturellen Kompetenz.

Auf dem Weg zur Prüfung: Lesen

Praktikum im Ausland

1 Auslandspraktikum [Standpunkte verstehen]

Sie lesen in einer Zeitschrift Meinungsäußerungen zum Thema „Praktikum im Ausland". Welche Überschrift passt zu welcher Äußerung? Eine Äußerung passt nicht. Die Äußerung A ist das Beispiel und kann nicht noch einmal verwendet werden.

0. Der Aufbau sozialer Netzwerke ist nützlich. — A
1. Ein Auslandspraktikum ermöglicht auch Einblicke in fremde Unternehmenskulturen.
2. Die Dauer der Praxisphase spielt eine Rolle.
3. Ein Auslandsaufenthalt stärkt die eigene Persönlichkeit.
4. Die Finanzierung muss bei der Planung unbedingt berücksichtigt werden.
5. Auslandserfahrung wird heutzutage vielfach erwartet.
6. Kandidaten mit Auslandserfahrung haben bessere Chancen bei der Einstellung.

> **小贴士　答题攻略**
>
> 首先阅读6个标题并画出关键词。然后读意见B到H，并且思考：这些意见的主题是什么？接着寻找标题和意见在内容上的关联。请注意改写的情况，即标题和意见不会以同一种表达方式出现。该项推荐答题时间为12分钟。

A Unabhängig von den Kontakten, die man in der eigenen Firma im Ausland knüpft, können einem auch außerbetriebliche Kontakte zu anderen Unternehmen oder Personen beruflich Vorteile bringen. Vor allem bei der Jobsuche ist es hilfreich, wenn man viele verschiedene Personen kennt und Beziehungen pflegt.
(Sven, Frankfurt)

B Vor allem international ausgerichtete Unternehmen legen sehr großen Wert darauf, dass ihre Mitarbeiter neben Fremdsprachenkenntnissen auch Arbeitserfahrungen im Ausland mitbringen. Außerdem sind Schlüsselqualifikationen, wie interkulturelle Kompetenz, in unserer zunehmend vernetzten Welt gefragter denn je.
(Marco, Köln)

C Alleine ins Ausland zu gehen, erfordert auch Mut. Man weiß nicht, was einen im Ausland erwartet, wie der Job und das berufliche Umfeld aussehen werden. Mit der Zeit lebt man sich ein und wird selbstbewusster. Das hilft einem später, mit neuen Situationen besser umzugehen.
(Ann-Cathrin, Leipzig)

D Grundsätzlich lohnen sich Auslandsaufenthalte immer, sogar dann, wenn man nicht nur touristische Absichten verfolgt. Tätigkeiten im Ausland können zu verschiedenen Zeitpunkten sinnvoll sein, je nachdem, welches Ziel man verfolgt. Allerdings sollte man sich den idealen Zeitpunkt gründlich überlegen.
(Eva, Freiburg)

E Im Gegensatz zu anderen Auslandsaufenthalten ist ein Auslandspraktikum eine strategisch geplante Maßnahme, um seine fachlichen, sprachlichen und interkulturellen Fähigkeiten zu verbessern, und wettbewerbsfähiger auf dem Arbeitsmarkt zu sein. Wer ein Auslandspraktikum im Lebenslauf nachweisen kann, hat häufig die Nase vorn bei Bewerbungsgesprächen.
(Achim, Greifswald)

F Generell dient ein Praktikum dazu, die Theorie in die Praxis umzusetzen. Wenn man sich für ein Praktikum im Ausland entscheidet, hat man zudem die Möglichkeit, eine fremde Kultur sowie deren Regeln, Gewohnheiten, Entscheidungswege u. a. in einem Unternehmen im Ausland kennenzulernen.
(Lisa, Jena)

G Da Auslandspraktika oft unbezahlt sind, ist es sehr wichtig, dass man bei der Vorbereitung an die Kosten denkt, die auf einen beispielsweise für An- und Abreise, Unterhalt und Unterkunft zukommen. Vor Beginn des Praktikums sollte man sich vor allem über die Lebenshaltungskosten am Zielort informieren.
(Marie, Saarbrücken)

H Der Nutzen sehr kurzer Praktika ist begrenzt und viele Unternehmen sind nicht besonders begeistert, wenn man nach vier- oder sechswöchigen Praktika fragt. Sie betrachten drei Monate als Minimum, da für sie Praktikanten erst dann wirklich einsetzbar sind, wenn sie ungefähr ein halbes Jahr bleiben.
(Jan, Kiel)

10 Auf dem Weg zur Prüfung: Hören — DSH

Warum lästern und tratschen wir gerne?

1 Lästern und Tratschen [Vorwissen aktivieren]

Lesen Sie zuerst die zwei Wörterbucheinträge und betrachten Sie die Abbildung. Was fällt Ihnen zu „lästern" und „tratschen" ein? Sprechen Sie im Kurs.

lästern
sich über jmdn., der nicht anwesend ist, od. über etw. abfällig, mit kritischen od. ein wenig boshaften Kommentaren äußern.
→ das Lästern, die Lästerei

tratschen
(ugs.) nicht sehr freundlich über jmdn., der nicht anwesend ist, sprechen.
→ der Tratsch, die Tratscherei

2 Lästern und Tratschen [Hauptaussagen erkennen, notieren und vergleichen]

TestDaF

a ▶ 4 | 13–15 Decken Sie die Zusammenfassung unten mit einem Blatt Papier ab. Sie hören nun einen Vortrag zum Thema „Lästern und Tratschen". Machen Sie sich beim Hören Notizen. Sie müssen nicht jedes Detail notieren.

b Vergleichen Sie nun die Zusammenfassung unten mit Ihren Notizen in 2a. Welche zwei Sätze enthalten falsche Informationen? Markieren Sie sie.

> 小贴士　答题攻略
>
> 在德福考试中该报告只听一遍！请边听边做记录。不必写下所有细节。听完以后你会看到一个书面概述，其中有两个句子包含错误信息。借助笔记找出这两个句子并且标注出来。你有2分30秒时间。

Zusammenfassung

In dem Vortrag geht es um die Frage, warum Menschen gerne tratschen und welche Funktionen das Lästern in unserer Gesellschaft hat. Der Referent betont, wie allgemein beliebt Tratschen ist. Er legt zudem dar, dass Lästern und Informationen über andere auszutauschen in unserer modernen Gesellschaft immer wichtiger werden. In seinen Augen sind Tratschen und Lästern sogar lebensnotwendig in einer sozialen Gemeinschaft, obwohl es von vielen als ein negatives Verhalten betrachtet wird. Der Referent führt Ergebnisse verschiedener Studien an, die zeigen, dass Lästern positive Effekte auf den Schutz und Zusammenhalt einer Gemeinschaft haben kann. Beispielsweise verhält sich ein Gruppenmitglied dann meist kooperativer, wenn es weiß, dass die Gefahr besteht, dass andere sein egoistisches Verhalten weitererzählen könnten. Außerdem konnten Psychologen in Untersuchungen belegen, dass Berichte über die Fehler anderer uns helfen, unsere Leistungen zu verbessern, weil wir aus den Fehlern anderer lernen.

Auf dem Weg zur Prüfung: Sprechen — 10

Kritik äußern und annehmen

> 小贴士　答题攻略
>
> 请把笔记写清楚，因为你需要它来完成口头概述。在德福考试中，文章会在4分钟以后消失。你有2分钟说话时间。

1 Kritisieren [Text mündlich zusammenfassen]

a In einer Arbeitsgruppe beschäftigen Sie sich mit dem Thema "Kritikfähigkeit". Sie haben dazu einen Ratgebertext gefunden und wollen ihn für die anderen zusammenfassen. Notieren Sie dafür die zentralen Punkte.

Kritikfähigkeit im Berufsleben

Kritik ist ein wichtiges Mittel der Kommunikation. Kaum ein Mensch empfindet Kritik jedoch als besonders angenehm. Kritikfähigkeit ist allerdings nicht nur im Privatleben, sondern vor allem auch im Berufsleben von großer Bedeutung. Darunter versteht man einerseits die Kompetenz, Kritik angemessen zu äußern, und andererseits aber auch souverän und vernünftig darauf zu reagieren.

Damit der Empfänger der Kritik diese annehmen kann und nicht mit Ablehnung darauf reagiert, darf Kritik auf keinen Fall verletzend sein, wie das beispielsweise bei destruktiver Kritik der Fall ist. Dabei wird nicht die Leistung oder Verhaltensweise kritisiert, sondern die Kritik richtet sich direkt gegen eine Person – häufig mit der Absicht – sie grundsätzlich abzuwerten oder schlechtzumachen.

Im Gegensatz dazu geht es bei konstruktiver Kritik darum, eine Person weder zu verletzen noch zu demotivieren. Konstruktive Kritik zeichnet sich dadurch aus, dass sie nicht nur klar, präzise und in einem sachlichen Ton formuliert wird, sondern zudem analytisch und alternativ ist. Das heißt, wenn Sie etwas konstruktiv kritisieren wollen, sollten Sie zunächst den Sachverhalt gründlich analysieren und anschließend ausgewogene Anregungen geben oder praktikable Gegenvorschläge machen. Das Ziel konstruktiver Kritik ist es, nicht einfach nur Probleme oder Fehler anzumerken, sondern vielmehr Lösungen zu bieten.

Selbst wenn die Kritik sachlich und mit dem Ziel geäußert wird, zur Unterstützung und zur Problemlösung beizutragen, fühlen sich manche Kritisierte dennoch persönlich angegriffen. Wenn man jedoch ein paar Punkte beachtet, fällt es einem leichter, Kritik anzunehmen. Grundsätzlich ist es sinnvoll, sich emotional von der Kritik zu distanzieren und das Feedback nicht als persönlichen Angriff zu betrachten. Entscheidend ist, dass man die geäußerte Kritik erst einmal ruhig zur Kenntnis nimmt und sich nicht sofort verteidigt oder rechtfertigt. Kritikfähigkeit bedeutet aber nicht, dass man jegliche Kritik akzeptiert, sondern sich aktiv mit ihr auseinandersetzt. Wer in der Lage ist, konstruktive Kritik und Feedback anzunehmen, kann dazulernen und sich weiterentwickeln.

b Decken Sie den Ratgebertext oben ab und fassen Sie den Text anhand Ihrer Notizen in 1a mündlich zusammen.

2 Kritisieren [über strittiges Thema diskutieren]

a Sie sollen mit einem Partner / einer Partnerin über den Inhalt des Ratgebertextes in 1a diskutieren. Machen Sie sich dafür Notizen. Schreiben Sie keine ganzen Sätze. Sie müssen in der Diskussion frei sprechen.

> 小贴士　答题攻略
>
> 在考试中你有时间准备和做笔记。请就下列问题写要点：
> — 你觉得文中哪些或者哪个观点有趣？
> — 你自己对该主题有什么想法？
> — 你对此有过什么经验？
> — 如果在你们国家进行批评需要注意什么？
> 不要自顾自地阐述自己的观点和意见，而是要紧扣你的同伴所说的内容。你也可以追问、请求举例或解释。

b Diskutieren Sie nun mit Ihrem Partner / Ihrer Partnerin über den Ratgebertext in 1a. Bringen Sie Ihre Erfahrungen ein, äußern Sie Ihre Meinung, begründen Sie diese und sprechen Sie über Lösungen dafür, wie man Kritik äußern kann.

einhundertfünfunddreißig 135

Redemittel aus den Lektionen

援引观点和讨论

Seine Meinung sagen ▶ L5
Es ist eine / keine sinnvolle Maßnahme, …, denn …
Ich finde es (nicht) gut, …, weil …
Ich halte es (nicht) für sinnvoll, …, weil …
Ich halte (nicht) viel davon, …, denn …

Zustimmen und begründen ▶ L1
Ich finde auch, dass …
Ich bin der gleichen Meinung, denn …
Das ist ein guter Vorschlag, weil …
Ja, das stimmt, diese Erfahrung habe ich auch gemacht, als ich …

Widerspruch ausdrücken und begründen ▶ L1, 6
Ich finde nicht, dass …
Ich meine nicht, dass man sagen kann „…".
Da bin ich ganz anderer Ansicht, weil …
Das ist kein guter Vorschlag, weil …

Einwände äußern ▶ L1, 6
Im Prinzip stimmt das, aber …
Da hast du recht. Aber man muss auch sehen, dass …

列举优缺点

Vorteile ausdrücken ▶ L6, 8
Der Vorteil des / der… ist, dass …
Ich denke, dass … viele Vorteile hat.
… hat viele Vorteile, zum Beispiel kann man …
Einer der Vorteile des / der … ist, dass man …
Ein weiterer Vorteil ist …
Der Hauptvorteil liegt für mich darin, dass …
Für ein / eine … spricht, dass …
Mit diesen positiven Auswirkungen kann / muss man rechnen: …

Nachteile ausdrücken ▶ L6, 8
Der Nachteil des / der… ist, dass …
Ich denke, dass … viele Nachteile hat.
… hat viele Nachteile, zum Beispiel kann man …
Einer der Nachteile des / der … ist, dass man …
Ein weiterer Nachteilteil ist …
Der Hauptnachteil liegt für mich darin, dass …
Gegen ein / eine … spricht, dass …
Mit diesen negativen Auswirkungen kann / muss man rechnen: …

复述别人的观点

Argumente eines anderen wiedergeben ▶ L8
Seiner / Ihrer Meinung nach …
… ist für / gegen …
… ist dagegen / dafür, dass …
Er / Sie findet es problematisch / gut, dass …
Er / Sie befürchtet / erwartet, dass dann …
Aus seiner / ihrer Perspektive ist …
Das erkennt man für ihn / sie zum Beispiel an …
Er / Sie ist davon überzeugt, dass …, weil …
Er / Sie fügt hinzu, dass …
Er / Sie begründet die Aussage damit, dass …
Sein / Ihr Fazit lautet: …

Auf Aussagen eines anderen reagieren ▶ L8
Ich habe … so verstanden, dass …
Das sehe ich ähnlich / anders.
Aus meiner Sicht ist entscheidend, …
Ich stelle mir dieselbe / eine andere Frage: …

Standpunkt anderer anführen und reagieren ▶ L8
Oft wird argumentiert, dass …
Es gibt jedoch das Gegenargument, dass …
Für andere ist dieser Aspekt weniger wichtig: Sie meinen, dass …
Dem kann man entgegenhalten, dass …

援引文章中的观点

Argumentation in Text wiedergeben / zusammenfassen ▶ L9, 10
Der Artikel / Vortrag / beschäftigt sich mit …
In dem Artikel / Vortrag geht es um … / darum, dass …
Der Verfasser / Die Verfasserin betont, dass …
Er / Sie weist darauf hin, dass …
Der Autor / Die Autorin geht davon aus, dass …
Nach Ansicht des Verfassers / der Verfasserin …
Der Artikel erklärt dies damit, dass …
Der Autor / Die Autorin erklärt anhand von …, dass …
Er / Sie führt dafür ein Beispiel / zwei Beispiele / … an.
Abschließend weist der Autor / die Autorin auf…
Das Fazit des Artikels ist, dass …

Stellung zu Text beziehen ▶ L1
Meines Erachtens stimmt das nicht. Meine These ist: …
Der Autor / Die Autorin argumentiert, dass …
Seinem / Ihrem / Dem Argument, dass …, stimme ich (nur teilweise) zu. Denn …
Er / Sie schreibt außerdem, dass … Da bin ich ganz anderer / der gleichen Meinung, denn …
Mein Fazit ist …

Redemittel aus den Lektionen

作报告/演讲

Ins Thema einsteigen ▶ L2, 3, 5
Ich möchte Ihnen / euch heute … vorstellen.
Im Folgenden möchte ich über … sprechen.
Ich befasse mich in meinem Vortrag mit …

Gliederung darlegen ▶ L2, 3, 5
Ich möchte zunächst auf … eingehen.
Zunächst möchte ich … Dann gehe ich auf … ein.
Ich möchte euch / Ihnen jetzt …
Und damit komme ich zu …
Damit komme ich nun zum nächsten Punkt: …
Zur Person: …
So viel zu …

Aspekte hervorheben ▶ L3, 5
Ich möchte einen Aspekt erwähnen, der in diesem Zusammenhang besonders wichtig ist.
Das ist ein wichtiger Aspekt, über den ich nun sprechen möchte.
Um das zu verdeutlichen, möchte ich einige Beispiele nennen: …

Fazit ziehen ▶ L3, 5
Zusammenfassend kann man also sagen, dass …
Abschließend lässt sich festhalten: …

Vortrag abschließen ▶ L2, 3
Das war mein Vortrag / meine Präsentation zu …
Damit bin ich am Ende meines Vortrags / meiner Präsentation.
Ich danke euch / Ihnen für eure / Ihre Aufmerksamkeit.
Wenn ihr / Sie Fragen habt / haben, werde ich gerne versuchen, sie zu beantworten.

Auf Fotos / Bilder verweisen ▶ L2
Wie ihr / Sie auf dem Foto / Bild seht / sehen, …
Auf dem Foto rechts / links / … seht ihr / sehen Sie …
Auf dem Foto in der Mitte / rechts / … könnt ihr / können Sie sehen, …

描述图表和调研

Grafik / Schaubild beschreiben ▶ L5, 7
Die Grafik / Das Schaubild von … zeigt …
Einen genaueren Einblick in diese Situation gibt uns die vorliegende Grafik: …
Sie / Es liefert Informationen darüber, …
Die Daten von … beziehen sich auf …
Es wurden … befragt.
Die Angaben erfolgen in Prozent / absoluten Zahlen.
In der Grafik / Im oberen / unteren / rechten / linken Teil der Grafik sieht man …

Grafik / Schaubild im Detail erörtern ▶ L3, 5, 7
Der Anteil liegt bei …
Der größte Anteil ist …, nämlich …
Besonders häufig / selten …
Im Gegensatz dazu …
Ein wichtige Rolle spielt darüber hinaus …
Wenn man … mit … vergleicht, so stellt man fest, dass …
Vergleicht man damit …
Dabei gibt / gab es einen auffälligen Unterschied zwischen …
Das Ergebnis: …
Die Grafik / das Schaubild macht deutlich, dass …

Grafik- / Studienergebnisse interpretieren ▶ L3, 5, 7
Zu dem Thema liegt eine Studie / Grafik vor: Sie kommt zu dem Ergebnis, dass …
Der Hauptgrund ist, dass …
Ein weiterer Grund ist …
… hat verschiedene Folgen.
… hat zur Folge, dass …
Infolge … werden zudem …
Außerdem kommt es … zu …, weil …
Ein Beispiel hierfür ist …
Als Beispiel kann man … anführen.
Dafür möchte ich ein Beispiel geben: …
Zusammenfassend lässt sich sagen, dass …
Auch in meinem Heimatland …

Auf Besonderheiten eingehen ▶ L3, 7
Für mich ist / war neu, dass …
Ich finde es interessant, dass …
Interessant ist auch, dass …
Mir ist besonders aufgefallen, dass …
Man kann einen Zusammenhang zwischen … und … erkennen.
Das Bild, das ich von … bekommen habe, ist …
Ich habe den Eindruck, dass …
Es erscheint mir verständlich / seltsam / problematisch, dass …
Ich vermute, dass …
Ich frage mich, ob …
Zuletzt würde mich noch interessieren, warum / wie …

einhundertsiebenunddreißig 137

Redemittel aus den Lektionen

提供反馈意见

Positives Feedback geben ▶ L2
Mir hat gut gefallen, dass Sie / du …
Ich fand sehr interessant, dass …
Ich konnte Ihrem / deinem Kurzvortrag gut folgen, weil …

Negatives Feedback geben ▶ L2
Am Anfang / Am Ende haben Sie / hast du sehr schnell / leise gesprochen. Dadurch …
Sie haben / Du hast ein paar Wörter verwendet, die ich nicht kenne: …
Sie haben / Du hast viele komplizierte Wörter verwendet. Vielleicht könnten Sie / könntest du …

探讨话题

Einleitung formulieren ▶ L4
… – was ist das eigentlich? Damit ist … gemeint.

Pro-Argumente nennen ▶ L4
… hat viele Vorteile: …
Ein weiterer Vorteil ist …
Hinzu kommt …

Contra-Argumente nennen ▶ L4
Allerdings bringt … auch Nachteile mit sich.
… ist / sind ein weiterer negativer Punkt.
Hinzu kommt …

Schluss formulieren ▶ L4
Meiner Meinung nach …
Auch … halte ich für sinnvoll, denn …
Aber …

复述讨论结果

Argumente wiedergeben ▶ L9
Wir haben über die Aussage von … diskutiert.
… ist / sind der Meinung, dass …
… hat ein / zwei / … Argument(e) genannt: erstens …, zweitens …
… ist / sind anderer Meinung.
… ist / sind überzeugt, dass …
… hat seine / ihre Meinung folgendermaßen begründet: …

Über Ausgang Diskussion berichten ▶ L9
Zum Schluss konnten wir … überzeugen, dass …
Zum Schluss hat / haben … uns überzeugt, dass …
In der Diskussion sind alle bei ihrer Meinung geblieben.
Wir konnten uns gegenseitig nicht überzeugen.

语言表达

Wörter umschreiben ▶ L3
Unter dem Wort … versteht man Folgendes: …
Mit … bezeichnet man …
Dieses Wort stammt aus den Medien / dem Sport / … Es bedeutet, dass …
Ein Beispiel dafür ist Folgendes: …
Sie haben / Ihr habt sicher von … gehört.
Nehmen Sie / Nehmt zum Beispiel folgende Situation: …

Über Sprichwörter / Redewendungen etc. sprechen ▶ L5
Bei uns in … gibt es eine ähnliche Redewendung wie …
Wenn man ausdrücken will, dass …, sagt man …
In … gibt es die Redewendung … Das bedeutet, dass …

抱怨或投诉

Liefervorgang beschreiben ▶ L3
Am … habe ich … bestellt und dafür … bezahlt.

Grund für Beschwerde ▶ L3
Wie ich beim Auspacken feststellen musste, fehlten …
Bei … bemerkte ich, dass …

Forderung formulieren ▶ L3
Ich fühle mich von Ihnen getäuscht und erwarte, dass …

Folgen, wenn Forderung nicht erfüllt wird ▶ L3
Wenn Sie dieser Forderung nicht bis zum … nachkommen, werde ich den Kaufvertrag widerrufen. Gleichzeitig werde ich meine Bank bitten, den Betrag von … auf mein Koto zurückbuchen zu lassen.

Grammatik zum Nachschlagen

Inhaltsverzeichnis

1 Satzkombinationen und Angaben im Satz — 140

1.1 Hauptsatz – Hauptsatz — 140
1.1.1 Verbindung von Hauptsätzen mit Hauptsatzkonnektoren — 140
1.1.2 Verbindung von Hauptsätzen mit Verbindungsadverbien — 140

1.2 Hauptsatz – Nebensatz — 141
1.2.1 Verbindung von Haupt- und Nebensatz — 141

1.3 Angaben im Satz — 141
1.3.1 Angaben im Satz mit Präpositionen — 141

1.4 Satzkombinationen — 142
1.4.1 Kausale Sätze – Gründe ausdrücken — 142
1.4.2 Konzessive Sätze – Gegengründe ausdrücken — 142
1.4.3 Alternative Sätze – Alternativen ausdrücken — 143
1.4.4 Adversative Sätze – Gegensätze ausdrücken — 144
1.4.5 Finale Sätze – Zweck oder Ziel ausdrücken — 144
1.4.6 Konditionale Sätze – Bedingungen ausdrücken — 145
1.4.7 Irreale Konditionalsätze – irreale Bedingungen ausdrücken — 145
1.4.8 Konsekutive Sätze – Folgen ausdrücken — 146
1.4.9 Modale Sätze – erklären, wie etwas geschieht — 146
1.4.10 Irreale Vergleichssätze – irreale Vergleiche ausdrücken — 147
1.4.11 Relativsätze — 147

2 Textzusammenhang — 149

2.1 Textzusammenhang durch Pronomen, Artikel, Adverbien und Konnektoren — 149

2.2 Textzusammenhang durch Präpositionaladverbien — 150

3 Das Verb — 151

3.1 Vermutungen mit Modalverben — 151
3.1.1 Mit Modalverben Vermutungen ausdrücken — 151

3.2 Konjunktiv II — 152
3.2.1 Konjunktiv II – Bildung — 152
3.2.2 Konjunktiv II – Verwendung — 153

3.3 Konjunktiv I — 154
3.3.1 Konjunktiv I – Bildung — 154
3.3.2 Konjunktiv I – Verwendung — 154
3.3.3 Alternativen für die Redewiedergabe — 155

3.4 Passiv — 155
3.4.1 Vorgangspassiv – Bildung — 155
3.4.2 Vorgangspassiv – Verwendung — 156
3.4.3 Passiv mit Nebensätzen — 156

3.5 Passiversatzformen — 157
3.5.1 Passiversatzformen — 157

3.6 Partizip I und II — 157
3.6.1 Partizip I und II als Adjektiv – Bildung und Verwendung — 157
3.6.2 Partizip I und II als Nomen – Bildung und Verwendung — 158

Grammatik zum Nachschlagen

1 Satzkombinationen und Angaben im Satz

1.1 Hauptsatz – Hauptsatz

1.1.1 Verbindung von Hauptsätzen mit Hauptsatzkonnektoren ▶ L3

- Die Hauptsatzkonnektoren (= „aduso"-Konnektoren) verbinden zwei gleichwertige Sätze / Satzteile und stehen auf Position 0.
    - „aber" und „doch" drücken einen Gegensatz aus.
    - „denn" gibt einen Grund an.
    - „und" verbindet zwei Sätze oder Satzteile.
    - „sondern" gibt eine Alternative zu einem negierten Satzteil aus Satz 1 an.
    - „oder" gibt eine Alternative an.
- So können Sie die Hauptsatzkonnektoren auf Position 0 gut lernen: **a**ber, **d**enn, **u**nd, **s**ondern, **o**der → „aduso"-Konnektoren.

1. Hauptsatz / Satzteil	Position 0	2. Hauptsatz / Satzteil
Eine Lüge kann helfen,	aber / doch	(sie kann) auch Probleme machen.
Lucky hat viele Erfolgserlebnisse,	denn	er teilt den Stoff in Portionen auf.
In der Lerngruppe kann man den Stoff besprechen(,)	und	(man kann) Fragen klären.
Viele lügen nicht aus Rücksicht,	sondern	(sie lügen) aus Bequemlichkeit.
Notizen kann man mit der Hand machen(,)	oder	(man kann sie) mit dem Computer tippen.

- Vor „aber", „denn" und „sondern" steht immer ein Komma.
- Subjekt oder Ergänzung (und Verb) im ersten Hauptsatz = gleich Subjekt oder Ergänzung (und Verb) im zweiten Hauptsatz → Subjekt / Ergänzung (und Verb) im zweiten Hauptsatz kann wegfallen. (**Ausnahme:** Sätze mit „denn")

1.1.2 Verbindung von Hauptsätzen mit Verbindungsadverbien ▶ L1, 3, 5, 8

- Verbindungsadverbien verbinden zwei gleichwertige Hauptsätze.
- Sie können auf Position 1 des 2. Hauptsatzes stehen.

1. Hauptsatz	2. Hauptsatz mit Verbindungsadverb	
Lucky teilt den Stoff in kleine Portionen,	deshalb	hat er viele Erfolgserlebnisse.
Das Konzept „Lerntyp" gilt heute als veraltet.	Trotzdem	findet man es noch in vielen Ratgebern.
Viele Schüler üben nicht die Schreibschrift,	stattdessen	schreiben sie nur die Druckschrift.
Eine Lüge kann einen Menschen verletzen.	jedoch	kann die Wahrheit viel schmerzhafter sein.
Die Industrieländer produzieren zu viel CO_2,	folglich	nimmt der Treibhauseffekt zu.
Skater erfinden immer neue Tricks.	Dadurch	beweisen sie ihre Individualität.

- Verbindungsadverbien können aber auch im Mittelfeld stehen.

1. Hauptsatz	2. Hauptsatz mit Verbindungsadverb		
Lucky teilt den Stoff in kleine Portionen.	Er hat	deshalb	viele Erfolgserlebnisse.
Das Konzept „Lerntyp" gilt heute als veraltet,	man findet es	trotzdem	noch in vielen Ratgebern.
Viele Schüler üben nicht die Schreibschrift.	Sie schreiben	stattdessen	nur die Druckschrift.
Eine Lüge kann einen Menschen verletzen,	die Wahrheit kann	jedoch	viel schmerzhafter sein.
Die Industrieländer produzieren zu viel CO_2.	Der Treibhauseffekt nimmt	folglich	zu.
Skater erfinden immer neue Tricks,	sie beweisen	dadurch	ihre Individualität.

Grammatik zum Nachschlagen

1.2 Hauptsatz – Nebensatz

1.2.1 Verbindung von Haupt- und Nebensatz ▶ L1, 3, 5, 8

- Der Nebensatz beginnt mit einem Nebensatz-Konnektor. Das Verb steht am Satzende.
- Zwischen Haupt- und Nebensatz steht ein Komma.
- Der Nebensatz kann in der Regel vor oder nach dem Hauptsatz stehen. **Ausnahme:** „sodass".

Hauptsatz	Nebensatz mit Nebensatzkonnektor		
Kira räumt immer vor dem Lernen auf,	weil	Ordnung hilfreich	ist.
Clara merkt sich viele Wörter nicht,	obwohl	sie den Wortschatz regelmäßig	wiederholt.
Man verwendet immer häufiger Tablets,	anstatt dass	man in Hefte	schreibt.
Manche Lügen schaden Beziehungen,	während	andere positiv	wirken.
Opossums stellen sich tot,	damit	sie nicht gefressen	werden.
Man muss die Flugroute ändern,	wenn	es ein Gewitter	gibt.
In der Nacht hat es heftig geschneit,	sodass	die Schulen heute geschlossen	bleiben.
Städte fördern das Skaten,	indem	sie attraktive Skaterparks	bauen.

- Wenn der Nebensatz vor dem Hauptsatz steht, steht das Verb im Hauptsatz auf Position 1.

Nebensatz mit Nebensatzkonnektor			Hauptsatz	
Weil	Ordnung hilfreich	ist,	räumt	Kira immer vor dem Lernen auf.
Obwohl	sie den Wortschatz oft	wiederholt,	merkt	Clara sich viele Wörter nicht.
Anstatt dass	man in Hefte	schreibt,	verwendet	man immer häufiger Tablets.
Während	manche Lügen positiv	wirken,	schaden	andere Beziehungen.
Damit	sie nicht gefressen	werden,	stellen	Opossums sich tot.
Wenn	es ein Gewitter	gibt,	muss	man die Flugroute ändern.
Indem	sie attraktive Skaterparks	bauen,	fördern	Städte das Skaten.

1.3 Angaben im Satz

1.3.1 Angaben im Satz mit Präpositionen ▶ L1, 3, 5, 8

- Mit Präpositionen kann man z. B. Gründe oder Folgen nennen oder erklären, wie etwas geschieht.
- Präpositionale Angaben stehen in der Regel am Satzanfang oder im Mittelfeld.

Wegen der Prüfung	macht sich Nia viele Sorgen.
Trotz positiver Ergebnisse	wiederholen viele den Lernstoff nicht regelmäßig.
Statt der Schreibschrift	üben viele Grundschüler nur noch die Druckschrift.
Im Gegensatz zu Tieren	manipulieren Menschen ganz bewusst.
Zur Abschreckung	brüllt der Brüllaffe kilometerweit.
Infolge eines Unwetters	fällt der Flugverkehr für mehrere Stunden aus.
Durch feste Regeln	geht die Kreativität leicht verloren.

Nia macht sich	wegen der Prüfung	viele Sorgen.
Viel wiederholen	trotz positiver Ergebnisse	den Lernstoff nicht regelmäßig.
Viele Grundschüler üben	statt der Schreibschrift	nur noch die Druckschrift.
Menschen manipulieren	im Gegensatz zu Tieren	ganz bewusst.
Der Brüllaffe brüllt	zur Abschreckung	kilometerweit.
Der Flugverkehr fällt	infolge eines Unwetters	für mehrere Stunden aus.
Die Kreativität geht	durch feste Regeln	leicht verloren.

Grammatik zum Nachschlagen

1.4 Satzkombinationen

1.4.1 Kausale Sätze – Gründe ausdrücken ▶ L1

Kausale Nebensätze mit „weil" und „da"

- Kausale Nebensätze mit „weil" drücken einen Grund aus. Sie antworten auf die Frage „Warum …?"
    z.B. Kira räumt immer vor dem Lernen auf, weil Ordnung hilfreich ist.
    Weil Ordnung hilfreich ist, räumt Kira immer vor dem Lernen auf.

- Kausale Nebensätze kann man auch mit „da" bilden. Das tut man oft dann, wenn der Grund schon bekannt ist. Daher stehen kausale Nebensätze mit „da" oft am Anfang.
    z.B. Da es keine optimale Lernmethode gibt, ist ein Methodenmix am allerbesten.

- Auf die Frage „Warum …?" kann man in einem Gespräch auch direkt mit einem „weil"-Satz antworten.
    z.B. Warum räumt Kira immer vor dem Lernen auf? – Weil Ordnung hilfreich ist.

- In der mündlichen Umgangssprache verbindet man manchmal auch zwei Hauptsätze mit „weil".
    z.B. Ich räume vor dem Lernen immer auf, weil … (Pause) das hilft mir beim Lernen.

Kausale Hauptsätze mit „deshalb", „deswegen" und „daher"

- Sätze mit den Verbindungsadverbien „deshalb", „deswegen" und „daher" (= „aus diesem Grund") sind Hauptsätze. Sie beziehen sich auf einen Grund, der schon bekannt ist. Dieser Grund steht immer vor dem Satz mit Verbindungsadverb.
    z.B. Lucky teilt den Stoff in kleine Portionen. Daher hat er viele Erfolgserlebnisse.
    Lucky teilt den Stoff in kleine Portionen, er hat deswegen viele Erfolgserlebnisse.

Kausale Angaben mit „wegen" und „aus"

- Angaben mit der Präpositionen „wegen" + Genitiv bzw. Dativ (umgangssprachlich) und „aus" + Dativ nennen Gründe.

- „wegen" kann man mit jeder Art von Nomen verwenden.
    z.B. Wegen der Beschäftigung mit diesen Fragen fällt es mir leichter, in das Thema einzusteigen.
    Nia hat wegen Zeitmangels viel Prüfungsstress.

- „aus" verwendet man häufig mit abstrakten Nomen, z.B. „aus Zeitmangel", „aus Langeweile", bzw. bei Gefühlen, z.B. „aus Angst", „aus Freude", oder im Ausdruck „aus diesem Grund".
    z.B. Aus Angst vor dem „großen Berg" schiebt Lucky das Lernen lange auf.
    Nia hat aus Zeitmangel viel Prüfungsstress.

1.4.2 Konzessive Sätze – Gegengründe ausdrücken ▶ L1

Konzessive Satzverbindungen nennen eine Ausgangssituationen und eine nicht erwartete (nicht logische) Folge. Daher spricht man hier auch von „Gegengrund".

Konzessive Nebensätze mit „obwohl"

- Nebensätze mit „obwohl" nennen" die Ausgangssituation, d.h. den Gegengrund.
    z.B. Viele wenden die Methode „Hervorheben von Informationen" an, obwohl sie nicht hilfreich ist.
    Obwohl Clara den Wortschatz regelmäßig wiederholt, merkt sie sich viele Wörter nicht.

Konzessive Hauptsätze mit „trotzdem" und „dennoch"

- Hauptsätze mit den Verbindungsadverbien „trotzdem" oder „dennoch" betonen die nicht erwartete Folge. Der Gegengrund steht immer vor dem Satz mit Verbindungsadverb.
    z.B. Max fällt es nicht leicht, trotzdem hat er viel Spaß beim Fremdsprachenlernen.
    Die Methode „Hervorheben von Informationen" ist bei Studenten sehr beliebt, dennoch schnitt sie bei Tests sehr schlecht ab.

Grammatik zum Nachschlagen

Konzessive Hauptsätze mit „zwar …, aber"

- In Sätzen mit dem zweiteiligen Konnektor „zwar …, aber" betont „zwar" den Gegengrund und „aber" die nicht erwartete Folge. „zwar" und „aber" können am Satzanfang oder in der Satzmitte stehen.
    - z.B. Zwar gibt es viele Lerntechniken, aber nur wenige Lerner setzen sie richtig ein.
    - Forscher empfehlen zwar einen Methodenmix, viele folgen aber diesem Ratschlag nicht.

- Im Satz mit „aber" kann verstärkend auch noch „trotzdem" oder „dennoch" stehen.
    - z.B. Zwar helfen Übungen beim Sprachenlernen, aber trotzdem sollte man eine Sprache auch frei anwenden.

Konzessive Angaben mit „trotz"

- Angaben mit der Präposition „trotz" + Genitiv bzw. Dativ (umgangssprachlich) nennen den Gegengrund.
    - z.B. Trotz gegenteiliger Behauptungen existiert keine optimale Lernmethode.
    - Viele lernen trotz zahlreicher Ratgeber nicht effizient.

1.4.3 Alternative Sätze – Alternativen ausdrücken ▸ L1

Alternative Satzverbindungen nennen das, was nicht stattfindet, und eine Alternative.

Alternative Nebensätze mit „anstatt dass" und „anstatt (…) zu"

- Nebensätze mit „anstatt dass" oder die Infinitivkonstruktion „anstatt (…) zu" nennen das, was nicht stattfindet.

- Wenn das Subjekt im Hauptsatz und Nebensatz gleich sind, kann man „anstatt dass" und „anstatt (…) zu" verwenden.
    - z.B. Kira wendet einen Methodenmix an, anstatt dass sie nur eine Lernmethode einsetzt.
    - Kira wendet einen Methodenmix an, anstatt nur eine Lernmethode einzusetzen.
    - Anstatt dass man in ein Heft schreibt, verwendet man immer häufiger Tablets.
    - Anstatt in ein Heft zu schreiben, verwendet man immer häufiger Tablets.

- Wenn das Subjekt im Hauptsatz und das implizite Subjekt im Nebensatz gleich sind, verwendet man meist „anstatt (…) zu".

- Wenn die Subjekte nicht identisch sind, verwendet man nur „anstatt dass".
    - z.B. Anstatt dass Lucky seinen Lernplan alleine erstellt, helfen ihm seine Freunde.
    - Seine Freunde helfen Lucky, anstatt dass er seinen Lernplan alleine erstellt.

Alternative Hauptsätze mit „stattdessen"

- Hauptsätze mit dem Verbindungsadverb „stattdessen" nennen eine Alternative.
    - z.B. Studenten machen immer weniger Notizen mit der Hand, stattdessen tippen sie sie mit dem Computer.
    - Viele Grundschüler üben nicht die Schreibschrift, sie schreiben stattdessen nur noch in Druckschrift.

Alternative Angaben mit „statt" und „anstelle" / „anstelle von"

- Angaben mit den Präpositionen „statt" + Genitiv und „anstelle" + Genitiv / „anstelle von" + Dativ nennen das, was nicht stattfindet.
    - z.B. Statt eines Notizblocks wird in der Vorlesung ein Laptop benutzt.
    - Viele wenden anstelle eines Methodenmixes nur eine Lernmethode an.

- Bei Nomen ohne Artikel verwendet man meist „anstelle von" + Dativ.
    - z.B. Anstelle von Papier und Stiften nehmen immer mehr Studenten nur ihren Laptop mit.

- Bei Possessivartikel und unbestimmtem Artikel kann man umgangssprachlich auch „anstelle von" + Dativ verwenden.
    - z.B. Anstelle von meinem alten Laptop habe ich jetzt ein neues Notebook

- „statt" wird umgangssprachlich auch mit Dativ verwendet.
    - z.B. Statt einem Methodenmix wenden viele nur eine Lernmethode an.

Grammatik zum Nachschlagen

1.4.4 Adversative Sätze – Gegensätze ausdrücken ▶ L3

Adversative Nebensätze mit „während"

- Adversative Nebensätze mit „während" nennen einen Gegensatz. Sie antworten z. B. auf die Fragen „Wie war es früher, wie ist es heute?", „Wie ist x, wie ist y?"
    z. B. Männer lügen mehr aus Statusgründen, während Frauen die Harmonie wichtig ist.
           Während Frauen die Harmonie wichtig ist, lügen Männer mehr aus Statusgründen.

- Man verwendet Nebensätze mit „während" auch zum Vergleich, wenn man zwei Informationen gegenüberstellen oder vergleichen will.
    z. B. Während Menschen ganz bewusst manipulieren, tricksen Tiere eher aus einem instinktiven Verhalten.

Adversative Hauptsätze mit „dagegen", „hingegen" und „jedoch"

- Hauptsätze mit den Verbindungsadverbien „dagegen", „hingegen" und „jedoch" nennen einen Gegensatz. Sie antworten z. B. auf die Fragen „Wie war es früher, wie ist es heute?", „Wie ist x, wie ist y?"
    z. B. Erwachsene können geschickt manipulieren. Dagegen können kleine Kinder dies nicht so gut.
           Fragen zu Beschwerden beantwortet man beim Arzt meist ehrlich. Beim Thema Sport wird hingegen gern geschummelt.
           Eine Lüge kann einen Menschen verletzen. Die Wahrheit kann jedoch viel schmerzhafter sein.

- Wenn man den Gegensatz mit den Adverbien (dagegen, hingegen, jedoch) betonen möchte, kann man sie ans Ende von Position 1 stellen.
    z. B. Erwachsene können geschickt manipulieren. Kleine Kinder dagegen können dies nicht so gut.
           Fragen zu Beschwerden beantwortet man beim Arzt meist ehrlich. Beim Thema Sport hingegen wird gern geschummelt.
           Eine Lüge kann einen Menschen verletzen. Die Wahrheit jedoch kann viel schmerzhafter sein.

Adversative Hauptsätze mit „aber", „doch" und „sondern"

- Mit „aber" oder „doch" drückt man auch Gegensätze aus.

- „aber" und „doch" können als Hauptsatzkonnektor auf Position 0 stehen.
    z. B. Eine Lüge kann verletzen. Aber die Wahrheit kann viel schmerzhafter sein.
           Die Wahrheit dauert. Doch die Lüge endet schnell.

- „aber" kann auch als Verbindungsadverb im Mittelfeld bzw. am Ende von Position 1 stehen.
    z. B. Eine Lüge kann verletzen. Die Wahrheit kann aber viel schmerzhafter sein.
           Eine Lüge kann verletzen. Die Wahrheit aber kann viel schmerzhafter sein.

- Mit dem Hauptsatzkonnektor „sondern" kann man ebenfalls einen Gegensatz ausdrücken.
    z. B. Einige Psychologen sehen in der Lüge kein Übel, sondern sie verstehen darunter eine lebensnotwendige Form der sozialen Interaktion.

Adversative Angaben mit „im Gegensatz zu"

- Angaben mit dem präpositionalen Ausdruck „im Gegensatz zu" + Dativ nennen einen Gegensatz.
    z. B. Im Gegensatz zu Tieren lügen Menschen bewusst.
           Männer lügen im Gegensatz zu Frauen mehr aus Statusgründen.

1.4.5 Finale Sätze – Zweck oder Ziel ausdrücken ▶ L3

Finale Nebensätze mit „damit" und finale Infinitivkonstruktion mit „um … zu"

- Nebensätze mit „damit" bzw. der Infinitivkonstruktion „um … zu" nennen einen Zweck oder ein Ziel. In Nebensätzen mit „damit" verwendet man oft das Modalverb „können".
    z. B. Opossums stellen sich tot, damit sie nicht gefressen werden.
           Opossums stellen sich tot, um nicht gefressen zu werden.
           Damit sie Nähe herstellen können, schauen Lügner ihrem Gesprächspartner besonders oft in die Augen.
           Um Nähe herzustellen, schauen Lügner ihrem Gesprächspartner besonders oft in die Augen.

- Wenn das Subjekt im Hauptsatz und das implizite Subjekt im Nebensatz gleich sind, verwendet man meist „um … zu".

Grammatik zum Nachschlagen

- Wenn die Subjekte nicht identisch sind, verwendet man nur „damit".
  - z.B. Damit die Bewohner sich nicht einsam fühlen, leben in machen Seniorenhaushalten Haustiere.
    In machen Seniorenhaushalten leben Haustiere, damit die Bewohner sich nicht einsam fühlen.

Finale Angaben mit „für" und „zu"
- Mit Angaben mit den Präpositionen „für" + Akkusativ und „zu" + Dativ kann man auch einen Zweck oder ein Ziel ausdrücken. Die Präposition „zu" verwendet man eher, wenn man die Handlung betonen möchte.
  - z.B. Zur Abschreckung seiner Feinde brüllt der Brüllaffe kilometerweit.
    Tiere bringen sich für das Überleben ihres Nachwuchses selbst in Gefahr.

1.4.6 Konditionale Sätze – Bedingungen ausdrücken ▶ L5

Konditionale Nebensätze mit „wenn"
- Konditionalsätze (Bedingungssätze) mit „wenn" sind Nebensätze. Sie nennen eine Bedingung.
  Wenn eine Bedingung erfüllt wird, passiert etwas anderes: wenn → dann.
  - z.B. Der Ausflug findet nicht statt, wenn es morgen regnet.
    Wenn es morgen regnet, (dann) findet der Ausflug nicht statt.
- Bedingungssätze kann man auch ohne „wenn" formulieren. In dem Fall steht der Nebensatz vor dem Hauptsatz und das Verb im Nebensatz steht auf Position 1.
  - z.B. Regnet es morgen, (dann) findet der Ausflug nicht statt.
    Friert es im Winter, (dann) können die Bauarbeiten nicht fortgeführt werden.

Nebensätze mit „sollte" auf Position 1
- Wenn man auf eine Möglichkeit hinweisen möchte, kann man den konditionalen Nebensatz mit „sollte" formulieren.
- Nebensätze mit „sollte" stehen in der Regel vor dem Hauptsatz.
  - z.B. Wenn Sie sich für Meteorologie interessieren sollten, können Sie in Ihrem Garten Messinstrumente aufstellen.
- Konditionale Nebensätze mit „sollte" formuliert man häufig ohne „wenn". „Sollte" steht dann auf Position 1.
  - z.B. Sollten Sie sich für Meteorologie interessieren, können Sie in Ihrem Garten Messinstrumente aufstellen.
    Sollten Sie Interesse an dieser Tätigkeit habe, könne Sie sich bewerben.

1.4.7 Irreale Konditionalsätze – irreale Bedingungen ausdrücken ▶ L10

- Irreale Konditionalsätze (irreale Bedingungssätze) mit „wenn" sind Nebensätze. Sie drücken aus, dass eine Bedingung nicht erfüllt ist.
- Die Folge steht im Hauptsatz. Sie wird nicht oder nur vielleicht realisiert.
- Der Konjunktiv II steht im Haupt- **und** im Nebensatz.
- Irreale Bedingungssätze können sich auf die Gegenwart beziehen.
  - z.B. Es gäbe Beschwerden, wenn die Betreuung der Studierenden nicht gut wäre.
    → Die Betreuung der Studierenden ist gut, also gibt es keine Beschwerden.
    Wenn das Team das Projekt nicht schnell beenden müsste, würde es nicht unter Zeitdruck stehen.
    → Das Team muss das Projekt schnell beenden, also steht es unter Zeitdruck.
- Irreale Bedingungssätze können sich auch auf die Vergangenheit beziehen. Sie stellen das Gegenteil dessen dar, was tatsächlich geschehen ist.
  - z.B. Das Treffen wäre nicht strukturiert verlaufen, wenn das Team kein Konzept ausgearbeitet hätte.
    → Das Team hat ein Konzept ausgearbeitet, also ist das Treffen strukturiert verlaufen.
    Wenn der ausländische Kollege den kulturellen Hintergrund gekannt hätte, hätte er gut reagieren können.
    → Der ausländische Kollege kannte den kulturellen Hintergrund nicht, also konnte er nicht gut reagieren.
    Wenn das Treffen nicht detailliert geplant worden wäre, wären die Teilnehmenden nicht zufrieden gewesen.
    → Das Treffen wurde detailliert geplant, also waren die Teilnehmenden zufrieden.

Grammatik zum Nachschlagen

- Wenn der irreale Bedingungssatz vor dem Hauptsatz steht kann, kann man „wenn" weglassen. In dem Fall steht die Verbform im Konjunktiv II am Anfang des Nebensatzes.
    - z.B. Wäre die Betreuung der Studierenden nicht gut, gäbe es Beschwerden.
      Müsste das Team das Projekt nicht schnell beenden, würde es nicht unter Zeitdruck stehen.
      Hätte das Team kein Konzept ausgearbeitet, wäre das Treffen nicht strukturiert verlaufen.
      Wäre das Treffen nicht detailliert geplant worden, wären die Teilnehmenden nicht zufrieden gewesen.

1.4.8 Konsekutive Sätze – Folgen ausdrücken ▶ L5

Konsekutive Nebensätze mit „sodass"
- Nebensätze mit „sodass" nennen eine Folge. Sie stehen immer hinter dem Hauptsatz.
    - z.B. Der Meeresspiegel steigt jedes Jahr ein bisschen schneller, sodass man für das Jahr 2100 einen Anstieg von bis zu 50 cm erwartet.

- Den Nebensatzkonnektor „sodass" kann man auch trennen. Dann steht „so" z.B. vor einem Adjektiv oder Adverb im Hauptsatz und „dass" steht am Anfang des Nebensatzes. Das „so" im Hauptsatz betont in dem Fall die Situation bzw. das Ereignis im Hauptsatz.
    - z.B. Die Niederschläge können so heftig sein, dass Flüsse in kurzer Zeit über die Ufer treten.
      Der Meeresspiegel steigt so sehr an, dass Inseln eines Tages im Meer versinken könnten.

Konsekutive Hauptsätze mit „folglich", „infolgedessen" und „also"
- Hauptsätze mit den Verbindungsadverbien „folglich", „infolgedessen" und „also" nennen eine Folge.
    - z.B. Die Atmosphäre erwärmt sich. Folglich schmilzt das Eis in der Arktis.
      Warme Luft kann mehr Feuchtigkeit aufnehmen. Es kommt infolgedessen häufiger zu Starkregen.
      Die Industrieländer produzieren zu viel CO_2. Also nimmt der Treibhauseffekt zu.

Konsekutive Angaben mit „infolge"/ „infolge von"
- Angaben mit den Präpositionen „infolge" + Genitiv / „infolge von" + Dativ nennen die Ursache für ein Geschehen, das folgt.

- Steht „infolge" vor einem Nomen mit Artikel oder Adjektiv, verwendet man den Genitiv.
    - z.B. Infolge des starken Sturms sind Bäume auf Häuser gestürzt.
      Flugzeuge können infolge eines Unwetters nicht mehr starten.

- Bei Nomen ohne Artikel oder Adjektiv verwendet man „infolge von" + Dativ.
    - z.B. Infolge von Regenfällen sind Flüsse über die Ufer getreten.
      Es kam infolge von Trockenheit zu vielen Waldbränden.

1.4.9 Modale Sätze – erklären, wie etwas geschieht ▶ L8

Modale Nebensätze mit „indem" und „dadurch, dass"
- Nebensätze mit „indem" und „dadurch, dass" erklären, auf welche Weise etwas geschieht.

- Der Nebensatz mit „indem" kann vor oder nach dem Hauptsatz stehen.
    - z.B. Skater beweisen ihre Individualität, indem sie immer neue Tricks erfinden.
      Indem Skater immer neue Tricks erfinden, beweisen sie ihre Individualität.

- Der Nebensatz mit „dadurch, dass" steht in der Regel vor dem Hauptsatz.
    - z.B. Dadurch, dass Profis ihre besten Sprünge filmen, dokumentieren sie ihr Können.

- „dadurch, dass" kann man auch trennen: Dann steht „dadurch" im Hauptsatz in der Satzmitte bzw. am Satzende und „dass" steht am Anfang vom Nebensatz, in dem die Information zur Art und Weise steht.
    - z.B. Profis dokumentieren dadurch ihr Können, dass sie ihre besten Sprünge filmen.
      Profis dokumentieren ihr Können dadurch, dass sie ihre besten Sprünge filmen.

Modale Hauptsätze mit „dadurch" und „so"
- Die Verbindungsadverbien „dadurch" und „so" stehen in einem Hauptsatz, der auf einen Satz mit der Information zur Art und Weise folgt.
    - z.B. Junge Skater erhalten Geld von Sponsoren. Dadurch können sie ihr Hobby finanzieren.
      Städte bauen attraktive Skaterparks. Sie fördern so das Skaten.

Grammatik zum Nachschlagen

Modale Angaben mit „durch" und „mit"
- Angaben mit den Präpositionen „durch" + Akkusativ und „mit" + Dativ nennen die Art und Weise oder eine Methode, wie etwas geschieht bzw. gemacht wird.
- Die Präposition „durch" verwendet man mehr, wenn man die Art und Weise bzw. Methode benennen möchte, die Präposition „mit" verwendet man eher, wenn man das „Instrument", mit dem man etwas macht, benennt.
  z.B. Durch feste Regeln geht die Kreativität verloren.
    Die Sponsoren erhalten durch die Präsenz im Fernsehen mehr Aufmerksamkeit.
    Mit dem neuen Skateboard gelingen dem Skater noch besser Sprünge.
    Profis dokumentieren mit Filmen von ihren besten Sprüngen ihr Können.

1.4.10 Irreale Vergleichssätze – irreale Vergleiche ausdrücken ▶ L10

- Irreale Vergleichssätze drücken einen Vergleich aus, der sich auf mögliche, nur gedachte Sachverhalte bezieht, die aber nicht den Tatsachen entsprechen.

Nebensätze mit „als ob" oder „als wenn"
- Nebensätze mit „als ob" oder „als wenn" nennen einen irrealen Vergleich. Sie stehen immer hinter dem Hauptsatz. Das Verb im Nebensatz steht im Konjunktiv II.
- Irreale Vergleiche können sich auf die Gegenwart oder die Vergangenheit beziehen.
  z.B. Es hört sich so an, als ob das Projekt erfolgreich wäre.
    → Das Projekt ist aber nicht erfolgreich.
    Die Chefin tut so, als wenn sie nicht über die Schwierigkeiten Bescheid gewusst hätte.
    → Die Chefin wusste aber über die Schwierigkeiten Bescheid.
    Der Teamleiter verhielt sich so, als ob alles perfekt gewesen wäre.
    → Es war aber nicht alles perfekt.

Hauptsätze mit „als"
- Hauptsätze mit „als" nennen einen irrealen Vergleich. Sie folgen immer auf einen Hauptsatz, der den irrealen Vergleich einleitet. Das Verb im Hauptsatz mit „als" steht im Konjunktiv II.
- Irreale Vergleiche können sich auf die Gegenwart oder die Vergangenheit beziehen.
  z.B. Es hört sich so an, als wäre das Projekt erfolgreich.
    → Das Projekt ist aber nicht erfolgreich.
    Die Chefin tut so, als hätte sie nicht über die Schwierigkeiten Bescheid gewusst.
    → Die Chefin wusste aber über die Schwierigkeiten Bescheid.
    Der Teamleiter verhielt sich so, als wäre alles perfekt gewesen.
    → Es war aber nicht alles perfekt.

1.4.11 Relativsätze ▶ L4

- Relativsätze sind Nebensätze. Sie beschreiben ein Nomen im Hauptsatz genauer.
- Das Relativpronomen bezieht sich auf ein Nomen. Das Genus (der, das, die) und der Numerus (Singular, Plural) des Relativpronomens richtet sich nach diesem Nomen.
  z.B. Menschen, die erkrankt sind, kann man mithilfe von Telemedizin leichter versorgen.
    Das Risiko, das die Befragten sehen, ist die Gefahr falscher Diagnosen.
    Es gibt viele Ärzte, denen das neue Gesetz zur Telemedizin nützt.
    Dies ergab eine Studie, an der 2.000 Personen teilnahmen.
    Es gibt viele Arztpraxen, für die die Einrichtung eines Telemedizinplatzes sinnvoll ist.
- Der Kasus (Nominativ, Akkusativ, Dativ) richtet sich nach:
  dem Verb / verbalen Ausdruck im Relativsatz:
  z.B. „sehen" + Akk.: Das Risiko, das die Befragten sehen, ist die Gefahr falscher Diagnosen.
    „nützen" + Dat.: Es gibt viele Ärzte, denen das neue Gesetz zur Telemedizin nützt.
  der Präposition beim Verb / verbalen Ausdruck:
  z.B. „teilnehmen an" + Dat.: Dies ergab eine Studie, an der 2.000 Personen teilnahmen.
    „sinnvoll sein für" + Akk.: Es gibt viele Arztpraxen, für die die Einrichtung eines Telemedizinplatzes sinnvoll ist.

Grammatik zum Nachschlagen

- Normalerweise steht der Relativsatz direkt nach dem Nomen, auf das er sich bezieht.
  z. B. Das Risiko, das die Befragten sehen, ist die Gefahr falscher Diagnosen.

- Wenn das Nomen, auf das sich der Relativsatz bezieht, Teil einer Nominalgruppe mit Präposition oder Genitiv ist, steht der Relativsatz erst nach der Nominalgruppe.
  z. B. Die Diagnostik und Therapie von Erkrankungen, die räumlich getrennt stattfinden, bezeichnet man als Telemedizin.

- Wenn nach dem Nomen nur noch ein Verb oder ein Verbteil folgt, steht der Relativsatz oft erst nach dem Hauptsatz.
  z. B. Mit der Telemedizin wurde ein Angebot eingeführt, das immer mehr ausgebaut wird.

Relativpronomen
Die Relativpronomen sind wie der bestimmte Artikel. **Ausnahmen:** Genitiv und Dativ Plural.

	Maskulinum (M)	Neutrum (N)	Femininum (F)	Plural (M, N, F)
Nom.	der	das	die	die
Akk.	den	das	die	die
Dat.	dem	dem	der	denen
Gen.	dessen	dessen	deren	deren

Relativsätze im Genitiv
- Man verwendet das Relativpronomen im Genitiv, wenn jemand etwas „besitzt" (possessive Bedeutung) bzw. etwas zu etwas anderem gehört.

- Auf die Relativpronomen im Genitiv (dessen / deren) folgen Nomen ohne Artikel.
  z. B. Ein Patient, dessen Arztbesuch online stattfindet, spart viel Zeit.
  Das Krankenhaus, dessen Mitarbeiter sich Online-Sprechstunden wünschen, wird diese einführen.
  Die Telemedizin, deren Nutzen sehr groß ist, muss weiter ausgebaut werden.
  Für Notfallambulanzen, deren Wartebereich oft überlaufen ist, sind Online-Sprechstunden hilfreich.

Relativsätze mit „was" und „wo(r)" + Präposition
In folgenden Fällen verwendet man das Relativpronomen „was" bzw. bei Verben und Ausdrücken mit Präposition „wo(r)" + Präposition:

- nach unbestimmten Zahlwörtern / Indefinitpronomen, z. B. alles, einiges / etwas, nichts:
  z. B. Das ist etwas, was mir sehr viel Spaß gemacht hat.
  Das ist etwas, womit wir großen Erfolg haben.

- nach dem nominalisierten Superlativ im Neutrum (z. B. das Beste, das Schönste):
  z. B. Die Gründung von EveLoc war das Interessanteste, was ich bisher gemacht habe.
  Die Gründung von EveLoc war das Interessanteste, woran ich bisher gearbeitet habe.

- nach dem Pronomen „das" (das (…), was …) bzw. dem Präpositionalpronomen, z. B. darüber (= das + über):
  z. B. Das war es erst einmal, was ich zu unserem Unternehmen sagen wollte.
  Das war es erst einmal, worüber ich berichten wollte.
  Zuerst werde ich darüber sprechen, was ich vorher beruflich gemacht habe.
  Dann werde ich darüber berichten, worum wir uns vom Service her besonders kümmern.

- wenn das Relativpronomen sich auf einen ganzen Satz bezieht:
  z. B. Ich musste sehr viel recherchieren und vergleichen, was sehr zeitintensiv war.
  Ich musste sehr viel recherchieren und vergleichen, wofür ich sehr viel Zeit benötigt habe.

Grammatik zum Nachschlagen

2 Textzusammenhang

2.1 Textzusammenhang durch Pronomen, Artikel, Adverbien und Konnektoren ▶ L6

Damit Zuhörer oder Leser einem mündlichen bzw. schriftlichen Text besser folgen können, verwendet man verschiedene Wörter, die den Zusammenhang herstellen bzw. deutlich machen. Man kann sie in Gruppen einteilen:

Pronomen
- Personalpronomen: er, sie, es, …
  - z.B. Viele Schüler fragen sich, ob sie besser eine Ausbildung oder ein Studium machen sollen.
    Der Bewerber hat so gezeigt, dass er ein Studium erfolgreich bewältigen kann.

- Demonstrativpronomen: dies, dieser, diese, dieses, … / der, das, die, …
  - z.B. Schüler sollten auch über eine dritte Variante nachdenken: Die wäre, zunächst eine Ausbildung zu absolvieren und dann zu studieren.
    Unter planet-beruf.de kann man seine Stärken und Schwächen herausfinden. Dies ist ein Angebot der Agentur für Arbeit.

- Relativpronomen: der, das, die, …
  - z.B. Bewerber, die eine Ausbildung und ein Studium absolviert haben, haben oft die besseren Chancen.
    Ein Ausbildungsweg, bei dem man Ausbildung und Studium kombiniert, hat natürlich auch Nachteile.

Artikel
- Possessivartikel: mein-, dein-, sein-, ihr-, …
  - z.B. Mit jedem Bewerber wird ein Beratungsgespräch geführt. Dort wird seine Ist-Situation besprochen.
    RESET ist ein Angebot von uns an Sie. Unser Studienaussteigerprogramm bietet Ihnen die Möglichkeit, sich neu zu orientieren.

- Demonstrativartikel: dieser, diese, dieses, … / der, das, die, …
  - z.B. Die Entscheidung, sein Studium abzubrechen, ist nicht leicht. Für die Entscheidung braucht man wirklich Mut!
    Hochschulstudium oder duale Ausbildung? Diese Entscheidung fällt oft schwer.

Der Demonstrativartikel „solch-", „ein- solch-" bezieht sich auf eine Person oder Sache, die vorher schon erwähnt wurde. Er bedeutet: „so etwas wie dieses".
  - z.B. In einem dualen Studium muss man sehr viel arbeiten. Ein solches Studium passt nicht zu jedem.
    → Ein Studium wie dieses passt nicht zu jedem.
    Wer mit seinem Studium unglücklich ist, muss eine Entscheidung treffen. Eine solche Entscheidung ist schwer.
    → Eine Entscheidung wie diese ist schwer.
    Beim Studienaussteigerprogramm wurden mit mir viele Gespräche geführt. Solche Gespräche kann ich jedem empfehlen.
    → Gespräche wie diese kann ich jedem empfehlen.

Konnektoren und Verbindungsadverbien
- Hauptsatzkonnektoren: und, aber, denn, …
  - z.B. Die Entscheidung, sein Studium abzubrechen, ist nicht leicht, denn man muss sie vor sich selbst und seiner Familie rechtfertigen.
    Viele haben vor dieser Entscheidung Angst. Aber es hilft nicht, keine Entscheidung zu treffen.

- Verbindungsadverbien: deshalb, jedoch, trotzdem, …
  - z.B. An der Entscheidung für den Ausbildungsweg hängt viel. Deshalb sollte man sich vorher gut informieren.
    Max fällt es nicht leicht, trotzdem hat er viel Spaß beim Fremdsprachenlernen.

- mehrgliedrige Konnektoren: zum einen – zum anderen, zwar – aber, nicht nur – sondern auch, …
  - z.B. Zum einen kann ein solcher Ausbildungsweg schwierig sein, zum anderen braucht man sehr viel Zeit.
    Es gibt zwar viele Lerntechniken, nur wenige setzen sie aber richtig ein.

Grammatik zum Nachschlagen

- Nebensatzkonnektoren: dass, weil, damit, …
    - z.B. Eine Entscheidung für das Studienausteigerprogramm zeigt, dass man Mut hat.
      Weil die Familie oft enttäuscht ist, fällt so eine Entscheidung besonders schwer.

Adverbien
- Adverbien der Aufzählung: erstens, zweitens, drittens, … / zuerst, später, danach, schließlich, …
    - z.B. Erstens hat der Bewerber Berufserfahrung, zweitens hat er seine Kenntnisse durch ein Studium vertieft.
      Zuerst findet die praktische Ausbildung im Unternehmen statt, danach studieren Sie an der Universität.

- Präpositionaladverbien: dafür, darin, darüber, …
    - z.B. Ihr Berater führt mit Ihnen viele Gespräche, dadurch lernen Sie Ihre Stärken und Schwächen kennen.
      Denken Sie daran, dass diese Entscheidung Ihr ganzes weiteres Leben bestimmt wird.

2.2 Textzusammenhang durch Präpositionaladverbien ▶ L6

- Das Präpositionaladverb „da(r)-" kann man zusammen mit Verben und Ausdrücken verwenden, die eine präpositionale Ergänzung brauchen, z.B. sprechen über, sich entscheiden für etc.

- Man bildet ein Präpositionaladverb aus der Präposition des jeweiligen Verbs bzw. Ausdrucks und der Vorsilbe „da-". Wenn die Präposition mit einem Vokal beginnt, steht zwischen „da-" und der Präposition ein „r", z.B. darauf, darin, darüber.
    - z.B. denken an → daran denken
      sich entscheiden für → sich dafür entscheiden
      deutlich werden durch → dadurch deutlich werden
      froh sein über → darüber froh sein

- Das Präpositionaladverb „da(r)-" kann zurückweisen, also sich auf einen Satz oder Satzteil beziehen, der vor dem Satz mit dem Präpositionaladverb steht. → Rückverweis
    - z.B. Der Berater von RESET führt viele Gespräche, dadurch wird das eigene Profil deutlicher.

      Tom macht ein duales Studium. Darüber ist er sehr froh.

- Das Präpositionaladverb „da(r)-" kann nach vorne weisen, also sich auch auf einen Satz oder Satzteil beziehen, der auf den Satz mit dem Präpositionaladverb folgt. → Vorwärtsverweis
    - z.B. Sarah dachte zuerst daran, Kulturwissenschaften zu studieren.

      Hanna hat sich dafür entschieden, eine Lehre zu machen.

- Präpositionaladverbien können sich auf einen ganzen Satz oder auf einen Satzteil beziehen.
    - z.B. Das Studium hat Mesut Spaß gemacht. Er erzählt oft davon.
      Während des Studiums hatte er auch einen Job. Dabei verdiente er nicht besonders gut.

3 Das Verb

3.1 Vermutungen mit Modalverben

3.1.1 Mit Modalverben Vermutungen ausdrücken ▶ L8

- Modalverben können neben ihrer Grundbedeutung (= objektive Bedeutung) eine weitere, subjektive Bedeutung haben. Der Sprecher / Die Sprecherin kann mit Modalverben ausdrücken, für wie möglich, wahrscheinlich oder sicher er / sie etwas hält.
- Dies gilt für die Modalverben „können", „dürfen" und „müssen" im Konjunktiv II + Vollverb im Infinitiv.
- Die Modalverben „können" und „müssen" kann man auch im Indikativ verwenden, um Vermutungen auszudrücken.
- Je nach Modalverb drückt man einen verschieden hohen Grad der Vermutung aus.

müssen	müsste	dürfte	kann, könnte

- Man kann die subjektive Einschätzung auch mit einem modalen Adverb bzw. einer modalen Angabe ausdrücken.

mit Sicherheit	sicherlich	wahrscheinlich	möglicherweise
(sehr) sicher	fast sicher	wohl	vielleicht
bestimmt	sehr wahrscheinlich	vermutlich	eventuell

z. B. Mit einer Beinprothese zu laufen, muss für einen Sportler sehr schwierig sein.
= Mit einer Beinprothese zu laufen, ist für einen Sportler mit Sicherheit sehr schwierig.

Die Bedeutung der Inklusion beim Sport müsste inzwischen allen klar sein.
= Die Bedeutung der Inklusion beim Sport ist sehr wahrscheinlich inzwischen allen klar.

Unter „gesunden" Sportlern dürfte es nur wenige geben, die sich so für „ihren" Sport einsetzen.
= Unter „gesunden" Sportlern gibt es wahrscheinlich nur wenige, die sich so für „ihren" Sport einsetzen.

Mit dem ewigen „Höher, Schneller, Weiter" kann es schneller vorbei sein, als viele glauben.
= Mit dem ewigen „Höher, Schneller, Weiter" ist es vielleicht schneller vorbei sein, als viele glauben.

Gemeinsame Spiele könnten zur Akzeptanz des Behindertensports beitragen.
= Gemeinsame Spiele tragen möglicherweise zur Akzeptanz des Behindertensports bei.

- Das Modalverb „mögen" kann man auch verwenden, um eine Vermutung auszudrücken. Man geht in diesem Fall mit „mögen …, aber" auf ein Argument ein und verbindet es mit einem Gegenargument.
    z. B. Die Paralympics mögen viel für die Verbreitung des Behindertensports tun, aber das ist immer noch nicht genug.

- Im Satz mit „aber" kann verstärkend noch „trotzdem" oder „dennoch" stehen.
    z. B. Die Studie mag zum Ergebnis kommen, dass behinderte Sportler durch die Beinprothese keine Vorteile haben, aber es sollte dennoch keine gemeinsamen Wettkämpfe geben.

Grammatik zum Nachschlagen

3.2 Konjunktiv II

3.2.1 Konjunktiv II – Bildung ▶ L 10

Konjunktiv II in der Gegenwart

Konjunktiv II von „haben" und „sein" und der Modalverben „können", „müssen", „dürfen", „sollen"

- Den Konjunktiv II dieser Verben bildet man so: Präteritum + oft Vokalwechsel (a, o, u → ä, ö, ü)
- „sein" im Konjunktiv II: Präteritum + Umlaut + „e"

	haben	sein	können	müssen	dürfen	sollen
ich	hätte	wäre	könnte	müsste	dürfte	sollte
du	hättest	wär(e)st	könntest	müsstest	dürftest	solltest
er/sie/es	hätte	wäre	könnte	müsste	dürfte	sollte
wir	hätten	wären	könnten	müssten	dürften	sollten
ihr	hättet	wär(e)t	könntet	müsstet	dürftet	solltet
sie/Sie	hätten	wären	könnten	müssten	dürften	sollten

Konjunktiv II von Vollverben

- Bei einigen häufig verwendeten unregelmäßigen Verben verwendet man meist die Konjunktiv-II-Form, z. B. „ginge", „gäbe", „käme", „wüsste".
  z. B. Ich wüsste gerne, wann das Projekt startet.
    Am Nachmittag habe ich keine Zeit. Ginge es auch am Vormittag?

- Den Konjunktiv II bildet man so: Präteritum + oft Vokalwechsel + „e", z. B. er/sie/es ging → ginge; gab → gäbe; kam → käme; wusste → wüsste (hier nur Vokalwechsel).

	gehen	geben	kommen	wissen
ich	ginge	gäbe	käme	wüsste
du	gingest	gäb(e)st	käm(e)st	wüsstest
er/sie/es	ginge	gäbe	käme	wüsste
wir	gingen	gäben	kämen	wüssten
ihr	ginget	gäb(e)t	käm(e)t	wüsstet
sie/Sie	gingen	gäben	kämen	wüssten

Konjunktiv II mit „werden"

- Anstelle des Konjunktivs II Aktiv kann man auch das Hilfsverb „werden" im Konjunktiv II + Infinitiv des Vollverbs verwenden. Diese Form wird sehr häufig gebraucht, besonders wenn die Präteritumform und die Konjunktiv-II-Form eines Verbs identisch sind.
  z. B. Ich wäre dir dankbar, wenn du mich rasch informiertest → informieren würdest.
  Außerdem wird diese Form meist in der Umgangssprache verwendet.

ich	würde	sprechen	wir	würden	sprechen
du	würdest	sprechen	ihr	würdet	sprechen
er/sie/es	würde	sprechen	sie/Sie	würden	sprechen

z. B. Ich würde gern das Konzept besprechen.
    Wir würden am Freitag gerne weniger arbeiten.

- Den Konjunktiv II Passiv bildet man mit „werden" im Konjunktiv II + Partizip Perfekt (= Partizip II).
  z. B. Der Vorschlag würde nicht abgelehnt, wenn er nicht so kompliziert wäre.

Grammatik zum Nachschlagen

Konjunktiv II in der Vergangenheit

Den Konjunktiv II in der Vergangenheit bildet man so:

Aktiv	Ich hätte dir gern geholfen. Das wäre auch anders gegangen.	Konjunktiv II von „haben"/„sein"+ Partizip Perfekt*
Aktiv mit Modalverb	Das hättest du auch allein machen können.	Konjunktiv II von „haben" + Infinitiv vom Vollverb + Infinitiv vom Modalverb
Passiv	Ohne die Probleme wäre das Projekt rechtzeitig abgeschlossen worden.	Konjunktiv II von „sein" + Partizip Perfekt + „worden"
Passiv mit Modalverb	Diese Aufgaben hätten früher erledigt werden können.	Konjunktiv II von „haben" + „Infinitiv Passiv" (= Partizip Perfekt + „werden") + Infinitiv vom Modalverb

*Das „Partizip Perfekt" wird auch als „Partizip II" bezeichnet.

Im Gegensatz zum Indikativ, in dem es drei Vergangenheitsformen (Präteritum, Perfekt, Plusquamperfekt) gibt, gibt es im Konjunktiv II nur eine Vergangenheitsform.

	Realität – Indikativ	Irrealität – Konjunktiv II
	Aktiv	Aktiv
Präteritum	Wegen der schlechten Aufgabenverteilung gab es viele Probleme.	Mit einer besseren Aufgabenverteilung hätte es weniger Probleme gegeben.
Perfekt	Wegen der schlechten Aufgabenverteilung hat es viele Probleme gegeben.	
Plusquamperfekt	Wegen der schlechten Aufgabenverteilung hatte es viele Probleme gegeben.	
	Passiv	Passiv
Präteritum	Wegen der Probleme wurde das Projekt nicht rechtzeitig abgeschlossen.	Ohne die Probleme wäre das Projekt rechtzeitig abgeschlossen worden.
Perfekt	Wegen der Probleme ist das Projekt nicht rechtzeitig abgeschlossen worden.	
Plusquamperfekt	Wegen der Probleme war das Projekt nicht rechtzeitig abgeschlossen worden.	

3.2.2 Konjunktiv II – Verwendung ▶ L10

Konjunktiv II in der Gegenwart

- Mit dem Konjunktiv II in der Gegenwart kann man betonen, dass etwas möglich und noch nicht endgültig festgelegt ist.
  Aussagen in dieser Bedeutung sind oft verkürzte Sätze ohne konditionalen Nebensatz.
  z. B. Dieses Treffen wäre dann für dieses Jahr das letzte.
     → Wenn Sie nichts dagegen haben, ist dieses Treffen dann das letzte für dieses Jahr.
     Damit hätten wir die Lösung.
     → Wenn es keine Gegenargumente gibt, haben wir die Lösung.

- Mit dem Konjunktiv II in der Gegenwart kann man zudem irreale Bedingungen ausdrücken, also Bedingungen, die nicht erfüllt sind.
  z. B. Wenn die Betreuung der Studierenden nicht gut wäre, gäbe es Beschwerden,
     → Die Betreuung der Studierenden ist gut, also gibt es keine Beschwerden.
     Wenn das Team das Projekt nicht schnell beenden müsste, würde es nicht unter Zeitdruck stehen.
     → Das Team muss das Projekt schnell beenden, also steht es unter Zeitdruck.

Konjunktiv II in der Vergangenheit

- Man verwendet den Konjunktiv II Vergangenheit oft, wenn man sich auf eine Möglichkeit bezieht, die nicht wahrgenommen wurde.
  z. B. Das wäre nicht nötig gewesen. (→ Es wurde trotzdem gemacht.)
     Diese Aufgabe hättest du alleine erledigen sollen. (→ Du hast sie aber nicht alleine gemacht.)

Grammatik zum Nachschlagen

- Irreale Bedingungssätze in der Vergangenheit stellen das Gegenteil dessen dar, was tatsächlich geschehen ist.
    z. B. Wenn das Team kein Konzept ausgearbeitet hätte, wäre das Treffen nicht strukturiert verlaufen.
    → Das Team hat ein Konzept ausgearbeitet, also ist das Treffen strukturiert verlaufen.
    Wenn der ausländische Kollege den kulturellen Hintergrund gekannt hätte, hätte er gut reagieren können.
    → Der ausländische Kollege kannte den kulturellen Hintergrund nicht, also konnte er nicht gut reagieren.
    Wenn das Treffen nicht detailliert geplant worden wäre, wären die Teilnehmer nicht zufrieden gewesen.
    → Das Treffen wurde detailliert geplant, also waren die Teilnehmer zufrieden.

3.3 Konjunktiv I

3.3.1 Konjunktiv I – Bildung ▶ L7

Konjunktiv I – Gegenwart
- Man bildet den Konjunktiv I aus dem Verbstamm + „e".
    z. B. werden → ich; er / sie / es werde, können → ich; er / sie / es könne, geben → er / sie / es gebe;
    Ausnahme: sein → er / sie / es sei.

	haben	sein	werden	können	dürfen	sollen	geben
er/sie/es	habe	sei	werde	könne	dürfe	solle	gebe

- Wenn die Form des Indikativs und des Konjunktivs I gleich sind, z B. „ich habe", „sie haben", verwendet man den Konjunktiv II: „ich hätte", „sie hätten".
- Der Konjunktiv I wird meist nur in der 3. Person Singular verwendet, bei den anderen Personen verwendet man in der Regel den Konjunktiv II oder „würde"+ Infinitiv, z. B. ich hätte, du könntest, wir müssten, ihr würdet verdienen, sie würden lösen.
    z. B. Kritiker finden, der Staat habe kein Recht, in den privaten Konsum einzugreifen.
    Kritiker finden, Politiker hätten kein Recht, in den privaten Konsum einzugreifen.
    Sie behaupten, dass eine Zuckersteuer das Problem nicht löse.
    Sie behaupten, dass Sondersteuern auf Lebensmittel das Problem nicht lösen würden.
    Herr Schmacker jedoch ist der Ansicht, eine Sondersteuer könne eine positive Wirkung haben.
    Herr Schmacker jedoch ist der Ansicht, Sondersteuern könnten eine positive Wirkung haben.
    Er sagt, dass so der Zuckerkonsum reduziert werde.
    Er sagt, dass so weniger zuckerhaltige Getränke konsumiert würden.
    Politiker meinen, es gebe bereits messbare Erfolge einer Zuckersteuer.
    Politiker meinen, durch die Zuckersteuer ergäben sich bereits messbare Erfolge.
- Nur beim Verb „sein" sind alle Formen des Konjunktiv I gebräuchlich: ich sei, du sei(e)st, er / sie / es sei, wir seien, ihr sei(e)t, sie seien.
    z. B. Die Befürworter sagen, dass das Verhalten der Lebensmittelindustrie verantwortungslos sei.
    Die Befürworter sagen, dass die Unternehmen zu verantwortungslos seien.

3.3.2 Konjunktiv I – Verwendung ▶ L7

- In der indirekten Rede wird die Aussage einer anderen Person wiedergegeben. Im formelleren schriftlichen und mündlichen Sprachgebrauch wird dafür teilweise der Konjunktiv I verwendet. Dies signalisiert Neutralität und Distanz: Man gibt eine Information weiter, ist aber nicht unbedingt selbst der gleichen Meinung.
    Typische Kontexte für indirekte Rede mit Konjunktiv I sind z. B. Nachrichtensendungen und Zeitungsartikel.

- **Direkte Rede:**
    Der Politiker: „Die Zusammenarbeit der Parteien ist bei diesem Thema sehr gut."

- **Indirekte Rede mit Indikativ:**
    Der Politiker sagte, die Zusammenarbeit der Parteien ist bei diesem Thema sehr gut.
    → Sprecher / Sprecherin gibt die Aussage neutral wieder.

- **Indirekte Rede mit Konjunktiv I:**
    Der Politiker sagte, die Zusammenarbeit der Parteien sei bei diesem Thema sehr gut.
    → Sprecher / Sprecherin zeigt Distanz zu der Aussage.

- Weil man in der indirekten Rede Informationen von Dritten wiedergibt, kommt es häufig zu einem Perspektivwechsel gegenüber der direkten Rede, zum Beispiel bei:
- **Personenangaben:** Personalpronomen, z. B. „ich" → „sie" oder „er" / Possessivartikel, z. B. „mein" → „sein" / Reflexivpronomen, z. B. mich / uns → „sich"
  z. B. Frau Gerlach sagte: „Ich setze mich für eine Zuckersteuer ein."
  → Frau Gerlach meinte, dass sie sich für eine Zuckersteuer einsetze.
  Kritiker sagten: „Eine Zuckersteuer widerspricht unserem Konzept von Freiheit."
  → Kritiker finden, dass eine Zuckersteuer ihrem Konzept von Freiheit widerspreche.
- **Zeitangaben:** z. B.: heute → am selben Tag, morgen → am nächsten Tag, gestern → am vorigen Tag / am Vortag
  z. B. Der Verbandsvorsitzende sagt am Montag: „Wir werden morgen zum Thema „Sondersteuer" tagen."
  → In der Zeitung steht am Dienstag: Der Verbandsvorsitzende sagte am Montag, dass sie am nächsten Tag zum Thema „Sondersteuer" tagen würden.
- **Ortsangaben:**
  z. B. Der Verbandsvorsitzende sagte auf der Tagung in Berlin: „Das Ergebnis werden wir hier bekannt geben."
  → Eine süddeutsche Zeitung schreibt: Der Verbandsvorsitzende sagte, dass er das Ergebnis auf der Tagung in Berlin bekannt geben werde.

3.3.3 Alternativen für die Redewiedergabe ▶ L7

Das Modalverb „sollen" zum Ausdruck der Distanzierung
- Mit dem Modalverb „sollen" kann man auch die Aussage einer anderen Person wiedergeben. Man drückt auf diese Weise aus, dass man nicht sicher ist, ob die Aussage so stimmt.
  z. B. Diese Ernährungsform soll sehr gesund sein.
  → Andere sagen, dass diese Ernährungsform sehr gesund ist. Aber der Sprecher / die Sprecherin des Satzes ist unsicher, ob das wirklich stimmt.
  Getreide und Zucker sollen wichtig für das Gehirn sein.
  → Der Sprecher / Die Sprecherin hat gehört, dass Getreide und Zucker wichtig für das Gehirn sind. Er / Sie weiß aber nicht, ob das stimmt.

Die Präposition „laut" zur Redewiedergabe
- Mit „laut" + Dativ wird die Quelle einer Aussage wiedergegeben. Dieser Ausdruck wird vor allem im akademischen Kontext häufiger verwendet. In Sätzen mit „laut" wird der Konjunktiv I nicht verwendet, da „laut" bereits „wie aus anderer Quelle bekannt" bedeutet. Der Konjunktiv II im Sinne der Vermutung oder der Möglichkeit kommt in Sätzen mit „laut" jedoch häufiger vor.
  z. B. Laut Professor Müller ist diese Ernährungsform für Kinder ungeeignet.
  Laut einer Umfrage ist die Mehrheit der Bevölkerung gegen eine Zuckersteuer.
  Laut den Steuergegnern könnte das auch dazu führen, dass die Hersteller ihre Rezepte verändern.

3.4 Passiv

3.4.1 Vorgangspassiv – Bildung ▶ L2

- Das Passiv bildet man mit einer konjugierten Form des Hilfsverbs „werden" und dem Partizip Perfekt (= Partizip II) des Vollverbs.
- Das Partizip Perfekt von „werden" hat im Passiv kein „ge": geworden → worden

		Position 2		Satzende	
Präsens	In Großstädten	wird	mehr Wohnraum	benötigt.	
Präteritum	Viele Gebäude	wurden	in den letzten Jahren	renoviert.	
Perfekt	In den Städten	ist	viel	gebaut	worden.
Plusquamperfekt	Im Krieg	waren	viele Gebäude	zerstört	worden.

Grammatik zum Nachschlagen

- Das Passiv mit Modalverben bildet man mit einer konjugierten Form des Modalverbs und dem „Infinitiv Passiv"
  (= Partizip Perfekt + „werden").

		Modalverb		Infinitiv Passiv	
Präsens	In Großstädten	müssen	neue Wohnungen	gebaut	werden.
Präteritum	Ein berühmter Architekt	konnte		engagiert	werden.

		„haben"		Infinitiv Passiv		Modalverb
Perfekt	In Großstädten	haben	neue Wohnungen	gebaut	werden	müssen.
Plusquamperfekt	Der berühmte Architekt	hatte		engagiert	werden	können.

- Passivsätze mit Modalverben im Perfekt und Plusquamperfekt werden sehr selten verwendet. In der Regel verwendet man stattdessen das Präteritum:
  z.B. In Großstädten mussten neue Wohnungen gebaut werden.
  Der berühmte Architekt konnte engagiert werden.

3.4.2 Vorgangspassiv – Verwendung ▶ L2

- In einem Passivsatz liegt der Fokus auf der Handlung oder dem Prozess, nicht auf den Handelnden.
  z.B. Meistens wird die Arbeit in Städten besser bezahlt.
  In der Umfrage wurden die Teilnehmer zu den Stressfaktoren in großen Städten befragt.
  In den beliebten Städten ist in den letzten Jahren viel gebaut worden.
- In einem Aktivsatz steht die Person / Sache, die etwas tut oder bewirkt, (= das Agens) im Vordergrund.
- In einem Passivsatz steht die Handlung oder der Prozess im Vordergrund. Daher fällt die handelnde Person / Sache (= das Agens) oft weg. Wenn man das Agens im Passivsatz nennen möchte, steht es mit der Präposition „von" im Dativ.
  z.B. **Aktiv:** Ein großes Bauunternehmen baut ein neues Wohnhochhaus.

  Passiv: Ein neues Wohnhochhaus wird (von einem großen Bauunternehmen) gebaut.

3.4.3 Passiv mit Nebensätzen ▶ L2

- Im Nebensatz mit Passiv steht das konjugierte Verb ganz am Satzende.

Hauptsatz	Nebensatz			
Es gibt zurzeit viele Staus,	weil	die Autobahnbrücke	repariert	wird.
Es fehlen Mietwohnungen,	obwohl	in den letzten Jahren viel	gebaut	wurde.
Ich weiß nicht,	wann	die Stadt	gegründet worden	ist.
Es ist klar,	dass	neue Wohnungen	gebaut werden	müssen.
Das ist ein Problem,	das	noch nicht	gelöst werden	konnte.

Grammatik zum Nachschlagen

3.5 Passiversatzformen

3.5.1 Passiversatzformen ▶ L9

- Anstelle von Passivkonstruktionen kann man auch Passiversatzformen verwenden.
- Die Passiversatzform „sich lassen" + Infinitiv" und die Passiversatzform „sein" + Adjektiv (= Verbstamm + „-bar")
  entsprechen dem Passiv mit dem Modalverb „können".
  z.B. Die Aufgabe lässt sich in der vereinbarten Zeit nicht realisieren.
       Die Aufgabe ist in der vereinbarten Zeit nicht realisierbar.
       → Die Aufgabe kann in der vereinbarten Zeit nicht realisiert werden.
- Bei Verben auf „-ieren" verwendet man statt der Endung „-bar" oft die Endung „-abel".
  z.B. Der Drucker ist irreparabel. Wir müssen einen neuen kaufen.
       → Der Drucker kann nicht repariert werden. Wir müssen einen neuen kaufen.
- In der Adjektivdeklination entfällt bei der Endung „-abel" das „e".
  z.B. Das ist nicht akzeptabel. → Das ist kein akzeptables Angebot.
- Die Passiversatzform „sein" + „zu" + Infinitiv kann je nach Kontext entweder die gleiche Bedeutung haben wie
  Passiv + Modalverb „können" oder wie Passiv + Modalverb „müssen".
  z.B. Viele Führungskräfte fragen sich: Wie ist ein Unternehmen erfolgreich zu führen?
       → Viele Führungskräfte fragen sich: Wie kann ein Unternehmen erfolgreich geführt werden?
       Die Aufgabe ist noch heute zu erledigen!
       → Diese Aufgabe muss noch heute erledigt werden!

3.6 Partizip I und II

3.6.1 Partizip I und II als Adjektiv – Bildung und Verwendung ▶ L9

Partizip I als Adjektiv
Bildung: Infinitiv + „d" + Adjektivendung
z.B.   eine motivierende Arbeit
        die lobenden Kollegen

Verwendung
- Das Partizip I verwendet man für einen Vorgang im Aktiv, der im Moment des Geschehens nicht abgeschlossen ist
  und gleichzeitig mit etwas anderem stattfindet. Der Moment des Geschehens kann in der Vergangenheit, Gegenwart oder Zukunft liegen.
  z.B. **Zukunft:** Mein Chef bietet mir ein motivierendes Projekt an.
       → Mein Chef bietet mir ein Projekt an, das mich motivieren wird.
       Gegenwart: Im Moment arbeiten wir an einem sehr motivierenden Projekt.
       → Im Moment arbeiten wir an einem Projekt, das uns sehr motiviert.
       Vergangenheit: Letzten Monat habe ich an einem motivierenden Projekt gearbeitet.
       → Letzten Monat habe ich an einem Projekt gearbeitet, das mich motiviert hat.

Partizip II als Adjektiv
Bildung: Partizip II + Adjektivendung
z.B.   die fertiggestellten Computerchips
        ein gelungenes Projekt

Grammatik zum Nachschlagen

Verwendung
- Das Partizip II verwendet man für einen Vorgang im Passiv.
    z.B. Das ist eine häufig geführte Diskussion.
        → Das ist eine Diskussion, die häufig geführt wird.

- Der Vorgang findet sehr häufig in der Vergangenheit statt.
    z.B. Die durchgeführte Studie überrascht mit neuen Erkenntnissen.
        → Die Studie, die durchgeführt wurde, überrascht mit neuen Erkenntnissen.
        Gut strukturierte Vorlesungen sind besser zu verstehen.
        → Vorlesungen, die gut strukturiert wurden, sind besser zu verstehen.

- Das Partizip II verwendet man auch für einen Vorgang im Aktiv, der schon beendet ist oder war. Dies gilt für Verben, die mit „sein" konjugiert werden und eine Zustandsveränderung ausdrücken.
    z.B. Ein gelungener Test motiviert für die weitere Arbeit.
        → Ein Test, der gelungen ist, motiviert für die weitere Arbeit.
        Der schon morgens angereiste Bewerber musste erst abends vortragen.
        → Der Bewerber, der schon morgens angereist war, musste erst abends vortragen.

3.6.2 Partizip I und II als Nomen – Bildung und Verwendung ▶ L9

Bildung
- Aus dem Partizip I (= Partizip Präsens) und Partizip II (= Partizip Perfekt) kann man Nomen bilden. Diese Nomen werden wie Adjektive dekliniert.
    z.B. arbeitend (Partizip I)   →   viele Arbeitende
        studierend (Partizip I)   →   die Studierenden
        angestellt (Partizip II)   →   ein Angestellter
        befragt (Partizip II)   →   die Befragten

Verwendung
Partizip I als Nomen
- Nomen, die aus dem Partizip I gebildet wurden, haben eine Aktivbedeutung.
    z.B. der Mann, der studiert   →   der Studierende
        die Personen, die arbeiten   →   die Arbeitenden

Partizip II als Nomen
- Nomen, die aus dem Partizip II gebildet wurden, haben meist eine Passivbedeutung.
    z.B. die Frau, die dem Team vorgesetzt wurde   →   die Vorgesetzte
        die Personen, die angestellt wurden   →   die Angestellten

- Aus dem Partizip II kann man auch neutrale Nomen bilden, die meist eine abstrakte Bedeutung haben.
    z.B. das, was besprochen wurde   →   das Besprochene
        das, was erreicht wurde   →   das Erreichte

Quellen

Bildquellen

Cover Getty Images (supersizer), München; **KB8.1** Getty Images (Hinterhaus Productions), München; **KB8.2, ÜB12.1** Shutterstock (Jacob Lund), New York; **KB8.3** Getty Images (Andrey Bukreev), München; **KB8.4** Getty Images (JAG IMAGES), München; **KB8.5** Getty Images (Morsa Images), München; **KB8.6** Getty Images (Hill Street Studios), München; **KB9, ÜB12.2** Shutterstock (ESB Professional), New York; **KB10** Getty Images (EmirMemedovski), München; **KB11.1** Shutterstock (Lucky Graphic), New York; **KB11.2** Shutterstock (George J), New York; **KB11.3, KB11.7** Shutterstock (i43), New York; **KB11.4** Shutterstock (davooda), New York; **KB11.5** Shutterstock (Svesla Tasla), New York; **KB11.6** Getty Images (bubaone), München; **KB11.8** Shutterstock (davooda), New York; **KB12** Shutterstock (dotshock), New York; **KB13.1, ÜB15.1** stock.adobe.com (olezzo), Dublin; **KB13.2** Ilse Sander; **KB13.3, ÜB15.2** Getty Images (BanksPhotos), München; **KB15.1, ÜB17** Shutterstock (Jacob Lund), New York; **KB15.2, ÜB9** Shutterstock (Jacob Lund), New York; **KB16** Shutterstock (Ekaphon maneechot), New York; **KB17** Getty Images (metamorworks), München; **KB18** Shutterstock (Lamai Prasitsuwan), New York; **KB19** stock.adobe.com (Ljupco Smokovski), Dublin; **KB20.1** stock.adobe.com (Manuel Schönfeld), Dublin; **KB20.2** stock.adobe.com (Marco2811), Dublin; **KB20.3** stock.adobe.com (Georgi Karamihaylov), Dublin; **KB20.4** stock.adobe.com (powell83), Dublin; **KB21** stock.adobe.com (oka), Dublin; **KB22** stock.adobe.com (Calado), Dublin; **KB23.1, KB24.1, ÜB26** stock.adobe.com (AYAimages), Dublin; **KB23.2, KB24.2** Getty Images (Mmdi), München; **KB26.1** Empire City by Ole Scheeren © Buro-OS; **KB26.2** Riverpark Tower by Ole Scheeren © Buro-OS. Visualisation: moka-studio; **KB26.3** Getty Images (TBE), München; **KB27, ÜB43** stock.adobe.com (Robert Kneschke), Dublin; **KB28** Shutterstock (Agami Photo Agency), New York; **KB29.1** Shutterstock (DRogatnev), New York; **KB29.2** Shutterstock (Travel Drawn), New York; **KB29.3** Shutterstock (Feel good studio), New York; **KB30/Video.3** Alamy (ravelstock44.de / Juergen Held), Abingdon, Oxfordshire; **KB34.1** CENTUPLUS kommunikationsdesign (Heike Scherholz), Köln; **KB34.2, ÜB34** Shutterstock (vchal), New York; **KB34.3** Shutterstock (PRESSLAB), New York; **KB36, ÜB36** stock.adobe.com (Pascal Huot), Dublin; **KB38.1, ÜB37.2** Alamy, Abingdon, Oxfordshire; **KB38.2, ÜB38.1** Getty Images (SongayeNovell), München; **KB38.3, ÜB37.1** Getty Images (dima266f), München; **KB38.4, ÜB38.2** Getty Images (cicloco), München; **KB39** Shutterstock (Yayayoyo), New York; **KB40** Shutterstock (rangizzz), New York; **KB43** Shutterstock (Elnur), New York; **KB44** Shutterstock (Nerthuz), New York; **KB45** Getty Images (olaser), München; **KB46.1, ÜB47.3** Shutterstock (oneinchpunch), New York; **KB46.2** Getty Images (Ariel Skelley), München; **KB46.3, ÜB47.2** Shutterstock (g-stockstudio), New York; **KB46.4, ÜB47.4** Shutterstock (Rawpixel.com), New York; **KB46.5, ÜB47.1** Shutterstock (Iryna Tiumentseva), New York; **KB47** Shutterstock (Agenturfotografin), New York; **KB48** Shutterstock (Doucefleur), New York; **KB50, ÜB51** stock.adobe.com (7maru), Dublin; **KB52** Shutterstock (Prasit Rodphan), New York; **KB53.1, 53/Video.1** Pixabay, Neu-Ulm; **KB53.2, KB53.3, KB53.4, KB53/Video.2, KB53/Video.3, KB53/Video.4, KB53/Video.10** Pixabay (Pixaline), Neu-Ulm; **KB53/Video.6, Video.11** Pixabay (janjf93), Neu-Ulm; **KB53/Video.7** Shutterstock (tawatchai.m), New York; **KB53/Video.12** Pixabay (Pettycon), Neu-Ulm; **KB55.1** Shutterstock (Africa Studio), New York; **KB55.2** Shutterstock (Milan Ilic Photographer), New York; **KB55.3** Shutterstock (Antonio Guillem), New York; **KB56** Getty Images (Westend61), München; **KB58** WDR mediagroup GmbH, Köln; **KB59.1** Shutterstock (Stokkete), New York; **KB59.2** Shutterstock (goodluz), New York; **KB59.3** Shutterstock (goodluz), New York; **KB61** Shutterstock (Frank Fiedler), New York; **KB62.1** Shutterstock (mujijoa79), New York; **KB62.2** Shutterstock (Marian Weyo), New York; **KB62.3** Shutterstock (Arthorn Saklang), New York; **KB62.4** Shutterstock (1000 Words), New York; **KB62.5** stock.adobe.com (Pixelmixel), Dublin; **KB62.6** Shutterstock (Sergey Tarasenko), New York; **KB63** Shutterstock (marketlan), New York; **KB64.1** Shutterstock (kamilpetran), New York; **KB64.2, ÜB64** Shutterstock (Meryll), New York; **KB65.1** Shutterstock (Vitoriano Junior), New York; **KB65.2** Shutterstock (Lisa S.), New York; **KB66, ÜB65.1** Shutterstock (24Novembers), New York; **KB68** Shutterstock (fizkes), New York; **KB68/KV.1** Shutterstock (WAYHOME studio), New York; **KB68/KV.2** Shutterstock (wavebreakmedia), New York; **KB68/KV.3** Shutterstock (Phovoir), New York; **KB68/KV.4** Shutterstock (Rido), New York; **ÜB10.1** Shutterstock (Micolas), New York; **ÜB10.2** Shutterstock (Mallmo), New York; **ÜB21.1** Shutterstock (Sean Pavone), New York; **ÜB21.2** Shutterstock (MDOGAN), New York; **ÜB21.3** Shutterstock (Massimo Santi), New York; **ÜB22** Shutterstock (Labrador Photo Video), New York; **ÜB24** 123RF.com (jakobradlgruber), Nidderau; **ÜB27** Shutterstock (defotoberg), New York; **ÜB29.1** Shutterstock (kavalenkau), New York; **ÜB29.2** Shutterstock (cge2010), New York; **ÜB30.1, ÜB30.2, ÜB30.3** Shutterstock (Yeoul Kwon), New York; **ÜB37.3** Shutterstock (Jesus Cobaleda), New York; **ÜB38.3** Shutterstock (Grisha Bruev), New York; **ÜB39.1** Shutterstock (Yobab), New York; **ÜB39.2** Shutterstock (SeventyFour), New York; **ÜB39.3** Shutterstock (Ewa Studio), New York; **ÜB40.1** Shutterstock (NoonVirachada), New York; **ÜB40.2** Shutterstock (topimages), New York; **ÜB40.3** Shutterstock (Mile Atanasov), New York; **ÜB40.4** Shutterstock (Sergey Sukhorukov), New York; **ÜB52** Shutterstock (Mikhail Mishchenko), New York; **ÜB54** Shutterstock (Agnieszka Bacal), New York; **ÜB60** Shutterstock (Katilia), New York; **ÜB63** Shutterstock (OSweetNature), New York; **ÜB65.2** Shutterstock (kwest), New York; **ÜB68** Shutterstock (FrimuFilms), New York

Text-, Grafik- und Filmquellen

KB13 Interview mit Marianela Diaz Meyer © Schreibmotorik Institut e.V., Heroldsberg (www.schreibmotorik-institut.com) | **KB30/Video.1** Statista GmbH (© Statista.com), Hamburg | **KB30/Video.2** © 2017 IW Medien · iw-Pressemitteilung | **KB32** © dpa-infografik | **KB32/33** Film 1: Baugruppe © Wohnen in der Stadt – Neue Ideen für große und kleine Häuser. Planet Wissen. WDR mediagroup GmbH, Köln | Tiny House © Wohnen in der Stadt – Neue Ideen für große und kleine Häuser. Planet Wissen. WDR mediagroup GmbH, Köln | Wohnen im Ausland „Urban Rigger" © Wohnen in der Stadt – Neue Ideen für große und kleine Häuser. Planet Wissen. SWR Media Services GmbH, Stuttgart | **KB41** SPLENDID RESEARCH GmbH, Hamburg | **KB53** Erklärvideo © Nadja Fügert | **KB57** © Bitkom | **KB58/59** Film 2: Digital Detox © Leben ohne Ballast – Ist weniger mehr? Planet Wissen. WDR mediagroup GmbH, Köln | **KB67.1** © picturealliance/dpa-infografik | **KB67.2** © Deutscher Wetterdienst (DWD) | **KB70.1, KB70.2** ©Umweltbundesamt | **KB71** Statista GmbH (© Statista.com)

Audios

Tonregie und Mischung Bauer Studios GmbH
Authoring Bauer Studios GmbH
Sprecherinnen und Sprecher Isabel Bermejo, Chantal Busse, Piet Gampert, Anuschka Herbst, Stela Katic, Marcus Michalski, Stephan Moos, Dieter Scholz (auch Darsteller in Video zu „Auf dem Weg zur Prüfung 2"), Uwe-Peter Spinner, Jenny Ulbricht

Quellen

Bildquellen

Cover Getty Images (supersizer), München; **KB72.1** Getty Images (skynesher), München; **KB72.2** Westdeutscher Handwerkskammertag e.V. (WHKT), Düsseldorf; **KB72.4** Getty Images (GrapeImages), München; **KB72.5, KB75.1, ÜB76.2** Hochschule Bonn-Rhein-Sieg, Sankt Augustin; **KB72.6** Getty Images (MaxRiesgo), München; **KB73** Getty Images (Paul), München; **KB74.1, ÜB76.1** Handwerkskammer Aachen; **KB74.2** Handwerkskammer Aachen; **KB75.2** Hochschule Bonn-Rhein-Sieg, Sankt Augustin; **KB76** Getty Images (Tom Werner), München; **KB77.1** Getty Images (andresr), München; **KB77.2** Gestaltung: www.jungkommunikation.de; **KB77.3** Shutterstock (Minerva Studio), New York; **KB77.4** Getty Images (kali9), München; **KB79** Shutterstock (rzoze19), New York; **KB80.1** Getty Images (DAJ), München; **KB80.2** https://job-futuromat.iab.de/; **KB82** Getty Images (PeopleImages), München; **KB84.1** Shutterstock (Roman Samborskyi), New York; **KB84.2** WDR mediagroup GmbH, Köln; **KB85** WDR mediagroup GmbH, Köln; **KB86.1** picture-alliance (Boris Roessler), Frankfurt; **KB86.2** Bigstock (Kondor83), New York, NY; **KB86.3, ÜB86** Getty Images (Tom Werner), München; **KB86.4** Shutterstock (Anton Mislawsky), New York; **KB88.1** Shutterstock (kuzmaphoto), New York; **KB88.2** Shutterstock (eurobanks), New York; **KB89** Shutterstock (Aaron Amat), New York; **KB90.1** Shutterstock (FERNANDO BLANCO CALZADA), New York; **KB90.2** 123RF.com (olegdudko), Nidderau; **KB91** Getty Images (Sezeryadigar), München; **KB94.1** Shutterstock (Lucas Rizzi), New York; **KB94.2** Shutterstock (divedog), New York; **KB96** Shutterstock (Visionsi), New York; **KB97.1** Shutterstock (Shaiith), New York; **KB97.2** Shutterstock (Aleksandrs Muiznieks), New York; **KB97.3** Shutterstock (Africa Studio), New York; **KB98.1** Shutterstock (matsabe), New York; **KB98.2** Shutterstock (Miceking), New York; **KB98.3** Shutterstock (puruan), New York; **KB98.4** Shutterstock (Miceking), New York; **KB98.5** Shutterstock (GN ILLUSTRATOR), New York; **KB98.6** Shutterstock (iaRada), New York; **KB98.7** Shutterstock (Miceking), New York; **KB98.8** Shutterstock (Stock Vector), New York; **KB99.1** Shutterstock (Dmitri Ma), New York; **KB99.2** Getty Images (Extreme Media), München; **KB102.1, 104.1** Getty Images (gchutka), München; **KB102.2, 104.3** Shutterstock (Ververidis Vasilis), New York; **KB102.3, 104.2** Shutterstock (EpicStockMedia), New York; **KB103** Shutterstock (lzf), New York; **KB104.1** Shutterstock (Monkey Business Images), New York; **KB104.2** Shutterstock (vectorfusionart), New York; **KB105** Shutterstock (wavebreakmedia), New York; **KB106** Getty Images (Guido Mieth), München; **KB108** Shutterstock (REDPIXEL.PL), New York; **KB108/KV1** Shutterstock (mimagephotography), New York; **KB108/KV2** Shutterstock (Nadino), New York; **KB108/KV3** Shutterstock (Rido), New York; **KB109.1** Getty Images (CasarsaGuru), München; **KB109.2** Getty Images (oleg66), München; **KB110.1** Shutterstock (Sunshine Seeds), New York; **KB110.2** Shutterstock (PROMA1), New York; **KB110.3** Shutterstock (gresei), New York; **KB110.4** Getty Images (andresr), München; **KB110.5** Shutterstock (Paolo Bona), New York; **KB110.6** Getty Images (Erik Isakson), München; **KB110.7** Shutterstock (marino bocelli), New York; **KB110.8** Shutterstock (Maridav), New York; **KB110.9** Shutterstock (Alfonso de Tomas), New York; **KB111.1** WDR mediagroup GmbH, Köln; **KB111.2** WDR mediagroup GmbH, Köln; **KB112** stock.adobe.com (GIS), Dublin; **KB113.1** Shutterstock (Rawpixel.com), New York; **KB113.2** Getty Images (sorbetto), München; **KB113.3** Getty Images (Yuri_Arcurs), München; **KB113.4** Getty Images (tiridifilm), München; **KB114** Shutterstock (fizkes), New York; **KB116** Shutterstock (fizkes), New York; **KB117.1** Shutterstock (stockfour), New York; **KB117.2** Shutterstock (Mangostar), New York; **KB117.3** Shutterstock (mimagephotography), New York; **KB117.4** Shutterstock (Minerva Studio), New York; **KB118.1** Shutterstock (fizkes), New York; **KB118.2** Getty Images (Tom Werner), München; **KB125.1** Shutterstock (Lemberg Vector studio), New York; **KB125.2** Shutterstock (i43), New York; **KB126, ÜB128** Shutterstock (Likee68), New York; **KB129** Shutterstock (fizkes), New York; **KB131, ÜB133.2** stock.adobe.com (momius), Dublin; **KB134** Shutterstock (JSlavy), New York; **KB135** Shutterstock (keport), New York; **ÜB78** Shutterstock (Jacob Lund), New York; **ÜB88** Shutterstock (Antonina Vlasova), New York; **ÜB92** Shutterstock (Africa Studio), New York; **ÜB93** Shutterstock (Gyorgy Barna), New York; **ÜB101** Shutterstock (yut548), New York; **ÜB102.1, ÜB102.2, ÜB102.3, ÜB102.4** Shutterstock (johavel), New York; **ÜB105.1** Shutterstock (Maridav), New York; **ÜB105.2** Shutterstock (robcocquyt), New York; **ÜB105.3** Shutterstock (Bandak Dmytro), New York; **ÜB105.4** Shutterstock (matiascausa), New York; **ÜB113** Getty Images (Yuri_Arcurs), München; **ÜB117** Shutterstock (George Rudy), New York; **ÜB120.1** Shutterstock (Elnur), New York; **ÜB120.2** Shutterstock (Phovoir), New York; **ÜB120.3** Shutterstock (seyomedo), New York; **ÜB133.1** Shutterstock (Rawpixel.com), New York

Text-, Grafik- und Filmquellen

KB74 © Handwerkskammer Aachen (www.hwk-aachen.de) | **KB75** © Hochschule Bonn-Rhein-Siegburg, Sankt Augustin (www.h-brs.de/de) | **KB84/85** Film 3: Ausbildungsberufe fast so gut wie Studium. WDR aktuell. WDR mediagroup GmbH, Köln | **KB85** Jahresbruttogehälter im Handwerk nach Ausbildungshintergrund © GEHALT.de | **KB87.1** Zeitaufwand für Selbstkocher im Ländervergleich © gfk-Infografik | **KB87.2** Größte Hürde für gesunde Ernährung in Deutschland. Statista GmbH (© Statsita.com) | **KB93** © dpa-infografik | **KB107** © Bitkom | **KB110/111** Film 4: Das Geschäft mit dem Sport © Sport - Laufen wir jedem Trend hinterher? Planet Wissen. WDR mediagroup GmbH, Köln | **KB120** © Ernst & Young GmbH | **KB122** © Flowskills, Bremen (Andreas Burzik, nach: Mihalyi Csikszentmihalyi. Das flow-Erlebnis. Jenseits von Angst und Langeweile: Im Tun aufgehen. Aus d. Amerik. v. Urs Aeschbacher. Publishers. Klett-Cotta, Stuttgart 1985) | **ÜB94** © dpa-infografik

Audios

Tonregie und Mischung Bauer Studios GmbH
Authoring Bauer Studios GmbH
Sprecherinnen und Sprecher Isabel Bermejo, Chantal Busse, Piet Gampert, Sonja Gerner (auch Darstellerin in Video zu „Auf dem Weg zur Prüfung 8"), Anuschka Herbst, Stela Katic, Christof Lenner (auch Darsteller in Video zu „Auf dem Weg zur Prüfung 8"), Marcus Michalski, Stephan Moos, Uwe-Peter Spinner, Jenny Ulbricht